ZICHAN PINGGU

国家级一流本科专业建设成果

根据最新资产评估准则编写

资产评估

主　编　于艳芳

高等教育出版社·北京

内容提要

本书是国家级一流本科专业建设成果,是高等学校会计与财务管理专业系列教材之一,参照最新资产评估准则、评估指南及相关法规编写。本书涵盖了资产评估的主要方法和内容,具体章节包括:资产评估概述、资产评估准则、资产评估程序、资产评估基本方法、流动资产评估、机器设备评估、不动产评估、无形资产评估、长期投资及其他长期性资产评估、企业价值评估,以及资产评估报告。

本书既可作为高等学校会计学和财务管理专业的相关课程教材,也可作为相关从业人员参考用书。

图书在版编目(CIP)数据

资产评估/于艳芳主编.—北京:高等教育出版社,2021.6

ISBN 978-7-04-056100-5

Ⅰ.①资…　Ⅱ.①于…　Ⅲ.①资产评估-高等学校-教材　Ⅳ.①F20

中国版本图书馆 CIP 数据核字(2021)第 090382 号

策划编辑	金　越	责任编辑	金　越	封面设计	张文豪	责任印制　高忠富

出版发行	高等教育出版社	网　　址	http://www.hep.edu.cn	
社　　址	北京市西城区德外大街 4 号		http://www.hep.com.cn	
邮政编码	100120		http://www.hep.com.cn/shanghai	
印　　刷	上海天地海设计印刷有限公司	网上订购	http://www.hepmall.com.cn	
开　　本	787 mm×1092 mm　1/16		http://www.hepmall.com	
印　　张	18.75		http://www.hepmall.cn	
字　　数	410 千字	版　　次	2021 年 6 月第 1 版	
购书热线	010-58581118	印　　次	2021 年 6 月第 1 次印刷	
咨询电话	400-810-0598	定　　价	40.00 元	

本书如有缺页、倒页、脱页等质量问题,请到所购图书销售部门联系调换

版权所有　侵权必究

物 料 号　56100-00

教师教学资源服务指南

教师可扫描下方二维码，关注微信公众号"高教财经教学研究"，免费申请课件和样书、下载试卷、观看师资培训课程和直播录像等。

🎯 课件申请

点击导航栏中的"教学服务"，点击子菜单中的"课件申请"，填写相关信息即可免费申请课件。

🎯 样书申请

点击导航栏中的"教学服务"，点击子菜单中的"免费样书"，填写相关信息即可免费申请样书。

🎯 试卷下载

点击导航栏中的"教学服务"，点击子菜单中的"免费试卷"，填写相关信息即可免费下载试卷，试卷涵盖基础会计学、中级财务会计、审计学、税法等多门课程。

🎯 教师培训

点击导航栏中的"教师培训"，点击子菜单中的"培训课程"，即可选择相应课程进行学习：
①点击"培训专栏"可以观看教师培训课程，由名师分享财会类课程的教学重点、难点及经验。
②点击"直播回放"可以回看"名师谈教学与科研直播讲堂"的直播录像。

前　言

　　我国资产评估行业经过 30 余年的发展,在保护当事人合法权益和公共利益、规范资本市场运作、防范金融系统风险、保障国家经济安全等方面发挥了重要作用。资产评估是财政管理的重要基础,是经济社会发展的重要专业力量,属于现代高端服务业。2016 年 7 月 2 日颁布的《中华人民共和国资产评估法》,标志着我国资产评估行业进入了依法治理的全新阶段。**依据《中华人民共和国资产评估法》和财政部出台的《资产评估行业财政监督管理办法》《资产评估基本准则》以及中国资产评估协会公布的《资产评估职业道德准则》《资产评估执业准则》,我们组织编写了这本《资产评估》教材。**希望本书能为资产评估专业以及会计学、财务管理、财政学和金融学等经济管理类专业的本科生学习资产评估提供帮助,帮助其初步了解资产评估的基本理论、基本程序和基本方法,为今后继续研究资产评估理论或参加资产评估实践打下良好的基础。

　　本书坚持理论与实践相结合的原则,力求全面、系统、实用。本书在详细介绍资产评估基本理论的基础上,详细地介绍了各类具体资产的评估方法,以及资产评估报告的编制。本书各章附有知识点小结、思考题以及相应的练习题,供学生课后练习和老师课上讲解使用。

　　本书共 11 章内容,具体可分为三部分。第一部分包括第一章到第四章,为资产评估理论部分,分别介绍了资产评估基础知识、资产评估准则、资产评估程序和资产评估基本方法;第二部分包括第五章到第十章,为资产评估实务部分,分别介绍了流动资产评估、机器设备评估、不动产评估、无形资产评估、长期投资及其他长期性资产评估和企业价值评估;第三部分包括第十一章,为资产评估报告部分,主要介绍了资产评估报告的编制和应用。

　　参加本书编写的人员都是长期从事资产评估教学与研究的高校教师,具有丰富的资产评估教学与教材编写经验。本书具体分工如下:于艳芳负责编写第一章、第二章、第四章和第十章;张露负责编写第三章、第六章和第七章;张运梅负责编写第五章、第八章和第九章;李丁负责编写第十一章。全书由于艳芳总纂定稿。

　　本书编写过程中参考了国内专家的优秀研究成果,本书的顺利出版得到了高等教育出版社的支持,在此一并表示衷心的感谢!

　　由于时间紧迫和水平有限,本书难免有不足之处,敬请各位专家、学者和读者批评指正。

编　者

2021 年 5 月

目　录

第一章　资产评估概述

 学习目标与要求

学习内容	学习目标	重要程度	学习难度
1. 资产评估的含义和特点	掌握	☆☆☆☆	☆☆☆
2. 资产评估的种类和功能	了解	☆	☆
3. 资产评估的主体和依据	熟悉	☆☆☆	☆☆☆
4. 资产评估的目的和价值类型	理解	☆☆☆☆☆	☆☆☆☆☆
5. 资产评估的假设和原则	理解	☆☆☆☆	☆☆☆

第一节　资产评估的含义和特点

一、资产、价格、价值和资产评估的含义

（一）资产

资产是个具有多角度、多层面的概念。经济学中的资产是指特定经济主体拥有或控制的，能够给特定经济主体带来经济利益的经济资源；会计学中的资产是指过去的交易或事项形成的并由企业拥有或控制的资源，该资源预期会给企业带来经济利益；资产评估学中的资产概念在注册资产评估师执业资格考试辅导教材《资产评估基础》中则表述为，特定权利主体拥有或控制的，预期会给该主体带来经济利益的经济资源。可见，资产评估中的资产更接近经济学中资产的概念。

1. 资产的基本特点

（1）**资产必须由特定主体拥有或者控制。**通常情况下，企业应当对其资产拥有所有权，企业可以按照自己的意愿使用或处置该项资产，其他企业或个人未经同意，不能擅自使用。但在某些情况下，对于一些特殊方式形成的资产，如租入的使用权资产、土地使用权等，企业虽然对其不拥有所有权，但实际上能够对其实施控制，按照实质重于形式的原则，也应当确认为特定主体的资产。

（2）**资产必须能够用货币计量**。能够给特定主体带来可以量化的利益的资产才是资产评估中所说的资产。即资产价值必须能够用货币计量，否则就不能确认为资产。

（3）**资产必须能够给特定主体带来未来经济利益**。这是资产最重要的特征。所谓给特定主体带来未来经济利益，是指直接或间接地增加流入特定主体的现金或现金等价物的潜力。这种潜力可以单独或与其他资产结合起来产生净现金流入。预期不能带来经济利益的，就不能作为特定主体的资产。同样，对于特定主体已经取得的某项资产，如果其未来经济利益已经不复存在，就应该将其剔除，不能再作为特定主体的资产，否则，将会虚增特定主体的资产。

2. 资产的分类

资产多种多样，为了便于操作和进行科学的评估，需要对资产按照不同的标准进行分类。

（1）按被评估资产是否具有综合获利能力分，可分为单项资产和整体资产。**单项资产**是指单台、单件的资产，如一台设备、一栋房屋、一种材料。**整体资产**是指由一组单项资产组成的具有整体获利能力的资产综合体，如一个具有正常经营活动能力的企业、一个独立的部门或车间。**在一些情况下，企业各单项资产之和并不一定等于企业的整体资产。也就是说，在企业整体资产中，有一部分资产无法以单项资产的形式存在。**另外，判断资产是否具有综合获利能力的标准是该资产是否能够单独计算获利能力。

（2）按被评估资产的存在形态分，可分为有形资产和无形资产。**有形资产**是指那些具有实体形态的资产，如机器设备、房屋建筑物、库存商品。**无形资产**是指那些没有实物形态，但在很大程度上制约着企业物质产品生产能力和生产质量，直接影响企业经济效益的资产，主要包括专利权、商标权、非专利技术、土地使用权、特许权。无形资产通常具有较强的综合性，影响因素较为复杂，评估难度也较大。

（3）按被评估资产能否独立存在分，可分为可确指的资产和不可确指的资产。**可确指的资产**是指能独立存在的资产，**除商誉以外的有形资产和无形资产，都是可确指的资产。不可确指的资产**是指不能脱离企业而单独存在的资产，如商誉。商誉是指企业由于地理位置优越、信誉卓著、生产经营出色、劳动效率高、历史悠久、经验丰富、技术先进等，获得的投资收益率高于一般正常投资收益率所形成的超额收益资本化的结果。商誉是一种特殊的无形资产，不能以独立的形式存在，通常表现为企业整体资产评估值与各单项资产评估值之和的差额。

（4）按被评估资产与生产经营过程的关系分，可分为经营性资产和非经营性资产。**经营性资产**是指处于生产经营过程中的资产，如企业中的机器设备、厂房、运输工具。经营性资产又可按其是否对盈利产生贡献分为**有效资产和无效资产。区分有效资产和无效资产是开展资产评估工作的一项重要内容。**非经营性资产是指处于生产经营过程以外的资产，如政府机关用房、办公设备。

（5）按会计报表项目分，可分为流动资产、长期投资、固定资产、无形资产及其他资产。在我国目前的资产评估实务工作中,企业资产评估项目通常情况下是与企业会计报表相联系的,了解这些不同类型的资产,有利于合理地组织和顺利地完成企业整体资产评估项目,同时,也便于被评估单位在评估对象发生产权变动后根据评估结果进行会计账务处理。

（6）按资产的法律意义不同分,可分为不动产、动产和合法权利。**不动产**是指不能离开原有固定位置而存在的资产,如房产、地产。**动产**是指能脱离原有位置而存在的资产,如机器设备、流动资产、长期资产。**合法权利**是指受国家法律保护并能取得预期收益的特权,如专利权、商标权、特许经营权。

（二）价格和价值

价格是历史数据或事实,是特定交易行为中特定买方和卖方对商品或服务实际支付或收到的货币数额。价值是一个交换价值范畴,不是历史数据或事实,只是专业人士根据特定的价值定义在特定时间内对商品或服务价值的估计。

至于是评估资产的价值还是评估资产的价格,资产评估理论界的争论由来已久。《国际评估准则》避开了不必要的争论,指出价格是事实,而价值是对资产在一定条件下应当进行交易的价格的估计额,认为评估的是资产的价值。本书也认为,评估的是资产的价值而不是资产的实际成交价格。在具体评估中,应该谨慎使用价值这一概念,也就是说,要明确评估的是资产的什么价值。

（三）资产评估

传统概念上,资产评估是指资产评估专业机构和人员,按照国家法律法规和资产评估准则,根据特定目的,遵循评估原则,依照相关程序,选择适当的价值类型,运用科学方法,对资产价值进行评定和估算的行为。

2004 年颁布的《资产评估准则——基本准则》中指出,资产评估是指资产评估师依据相关法律、法规和资产评估准则,对评估对象在评估基准日特定目的下的价值进行分析、估算并发表专业意见的行为和过程。这一概念更强调资产评估是要发表专业的意见,更有利于明确评估责任。

2016 年颁布的《中华人民共和国资产评估法》(以下简称《资产评估法》)中指出,资产评估是指资产评估机构及其评估专业人员根据委托对不动产、动产、无形资产、企业价值、资产损失或者其他经济权益进行评定、估算,并出具评估报告的专业服务行为。

由资产评估的定义可知,资产评估作为一种评价程序,会涉及资产评估的基本要素。主要包括:

（1）评估主体,即资产评估机构及其资产评估专业人员,他们是资产评估工作的主导者。

（2）评估客体,即被评估的资产,它是资产评估的具体对象,也称评估对象。

（3）评估依据,即资产评估工作所遵循的法律、法规、经济行为文件、重大合同协议以及取费标准和其他参考依据。

（4）评估目的，即资产业务引发的经济行为对资产评估结果的要求，或资产评估结果的具体用途。它直接或间接地影响和制约资产评估价值类型和方法的选择。

（5）评估价值类型，即对评估价值的质的规定。它对资产评估参数的选择具有约束性。

（6）评估假设，即资产评估行为的基本前提，是建立资产评估理论体系和方法体系的基础。

（7）评估原则，即资产评估的行为规范，是调节评估当事人各方关系、处理评估业务的行为准则。

（8）评估准则，即资产评估执业的标准规范，是实行资产评估行业自律管理的重要依据。

（9）评估程序，即执行资产评估业务所履行的系统性工作步骤。

（10）评估方法，即资产评估所运用的特定技术，是评定估算资产价值的途径和手段。这里的评估目的、评估价值类型、评估方法与评估结果具有非常密切的联系，必须引起高度的重视。

二、资产评估的种类和特点

（一）资产评估的种类

资产种类的多样化和资产业务的多样性，决定了资产评估也相应有多种类型。

1. 按工作内容分，可分为一般评估、评估复核和评估咨询

一般评估是指正常情况下的资产评估，通常以资产发生产权变动、产权交易以及资产保险、纳税或其他经济行为为前提。一般评估包括市场价值评估和市场价值以外的价值评估。评估复核是指在对被评估的资产已经出具评估报告的基础上，由其他资产评估机构及其资产评估专业人员对同一被评估资产独立地进行评定和估算并出具资产评估报告的行为和过程。评估咨询是一个较宽泛的术语。确切地讲，评估咨询主要不是对评估标的物价值的估计和判断，它更侧重于评估标的物的利用价值、利用方式、利用效果的分析和研究，以及与此相关的市场分析、可行性研究等。本书所讲内容属于一般评估。

2. 按资产评估与评估准则的关系分，可分为完全评估和限制评估

完全评估一般是指完全按照评估准则的要求进行资产评估，未适用准则中的背离条款。完全评估中的被评估资产通常不受某些方面的限制，资产评估专业人员可以按照评估准则和有关规定收集评估资料并对被评估资产的价值做出判断。限制评估一般是指根据背离条款，或在允许的前提下未完全按照评估准则或规定进行的资产评估，评估结果受到某些特殊因素的影响。本书所讲内容属于完全评估。

3. 按评估对象与适用原则分，可分为单项资产评估和整体资产评估

单项资产评估是指评估对象为单项可确指资产的评估。整体资产评估是指以若干单项资产组成的资产综合体所具有的整体生产能力或获利能力为评估对象的资产评估。企业价值评估是整体资产评估最常见的形式。整体资产评估不同于单项资产评估的关键之处就在于,在整体资产评估工作中要以贡献原则为中心,考虑不同资产的相互作用以及它们对企业整体生产能力或总体获利能力的影响。

（二）资产评估的特点

充分理解和把握资产评估的特点,有利于进一步理解资产评估的实质,提高资产评估工作的质量。

1. 现实性

资产评估是以一定的时点,即资产评估基准日为基础进行的活动,被评估资产是现实的、客观存在的。在进行资产的评定和估算时,仅以资产的现实状态为基础,而不考虑其过去的状况和现实状况的形成过程。而且,资产评估值不是永远都对的,具有一定的时效性,一般在评估基准日后一年内有效。

2. 市场性

资产评估是适应市场经济要求的专业中介服务活动,其基本目标就是根据资产业务的不同性质,模拟市场条件,对资产价值做出经得起市场检验的评估结果和评估报告。

3. 预测性

预测性是指以资产未来的潜能反映资产现实的价值。现实的评估值必须反映资产未来的潜能,未来没有潜能和效用的资产,现实的评估值是不存在的。

4. 公正性

公正性是指资产评估行为服务于资产业务的需要,而不是服务于资产业务当事人的任何一方的需要。公正性的表现有两点:

（1）资产评估按公允、法定的准则和程序进行,公允的行为规范和业务规范是公正性的技术基础。

（2）资产评估专业人员是与资产业务没有利害关系的第三方,这是公正性的组织基础。

5. 咨询性

咨询性是指资产评估结论是为资产业务提供专业化估价意见,该意见本身并无强制执行的效力,资产评估专业人员只对结论本身合乎职业规范要求负责,而不对资产业务定价决策负责。评估结果只是为资产业务提供一个参考价值,最终的成交价格取决于交易双方在交易过程中的讨价还价能力。

6. 专业性

资产评估是一种专业人员的活动,从事资产评估业务的机构由一定数量和不同类型的专家及专业人员组成。首先,资产评估机构形成专业化分工,使得评估活动具有专业性;其次,资产评估机构及其资产评估专业人员对资产价值的估计判断都是建立在专业技术知识和经验的基础之上的。

三、资产评估的功能

资产评估在市场经济中发挥着重要的社会中介服务的作用,具体可以概括为:评价和评值功能、管理功能和公证功能。

（一）评价和评值功能

资产评估的评价和评值功能是指资产评估具有评定和估算资产价值的内在功效和能力,它包括了对资产的性质和价值量的评价和估计。评价和评值功能是资产评估的基本职能和首要职能。随着人们对在各种条件下了解资产价值的需求不断增加,资产评估也会不断发展,在其评价和评值功能的基础上,又赋予了资产评估一些辅助功能,如管理功能和公证功能等。

（二）管理功能

资产评估的管理功能是在以公有制为基础的社会主义市场经济初级阶段,国家赋予资产评估的特殊功能。在社会主义市场经济初级阶段的某一历史时期,作为国有资产所有者代表的国家,不仅把资产评估视为提供专业服务的中介行业,而且将其作为维护国有资产、促使国有资产保值增值的工具和手段。国家通过制定申请立项、资产清查、评定估算和验证确认的国有资产评估管理程序,使得资产评估具有了管理功能。但是,资产评估的管理功能并不是与资产评估同时产生和存在的,它只是国有资产评估在特定历史时期的特定功能,随着国家在国有资产评估管理体制方面的变化而变化。从我国目前情况来看,2001 年 12 月 31 日国务院办公厅转发的《财政部关于改革国有资产评估行政管理方式加强资产评估监督管理工作意见的通知》指出,取消政府部门对国有资产评估项目的立项确认审批制度,实行核准制和备案制。国有资产评估项目的立项确认审批制度的取消和核准制及备案制的确立说明资产评估的管理职能将随之弱化。

（三）公证功能

资产评估的公证功能是指资产业务、评估对象和评估报告使用者的特殊性要求资产评估发挥的公证作用。随着抵押贷款、财产担保等经济活动日益频繁,资产评估经常被用于证明资产的存在以及资产的价值量,以满足银行及有关部门发放贷款以及其他形式融资的需要。通过资产评估来证实资产及资产价值量的需求使得资产评估增添了公证的功能。从这个意义上讲,资产评估的公证功能是由资产评估基本功能派生出来的辅助性功能,但资产评估的公证功能将会发挥越来越重要的作用。

第二节　资产评估的主体和依据

一、资产评估的主体

资产评估的主体是指具体从事资产评估工作的评估专业人员及资产评估机构。资产评估是一项技术性、政策性很强的,而且是跨专业、跨学科、跨行业的边缘学科及综合性社会活动。资产评估的质量将影响委托人及有关当事人的经济决策和经济利益。因此,作为资产评估的具体操作机构及其人员必须具备执业的技术素质和相应的职业道德。

(一)资产评估机构

根据《资产评估法》,资产评估机构应当依法采用合伙或者公司形式,聘用资产评估专业人员开展评估业务。合伙形式的资产评估机构,应当有两名以上评估师;其合伙人2/3以上应当是具有3年以上从业经历且最近3年内未受停止从业处罚的评估师。公司形式的资产评估机构,应当有8名以上评估师和两名以上股东,其中2/3以上股东应当是具有3年以上从业经历且最近3年内未受停止从业处罚的评估师。资产评估机构的合伙人或者股东为两名的,两名合伙人或者股东都应当是具有3年以上从业经历且最近3年内未受停止从业处罚的评估师。

 实务链接:资产评估机构的设立与业务开展

根据《资产评估法》,设立资产评估机构,应当向市场监督管理局申请办理登记。资产评估机构应当依法独立、客观、公正开展业务,建立健全质量控制制度,保证评估报告客观、真实、合理。资产评估机构根据业务需要建立职业风险基金,或者自愿办理职业责任保险,完善风险防范机制。

根据《资产评估行业财政监督管理办法》,资产评估机构开展法定资产评估业务,应当指定至少两名资产评估师承办。不具备两名以上资产评估师条件的资产评估机构,不得开展法定资产评估业务。其中,法定资产评估业务是指涉及国有资产或者公共利益等事项,法律、行政法规规定需要评估的业务。

根据《资产评估法》,资产评估机构不得有下列行为:

(1)利用开展业务之便,谋取不正当利益。

(2)允许其他机构以本机构名义开展业务,或者冒用其他机构名义开展业务。

(3)以恶性压价、支付回扣、虚假宣传,或者贬损、诋毁其他资产评估机构等不正当手段招揽业务。

(4)受理与自身有利害关系的业务。

(5)分别接受利益冲突双方的委托,对同一评估对象进行评估。

（6）出具虚假评估报告或者有重大遗漏的评估报告。

（7）聘用或者指定不符合本法规定的人员从事评估业务。

（8）违反法律、行政法规的其他行为。

（二）资产评估专业人员

根据《资产评估法》，资产评估专业人员包括评估师和其他具有评估专业知识及实践经验的评估从业人员。评估师(Public Valuer, PV)是指通过评估师资格考试的专业评估人员。具有高等院校专科以上学历的公民，可以参加评估师资格全国统一考试。

 实务链接

根据《资产评估师职业资格考试实施办法》，资产评估师职业资格考试设"资产评估基础""资产评估相关知识""资产评估实务（一）""资产评估实务（二）"4个科目。每个科目的考试时间为3小时。资产评估师职业资格考试原则上每年举行一次。资产评估师职业资格考试成绩实行4年为一个周期的滚动管理办法。在连续4年内，参加全部4个科目的考试并合格，可取得相应资产评估师职业资格证书。

根据《资产评估行业财政监督管理办法》，资产评估专业人员从事资产评估业务，应当加入资产评估机构，并且只能在一个资产评估机构从事业务。资产评估专业人员从事资产评估业务，应当依法签署资产评估报告，不得签署本人未承办业务的资产评估报告或者有重大遗漏的资产评估报告。未取得资产评估师资格的人员，不得签署法定资产评估业务资产评估报告，其签署的法定资产评估业务资产评估报告无效。资产评估专业人员应当接受资产评估协会的自律管理和所在资产评估机构的自主管理，不得从事损害资产评估机构合法利益的活动。

1. 资产评估专业人员享有的权利

根据《资产评估法》，资产评估专业人员享有下列权利：

（1）要求委托人提供相关的权属证明、财务会计信息和其他资料，以及为执行公允的评估程序所需的必要协助。

（2）依法向有关国家机关或者其他组织查阅从事业务所需的文件、证明和资料。

（3）拒绝委托人或者其他组织、个人对评估行为和评估结果的非法干预。

（4）依法签署评估报告。

（5）法律、行政法规规定的其他权利。

根据《资产评估法》，资产评估专业人员应当履行下列义务：

（1）诚实守信，依法独立、客观、公正从事业务。

（2）遵守评估准则，履行调查职责，独立分析估算，勤勉谨慎从事业务。

（3）完成规定的继续教育，保持和提高专业能力。

（4）对评估活动中使用的有关文件、证明和资料的真实性、准确性、完整性进行核查和验证。

（5）对评估活动中知悉的国家秘密、商业秘密和个人隐私予以保密。

（6）与委托人或者其他相关当事人及评估对象有利害关系的,应当回避。

（7）接受行业协会的自律管理,履行行业协会章程规定的义务。

（8）法律、行政法规规定的其他义务。

2.资产评估专业人员不得有的行为

根据《资产评估法》,资产评估专业人员不得有下列行为:

（1）私自接受委托从事业务、收取费用。

（2）同时在两个以上资产评估机构从事业务。

（3）采用欺骗、利诱、胁迫,或者贬损、诋毁其他评估专业人员等不正当手段招揽业务。

（4）允许他人以本人名义从事业务,或者冒用他人名义从事业务。

（5）签署本人未承办业务的评估报告。

（6）索要、收受或者变相索要、收受合同约定以外的酬金、财物,或者谋取其他不正当利益。

（7）签署虚假评估报告或者有重大遗漏的评估报告。

（8）违反法律、行政法规的其他行为。

二、资产评估的依据

资产评估是为评估当事人提供中介服务的一项工作,提供的评估结果必须公正、客观。因此,资产评估依据显得十分重要。一般来讲,评估的具体事项不同,所需的评估依据也不同。多年的评估实践表明,资产评估依据虽然多种多样,但大致可以划分为四大类,即行为依据、法律法规依据、产权依据和取价依据。

（一）行为依据

行为依据是指评估委托人和评估专业人员从事资产评估活动的依据,如公司董事会关于进行资产评估的决议、评估委托人与资产评估机构签订的业务委托合同等。资产评估机构和资产评估专业人员只有在取得资产评估行为依据后,才能正式开展资产评估工作。

（二）法律法规依据

法律法规依据是指从事资产评估工作应遵循的有关法律法规依据,如《资产评估法》《资产评估行业财政监督管理办法》《资产评估基本准则》《资产评估职业道德准则》等。

（三）产权依据

产权依据是指能证明被评估资产产权归属的依据,如土地使用权证、专利证等。在资产评估中,被评估的资产必须是资产占用方拥有或控制的资产,这就要求评估委托人必须为此提供依据,资产评估专业人员也必须收集被评估资产的产权依据。

（四）取价依据

取价依据是指资产评估专业人员确定被评估资产价值的依据。这类依据包括两个方面：一方面是**由评估委托人提供的相关资料，如会计核算资料、工程结算资料**；另一方面是**由评估委托人收集的市场价格资料、统计资料、技术标准资料及其他参数资料等**。

行为依据、法律法规依据、产权依据和取价依据是从事一般资产评估工作的依据。在资产评估工作中，**如从事特殊类型的资产评估项目，可能还涉及采用特殊的评估依据**，这要视具体情况而定，而且资产评估专业人员应在评估报告中加以披露。

第三节　资产评估的目的和价值类型

一、资产评估的目的

资产评估的目的是指资产评估业务对应的经济行为对资产评估结果的使用要求，或者资产评估结论的具体用途。也就是说，资产评估服务于什么业务，即为什么要进行资产评估。资产评估的目的是资产评估工作进入实质性阶段后主要考虑的因素。资产评估的目的是资产评估的起点，它决定和制约着资产评估价值类型和方法的选择，进而影响资产评估的结果。资产评估的目的也是资产评估的终点，资产评估的结果必须作用于资产评估的目的。

资产评估的目的分为一般目的和特定目的，资产评估的一般目的包含着特定目的，资产评估的特定目的是一般目的的具体化。

（一）资产评估的一般目的

资产评估的一般目的是由资产评估的性质及其基本功能决定的。资产评估作为一种专业人员对特定时点及特定条件约束下资产价值的估计和判断的社会中介活动，资产评估所要实现的一般目的只能是资产在评估时点的公允价值。

公允价值是一种相对合理的评估价值，它是一种相对于当事人各方的地位、资产的状况及资产面临的市场条件的合理的评估价值，是资产评估专业人员根据被评估资产自身的条件及其所面临的市场条件，对被评估资产客观交换价值的合理估计值。公允价值的一个显著特点是，它与相关当事人的地位、资产的状况及资产所面临的市场条件相吻合，且并没有损害各当事人的合法权益，亦没有损害他人的利益。

（二）资产评估的特定目的

我们把资产即将进行的资产业务以及资产业务对评估结果用途的具体要求称为资产评估的特定目的。我国资产评估实践表明，常见的资产业务主要有资产转让、企业兼并、企业出售、企业联营、股份经营、中外合资、中外合作、企业清算、抵押担保、企业租赁、债务重组等。

1. 资产转让

资产转让指资产拥有单位有偿转让其拥有的资产,通常指转让非整体性资产的经济行为。

2. 企业兼并

企业兼并是指一个企业以承担债务、购买、股份化和控股等形式有偿接收其他企业的产权,使被兼并方丧失法人资格或改变法人实体的经济行为。

3. 企业出售

企业出售是指独立核算的企业或企业内部的分厂、车间及其他整体资产产权出售行为。

4. 企业联营

企业联营是指国内企业、单位之间以固定资产、流动资产、无形资产及其他资产投入组成各种形式的联合经营实体的行为。

5. 股份经营

股份经营是指资产占有单位实行股份制经营方式的行为,包括法人持股、内部职工持股、向社会发行不上市股票和上市股票。

6. 中外合资、中外合作

中外合资、中外合作是指我国的企业和其他经济组织与外国企业和其他经济组织或个人在我国境内举办合资或合作经营企业的行为。

7. 企业清算

企业清算包括破产清算、终止清算和结业清算。

8. 抵押担保

抵押是指资产占有单位以本单位的资产作为物质保证进行抵押而获得贷款的经济行为。

担保是指资产占有单位以本企业的资产为其他单位的经济行为担保,并承担连带责任的行为。

9. 企业租赁

企业租赁是指资产占有单位在一定期限内,以收取租金的形式,将企业全部或部分资产的经营使用权转让给其他经营使用者的行为。

10. 债务重组

债务重组是指债权人按照其与债务人达成的协议或法院的裁决同意债务人修改债务条件的事项。

此外,还有服务于会计计量和财务报告编制的评估业务,比如合并对价分摊、资产减值测试、投资性房地产;服务于税收领域的评估业务,比如核定税基、确定计税价格、关联交易转让定价;服务于司法立案、审判领域的评估业务,比如为涉案标的提供价值评估服务。

(三)资产评估特定目的在资产评估中的地位和作用

资产评估特定目的是引起资产评估的具体资产业务,其贯穿于资产评估活动的始终,影响着整个资产评估行为,在资产评估中具有很重要的地位和作用。具体包括:

(1)资产评估特定目的是界定评估对象的基础。

(2)资产评估特定目的对资产评估的价值类型选择具有约束作用。

(3)资产评估特定目的对评估结果的性质有重要的影响。

值得注意的是,在不同时期、地点和市场条件下,同一资产业务对资产评估结果的价值类型的要求也不同。也就是说,具体资产业务是影响甚至决定资产评估结果价值类型的重要因素,但是,绝对不是唯一的影响因素。评估的时间、地点和市场条件以及资产业务当事人的状况和资产自身的状态不同,评估的价值类型也可能不同。

二、资产评估的价值类型

(一)资产评估价值类型的含义

【法规链接】

中评协关于印发修订《资产评估价值类型指导意见》的通知

资产评估的价值类型是指资产评估结果的价值属性及其表现形式。不同的价值类型从不同的角度反映资产评估价值的属性和特征。不同属性的价值类型所代表的资产评估价值不仅在性质上是不同的,在数量上也存在着较大的差异。

根据 2017 年 10 月 1 日起施行的《资产评估价值类型指导意见》,以资产评估时所依据的市场条件、被评估资产的使用状态以及资产评估结果的适用范围来划分,资产评估的价值类型包括市场价值和市场价值以外的价值类型。这也是国际评估界较一致的观点。

(二)市场价值

根据《资产评估价值类型指导意见》,市场价值指自愿买方和自愿卖方在各自理性行事且未受任何强迫的情况下,评估对象在评估基准日进行正常公平交易的价值估计数额。

市场价值概念的提出,树立了一个资产公允价值的坐标。其中,资产评估的市场价值是资产公允价值的基本表现形式,市场价值以外的价值是资产公允价值的一种特殊表现形式。

(三)市场价值以外的价值类型

《资产评估价值类型指导意见》中对市场价值以外的价值类型没有直接给出定义,凡不符合市场价值定义条件的资产价值类型都属于市场价值以外的价值类型。市场价值以外的价值类型不是一种具体的资产评估价值存在形式,它是一系列不符合资产市场价值定义的价值形式的总称或组合。根据《资产评估价值类型指导意见》,市场价值以外的价值类型包括在用价值、投资价值、清算价值、残余价值等。

(1)**在用价值**是指将评估对象作为企业组成部分要素资产,按其正在使用方式和程度及其所属企业的贡献的价值估计数额。如果评估对象是企业或整体资产组中的要素资产,并且在评估业务执行中只需要考虑以这些资产未来经营收益的方式来确定资产价值时,资产评估专业人员需要选择在用价值。

(2)**投资价值**是指评估对象对具有明确投资目标的特定投资者或某一类投资者所具有的价值估计数额,也称特定投资者价值。评估中需要考虑这个或这些特定市场参与者的投资偏好或特定目标对交易价值的影响时,通常需要考虑投资价值。

(3)**清算价值**是指在评估对象处于被迫出售或快速变现等非正常条件下的价值估计数额。一般来讲,评估对象处于强制清算过程中,应该选择清算价值。抵(质)押物、抵税财产和涉案财产处置等评估,也可以根据评估对象特点及委托条件选择清算价值。

(4)**残余价值**是指机器设备、房屋建筑物或其他有形资产等的拆零变现价值估计数额。当评估对象无法或不宜整体使用,将计量单位缩小至零部件后还具有使用价值时,资产评估专业人员通常应该考虑评估对象的拆零变现,并选择残余价值作为评估结论的价值类型。

【提示】

某些特定评估业务评估结论的价值类型可能受到法律、行政法规或者合同的约束,这些评估业务的评估结论应当按照法律、行政法规或者合同的规定选择评估结论的价值类型;法律、行政法规或者合同没有规定的,可以根据实际情况选择市场价值或者市场价值以外的价值类型,并予以定义。特定评估业务包括:以抵(质)押为目的的评估业务、以税收为目的的评估业务、以保险为目的的评估业务、以财务报告为目的的评估业务等。

(四)明确资产评估价值类型的意义

从资产评估的价值基础和资产评估结果的适用范围和使用范围将评估结果分为市场价值与市场价值以外的价值,符合资产评估服务于客户、服务于社会的内在要求。因此,明确资产评估中的市场价值与市场价值以外的价值具有重要的意义。

(1)有利于资产评估专业人员对其评估结果性质的认识,便于资产评估专业人员在撰写评估报告时更清楚明了地说明其评估结果的确切含义。

(2)便于资产评估专业人员划定其评估结果的适用范围和使用范围。

(3)避免因价值概念不清而造成对评估报告的使用不当。

总之,资产评估的价值类型不仅是资产评估专业人员执业层面上的概念,而且是报告使用人在使用评估结论层面上的概念。重视价值类型的核心不是理论上区分各种具体的价值类型,而是为了避免评估报告使用人将某种特定的价值类型的评估结论理解为另一种价值类型的评估结论,特别是将特定的市场价值以外的价值类型误认为市场价值类型。

第四节　资产评估的假设和原则

一、资产评估的假设

资产评估与其他学科一样,其理论体系和方法体系的确立也需要建立在一系列假设基础之上。从理论上讲,资产评估可以根据评估对象的具体情况做出多种不同的评估假设。但是,从资产评估的实践来看,可从资产评估的众多假设中抽象出四个最基本的假设,即交易假设、公开市场假设、持续使用假设和清算假设。

(一)交易假设

交易假设是资产评估得以进行的一个最基本的前提假设,交易假设是假定所有待评估资产已经处在交易过程中,资产评估专业人员根据待评估资产的交易条件等模拟市场进行估价。 众所周知,资产评估其实是在资产实施交易之前进行的一项专业服务活动,而资产评估的最终结果又属于资产的交换价值范畴。为了发挥资产评估在资产实际交易之前为委托人提供资产交易底价的专家判断作用,同时又能够使资产评估得以进行,利用交易假设将被评估资产置于"交易"当中,模拟市场进行评估就是十分必要的。

交易假设一方面为资产评估得以进行"创造"了条件;另一方面它明确限定了资产评估外部环境,即资产是被置于市场交易之中的,资产评估不能脱离市场条件而孤立地进行。

(二)公开市场假设

公开市场假设是对资产拟进入的市场条件,以及资产在这样的市场条件下接受何种影响的一种假定说明或限定。公开市场假设的关键是认识和把握公开市场的实质和内涵。就资产评估而言,公开市场是指充分发达与完善的市场条件,指一个有自愿的买者和卖者的竞争性市场,在这个市场上,买者和卖者的地位是平等的,彼此都有获取足够市场信息的机会和时间,买卖双方的交易行为都是在自愿的、理智的,而非强制或不受限制的条件下进行的。事实上,现实中的市场条件未必真能达到上述公开市场的完善程度。公开市场假设就是假定那种较完善的公开市场存在,被评估资产将要在这样一种公开市场中进行交易。当然,公开市场假设也基于市场客观存在的现实,即资产在市场上可以公开买卖这样一种客观事实为基础。

由于公开市场假设假定市场是一个充分竞争的市场,资产在公开市场上实现的交换价值隐含着市场对该资产在当时条件下有效使用的社会认同。当然,**在资产评估中,市场是有范围的,它可以是地区性市场,也可以是国内市场,还可以是国际市场。关于资产在公开市场上实现的交换价值所隐含的对资产效用有效发挥的社会认同也是有范围的**,它可以是区域性的、全国性的或国际性的。

公开市场假设旨在说明一种充分竞争的市场条件,在这种条件下,资产的交换价值受市场机制的制约并由市场行情决定,而不是由个别交易决定。

公开市场假设是资产评估中的一个重要假设,其他假设都是以公开市场假设为基本参照的。公开市场假设也是资产评估中使用频率较高的一种假设,凡是能在公开市场上交易、用途较广泛或通用性较强的资产,都可以考虑按公开市场假设前提进行评估。

（三）持续使用假设

持续使用假设也是对资产拟进入的市场条件,以及在这样的市场条件下的资产状态的一种假定性描述或说明。**该假设首先设定被评估资产正处于使用状态,包括正在使用中的资产和备用的资产;其次根据有关数据和信息,推断这些处于使用状态的资产还将继续使用下去。**持续使用假设既说明了被评估资产面临的市场条件或市场环境,又着重说明了资产的存续状态。

按照通行的说法,持续使用假设又细分为三种具体情况:一是在用续用;二是转用续用;三是移地续用。**在用续用**指的是处于使用中的被评估资产在产权发生变动或资产业务发生后,将按其现行正在使用的用途及方式继续使用下去。**转用续用**则是指被评估资产将在产权发生变动后或资产业务发生后,改变资产现时的使用用途,调换新的用途继续使用下去。**移地续用**则是说被评估资产将在产权变动发生后或资产业务发生后,改变资产现在的空间位置,转移到其他空间位置上继续使用。

持续使用假设是在一定市场条件下对被评估资产使用状态的一种假定说明,在持续使用假设前提下的资产评估及其结果的适用范围常常是有限制的。在许多场合下评估结果并没有充分考虑资产用途替换,它只对特定的买者和卖者是公平合理的。

持续使用假设也是资产评估中的一个非常重要的假设,尤其在我国,经济体制处于转轨时期,市场发育尚未完善,资产评估活动大多与企业的存量资产产权变动有关。因此,评估对象经常处于或被限定在持续使用的假设前提之下。充分认识和掌握持续使用假设的内涵和实质,对我国资产评估实践来说,有着重要意义。

（四）清算假设

清算假设是对资产拟进入的市场条件的一种假定说明或限定。**清算假设是与持续使用假设相对应的。**清算假设包括有序清算假设和强制清算假设。**有序清算假设**是经营主体在其所有者有序控制下实施的清算,即清算在一个有计划、有秩序的前提下进行。**强制清算假设**是经营主体的清算不在其所有者有序控制之下,而在外部势力的控制下进行的清算。

强制清算假设是对资产在非公开市场条件下被迫出售或快速变现条件的假定说明。

强制清算假设首先基于被评估资产面临清算或具有潜在的被清算的事实或可能性,再根据相应数据资料推定被评估资产处于被迫出售或快速变现的状态。由于强制清算假设假定被评估资产处于被迫出售或快速变现条件之下,被评估资产的评估值通常要低于在公开市场假设前提下或持续使用假设前提下同样资产的评估值。因此,在强制清算假设前提下的资产评估结果的适用范围是非常有限的。

二、资产评估的原则

资产评估既是一门科学,又是一门艺术,既要求有客观准确的评定估算,又必然会涉及主观的思考和判断。因此,资产评估专业人员在评估工作中既要遵循一定的工作原则,又要遵循一定的经济技术原则,二者不可偏废。

（一）资产评估的工作原则

资产评估的工作原则是资产评估机构和资产评估专业人员在评估工作中应遵循的基本原则。主要包括:

1. 独立性原则

独立性原则要求资产评估机构和资产评估专业人员必须坚持公平、公正的立场,不偏向资产业务的任何一方,以中立的第三方身份独立地进行评估。坚持这一原则可以从组织上保证评估工作不受有关利益方的干扰。

2. 客观性原则

客观性原则要求资产评估结果应以充分的事实为依据。要求资产评估专业人员在评估工作中必须以实际材料为基础,以确凿的事实为依据,以科学的态度为指针,实事求是地得出评估结果。此外,为了保证评估结果的客观、公正性,按照国际惯例,资产评估的收费只与工作量有关,不与资产评估值挂钩。

3. 科学性原则

科学性原则要求资产评估机构和资产评估专业人员必须遵循科学的评估标准,以科学的态度制定评估方案,并采用科学的评估方法进行资产评估。在整个评估工作中必须把主观评价与客观测算、静态分析与动态分析、定性分析与定量分析有机地结合起来,使评估工作做到科学合理、真实可信。

4. 专业性原则

专业性原则要求资产评估机构必须是提供资产评估服务的专业机构,资产评估机构必须拥有工程、技术、管理、营销、会计、财务、法律等学科的专业人员,这些人员必须具有良好的职业道德、专业的科学知识和丰富的实践经验,这是保证评估结果公正的技术基础。

（二）资产评估的经济技术原则

资产评估的经济技术原则是指在资产评估执业过程中的一些技术规范和业务准则。经济技术原则为资产评估专业人员在执业过程中的专业判断提供技术依据和保证。主要包括：

1. 预期收益原则

预期收益原则是以技术原则的形式概括出资产及其资产价值的最基本的决定因素。资产之所以有价值是由于它能为其拥有者或控制者带来未来经济利益,资产价值的高低主要取决于它能为其所有者或控制者带来的预期收益量的多少。预期收益原则是资产评估专业人员判断资产价值的一个最基本的依据。

2. 供求原则

供求原则是经济学中关于供求关系影响商品价格原理的概括。假定在其他条件不变的前提下,商品的价格随着需求增长而上升,随着供给增加而下降。尽管商品价格随供求变化并不呈固定比例变化,但变化的方向都带有规律性。供求规律对商品价格形成的作用力同样适用于资产价值评估,资产评估专业人员在判断资产价值时也应充分考虑和依据供求原则。

3. 贡献原则

从一定意义上讲,贡献原则是预期收益原则的一种具体化原则。它也要求资产价值的高低由该资产的贡献来决定。贡献原则主要适用于构成某整体资产的各组成要素资产的贡献,或者是当整体资产缺少该项要素资产将蒙受的损失。

4. 替代原则

作为一种市场规律,在同一市场上,具有相同使用价值和质量的商品,应有大致相同的交换价值。如果具有相同使用价值和质量的商品,具有不同的交换价值或价格,买者会选择价格较低者。当然,作为卖者,如果可以将商品卖到更高的价格水平上,他会在较高的价位上出售商品。在资产评估中确实存在着评估数据、评估方法等的合理替代问题,正确运用替代原则是公正进行资产评估的重要保证。

5. 估价日期原则

市场是变化的,资产的价值会随着市场条件变化而不断改变。为了使资产评估得以操作,同时,又能保证资产评估结果可以被市场检验,在资产评估时,必须假定市场条件固定在某一时点,这一时点就是评估基准日,或称估价日期,它为资产评估提供了一个时间基准。资产评估的估价日期原则要求资产评估必须有评估基准日,而且评估值就是评估基准日的资产价值。

本 章 小 结

资产评估指资产评估机构及其评估专业人员根据委托对不动产、动产、无形资产、企业价值、资产损失或者其他经济权益进行评定、估算,并出具评估报告的专业服务行为。资产评估具有现实性、市场性、预测性、公正性、咨询性、专业性等特点。资产评估的主要功能是评价和评值,辅助功能有管理功能和公证功能。

资产评估要素主要包括评估主体、评估客体、评估依据、评估目的、评估价值类型、评估假设、评估原则、评估准则、评估程序、评估方法。其中,资产评估主体是指具体从事资产评估工作的资产评估专业人员和资产评估机构;资产评估客体是待评估的资产;资产评估依据主要有行为依据、法律法规依据、产权依据和取价依据;资产评估目的是指资产评估服务于什么业务,即为什么要进行资产评估,分为一般目的和特定目的;资产评估价值类型是指资产评估结果的价值属性及其表现形式;资产评估假设是资产评估理论和方法体系的基础,主要有交易假设、公开市场假设、持续使用假设和清算假设;资产评估原则是资产评估机构和资产评估专业人员在评估工作中遵循的基本原则以及在执业过程中的一些技术规范和业务准则,包括工作原则和经济技术原则;资产评估准则是资产评估执业的标准规范,是实行资产评估行业自律管理的重要依据;资产评估程序是执行资产评估业务所履行的系统性工作步骤;资产评估方法,即资产评估所运用的特定技术,是评定估算资产价值的途径和手段。

 思 考 题

1. 如何理解资产评估中资产的内涵?

2. 资产评估主要有哪几种假设? 在资产评估中有什么作用?

3. 资产评估的价值类型不同,是否评估结果就不同?

4. 资产评估中的公允价值与会计上的公允价值有什么区别? 投资价值是不是公允价值?

 练 习 题

一、单项选择题

1. 完全按照评估准则及规定程序和要求进行的资产评估称为( )。

A. 限制评估　　　　B. 评估复核　　　　C. 完全评估　　　　D. 整体评估

2. 下列资产中属于不可确指资产的是( )。

A. 机器设备　　　　B. 商标权　　　　　C. 专利权　　　　　D. 商誉

3. 资产评估( )对评估价值类型的选择具有约束作用。

A. 原则　　　　　　B. 特定目的　　　　C. 假设前提　　　　D. 评估主体

4. 下列要素中不属于资产评估基本要素的是( )。

A. 评估主体　　　　B. 评估依据　　　　C. 评估原则　　　　D. 评估基准日

5.资产价值的高低取决于它能为所有者带来多少(　　)。

A.现实收益　　　　B.预期收益　　　　C.历史收益　　　　D.账面收益

6.正常情况下,一栋别墅在某一时点的市场价值,不会高于此时点重新开发一同等效用别墅的成本(包括利润)。这体现了资产评估的(　　)。

A.贡献原则　　　　B.客观原则　　　　C.预期原则　　　　D.替代原则

7.下列不属于资产评估工作原则的是(　　)。

A.独立性　　　　B.客观性　　　　C.替代性　　　　D.科学性

8.按被评估资产的(　　)可分为单项资产和整体资产。

A.综合获利能力　　B.实体形态　　　　C.独立存在　　　　D.经营性

9.资产评估假设不包括(　　)。

A.交易假设　　　　B.持续使用假设　　C.经营假设　　　　D.公开市场假设

10.(　　)是评定估算资产价值的途径和手段。

A.评估目的　　　　B.评估依据　　　　C.评估方法　　　　D.评估程序

二、多项选择题

1.确定评估基准日的目的包括(　　　　)。

A.确定评估对象的计价时间　　　　　B.将动态下的资产固定在某一时点

C.将动态下的资产评估在某一时期　　D.确定资产评估机构的工作日

E.遵循科学的评估程序

2.下列假设中属于资产评估假设的有(　　　　)。

A.交易假设　　　　　　　　　　　B.持续使用假设

C.公开市场假设　　　　　　　　　D.币值不变假设

3.下列功能中属于资产评估功能的有(　　　　)。

A.评价与评值功能　　　　　　　　B.管理功能

C.咨询功能　　　　　　　　　　　D.市场功能

4.资产评估的工作原则包括(　　　　)。

A.独立原则　　　B.客观原则　　　C.科学原则　　　D.专业原则

5.资产评估的公正性表现为(　　　　)。

A.资产评估应遵循正确适用的评估原则,依照法定的评估程序,运用科学的评估
方法

B.资产评估主体应当与资产业务及其当事人没有利害关系

C.资产评估的目标是估算出服务于资产业务要求的客观价值

D.资产评估需要通过对评估基准日的市场实际状况进行模拟

E.评估价值是为资产业务提供了一个参考价值,最终的成交价格取决于资产业务当
事人讨价还价的能力

6.资产评估具有的基本特点包括(　　　　)。

A.市场性　　　　B.预测性　　　　C.公正性　　　　D.咨询性

第二章 资产评估准则

 学习目标与要求

学习内容	学习目标	重要程度	学习难度
1. 资产评估准则的概念和作用	了解	☆	☆
2. 我国资产评估准则体系的框架和特点	掌握	☆☆☆	☆☆
3. 国际评估准则基本内容	理解	☆☆	☆☆
4. 美国、英国评估准则基本内容	了解	☆☆	☆☆

第一节 资产评估准则概述

一、资产评估准则的概念

资产评估准则是指导资产评估专业人员执行资产评估业务的技术规范和职业道德规范的总称。资产评估准则是资产评估行业发展到一定阶段的产物,是一国资产评估理论和实践经验的集中反映和高度浓缩。资产评估准则的完善和成熟程度反映了一国评估业发展的状况。

随着资产评估行业的不断发展和壮大,世界各国都在加紧制定和完善资产评估准则。然而,资产评估准则的制定是一项极为复杂的系统工程,不仅专业性、技术性要求高,而且反映了社会经济、文化、法律等社会背景和环境条件,是相关各方利益的协调过程。

由于各国评估业发展得很不均衡,各国的评估理论基础和实践均缺乏统一性和一致性。因此,各国和相关国际性评估专业组织制定的评估准则无论在内容上还是在体例上都存在着较大的差别,侧重点也因为各国评估业热点问题不同而各不相同。目前,国际评估界具有较大影响的评估准则主要有:国际评估准则理事会制定的《国际评估准则》;美国评估促进会制定的《专业评估执业统一准则》;英国皇家特许测量师学会制定的《评估准则》。

二、资产评估准则的作用

(一)资产评估准则有利于实现行业自律管理

在准则尚未统一的情况下,评估行业只能由政府部门来进行行政管理。如我国资产评估业发展初期,原国家国有资产管理局是资产评估的行政主管部门。但这种管理模式容易造成整个部门直接干预评估业务,使评估行业有失公正、公允;政府部门出于本位利益设立本部门的评估体系,则导致多头管理、评估市场条块分割。行业自律管理是资产评估业的发展方向,有利于评估执业水平的提高。实现行业自律管理的前提是制定行业统一的评估准则,评估准则中的执业技术规范和职业道德规范是实现行业自律管理的依据。

(二)资产评估准则有利于规范评估师的执业行为

资产评估准则是评估行业管理的权威性标准。在职业道德方面,准则对评估师的业务素质、业务能力、工作操守和执业态度进行了严格规定,明确规定了哪些工作必须做,哪些工作可以做,哪些工作不能做,促使资产评估专业人员恪守独立、客观、公正的基本原则,不得出具虚假、不实的评估报告;在具体业务方面,资产评估专业人员应依法执业、谨慎工作,以保证评估质量。因此,评估准则将促使资产评估专业人员按照统一的标准开展业务,有利于提高评估质量和资产评估专业人员的业务素质。

(三)资产评估准则有利于维护资产评估机构和资产评估专业人员的合法权益

资产评估准则中规定了资产评估专业人员的工作范围和规则,只要资产评估专业人员按照准则的要求执业,就能得出科学合理的评估结果,并保证执业行为的独立、客观、公正,就可以最大限度地降低执业风险。当资产评估专业人员受到不公正的指责和控告时,可以充分利用评估准则保护其正当权益。

(四)资产评估准则有利于提高资产评估理论水平

资产评估准则来源于评估实践,是资产评估理论研究成果和实践经验的高度浓缩。反过来,资产评估准则又可用于指导资产评估实践活动。资产评估准则是资产评估实践经验的总结和升华,是资产评估理论的重要组成部分。资产评估准则的实施,有利于提高资产评估的理论水平。而且,各国间评估准则的协调,便于推动各国评估经验交流,促进全球评估业共同发展。

第二节　我国资产评估准则

我国资产评估准则包括财政部制定的《资产评估基本准则》和中国资产评估协会根据《资产评估基本准则》制定的《资产评估执业准则》和《资产评估职业道德准则》。近年来,财政部和中国资产评估协会借鉴国际评估行业经验,大力推动我国资产评估准则建设,已经建成较完善的资产评估准则体系。

一、我国资产评估准则体系的框架

(一)《资产评估基本准则》

《资产评估基本准则》是财政部根据《资产评估法》《资产评估行业财政监督管理办法》等制定的资产评估机构及其资产评估专业人员执行各种资产类型、各种评估目的的资产评估业务应当共同遵循的基本规范。《资产评估基本准则》自 2017 年 10 月 1 日起施行。

《资产评估基本准则》是中国资产评估协会制定《资产评估执业准则》和《资产评估职业道德准则》的依据。

(二)《资产评估职业道德准则》

《资产评估职业道德准则》从专业能力、独立性、与委托人和其他相关当事人的关系、与其他资产评估机构及资产评估专业人员的关系等方面对资产评估机构及其资产评估专业人员应当具备的品质和体现的道德行为进行了规范。《资产评估职业道德准则》自2017 年 10 月 1 日起施行。

(三)《资产评估执业准则》

《资产评估执业准则》是中国资产评估协会依据《资产评估基本准则》制定的资产评估机构及其资产评估专业人员在执行资产评估业务过程中应当遵循的程序规范和技术规范,包括具体准则、评估指南和指导意见三个层次。

1. 具体准则

资产评估具体准则是按照资产类型和评估行为类型分别制定的评估准则。资产评估具体准则又可分为程序性准则和实体性准则两个部分。程序性准则是针对资产评估机构及其资产评估专业人员履行一定的专业程序完成评估业务、保证评估质量制定的规范。实体性准则是针对不同资产类别的特点,分别对不同类别资产评估业务中的资产评估机构及其资产评估专业人员的技术操作提供指导。

目前,我国现行资产评估具体准则共 12 项,包括 6 项实体性准则和 6 项程序性准则,具体见表 2-1。

表 2-1 我国现行资产评估具体准则

序号	类型	准则名	文 号	印发或修订时间	生效时间
1	实体性准则	资产评估执业准则——无形资产	中评协〔2017〕37 号	2017 年 9 月	2017 年 10 月
2		资产评估执业准则——机器设备	中评协〔2017〕39 号	2017 年 9 月	2017 年 10 月
3		资产评估执业准则——不动产	中评协〔2017〕38 号	2017 年 9 月	2017 年 10 月

序号	类型	准则名	文　号	印发或修订时间	生效时间
4	实体性准则	资产评估执业准则——企业价值	中评协〔2018〕38号	2018年10月	2019年1月
5		资产评估执业准则——森林资源资产	中评协〔2017〕41号	2017年9月	2017年10月
6		资产评估执业准则——珠宝首饰	中评协〔2017〕40号	2017年9月	2017年10月
7	程序性准则	资产评估执业准则——资产评估报告	中评协〔2018〕35号	2018年10月	2019年1月
8		资产评估执业准则——资产评估程序	中评协〔2018〕36号	2018年10月	2019年1月
9		资产评估执业准则——资产评估委托合同	中评协〔2017〕33号	2017年9月	2017年10月
10		资产评估执业准则——资产评估档案	中评协〔2018〕37号	2018年10月	2019年1月
11		资产评估执业准则——利用专家工作及相关报告	中评协〔2017〕35号	2017年9月	2017年10月
12		资产评估执业准则——资产评估方法	中评协〔2019〕35号	2019年12月	2020年3月

2. 评估指南

资产评估指南是针对特定评估目的、特定资产类别(细化)评估业务以及对资产评估中某些重要事项的规范。资产评估指南将根据评估业务的发展不断增加或进行修订。

目前,我国现行资产评估指南共5项,具体见表2-2。

表 2-2　我国现行资产评估指南

序号	指南名称	文　号	发文时间	生效时间
1	企业国有资产评估报告指南	中评协〔2017〕42号	2017年9月	2017年10月
2	金融企业国有资产评估报告指南	中评协〔2017〕43号	2017年9月	2017年10月
3	知识产权资产评估指南	中评协〔2017〕44号	2017年9月	2017年10月
4	以财务报告为目的的评估指南	中评协〔2017〕45号	2017年9月	2017年10月
5	资产评估机构业务质量控制指南	中评协〔2017〕46号	2017年9月	2017年10月

3. 指导意见

资产评估指导意见是针对资产评估业务中的某些具体问题的指导性文件。同时,已在具体准则层次设置了准则的资产,其细类资产的评估规范,也采取指导意见形式。该层次较为灵活,针对评估业务中新出现的问题及时提出指导意见,某些尚不成熟的评估指南或具体评估准则也可以先作为指导意见发布,待实践一段时间或成熟后再上升为具体准则或指南。

目前,我国现行资产评估指导意见共12项,具体见表2-3。

表 2-3 我国现行资产评估指导意见

序号	指导意见名称	文号	发文时间	生效时间
1	资产评估价值类型指导意见	中评协〔2017〕47 号	2017 年 9 月	2017 年 10 月
2	资产评估对象法律权属指导意见	中评协〔2017〕48 号	2017 年 9 月	2017 年 10 月
3	企业并购投资价值评估指导意见	中评协〔2020〕30 号	2020 年 11 月	2021 年 3 月
4	文化企业无形资产评估指导意见	中评协〔2016〕14 号	2016 年 3 月	2016 年 7 月
5	实物期权评估指导意见	中评协〔2017〕54 号	2017 年 9 月	2017 年 10 月
6	金融不良资产评估指导意见	中评协〔2017〕52 号	2017 年 9 月	2017 年 10 月
7	投资性房地产评估指导意见	中评协〔2017〕53 号	2017 年 9 月	2017 年 10 月
8	珠宝首饰评估程序指导意见	中评协〔2019〕36 号	2019 年 12 月	2020 年 3 月
9	专利资产评估指导意见	中评协〔2017〕49 号	2017 年 9 月	2017 年 10 月
10	著作权资产评估指导意见	中评协〔2017〕50 号	2017 年 9 月	2017 年 10 月
11	商标资产评估指导意见	中评协〔2017〕51 号	2017 年 9 月	2017 年 10 月
12	人民法院委托司法执行财产处置资产评估指导意见	中评协〔2019〕14 号	2019 年 5 月	2019 年 7 月

我国资产评估准则体系,如图 2-1 所示。

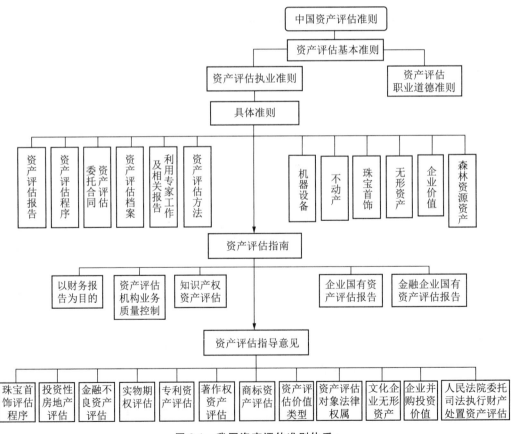

图 2-1 我国资产评估准则体系

二、我国资产评估准则体系的特点

（一）综合性的资产评估准则体系

我国资产评估准则体系是综合性的评估准则体系,包括不动产、机器设备、企业价值、无形资产等各个类别资产评估准则。

（二）高度重视程序性准则与实体性准则

鉴于资产评估行业的特点,我国资产评估准则体系坚持程序性准则与实体性准则并重。资产评估准则不仅包括从程序方面规范评估行为的准则,如评估报告、评估档案、评估程序等,还包括针对各类资产特点而进行规范的实体性准则,如企业价值评估准则、机器设备评估准则、不动产评估准则等。

第三节　国际评估准则

国际评估准则(International Valuation Standards, IVS)是由国际评估准则理事会(The International Valuation Standards Council, IVSC)(前身为国际评估准则委员会)于1985年制定并发布的。此后,分别在1994年、1997年、2000年、2001年、2003年、2005年、2007年、2011年、2013年和2017年进行了修订。目前,最新的国际评估准则是2017年的第11版。

一、国际评估准则的制定背景

（一）国际评估准则制定的基础

在20世纪80年代以前,评估业在世界范围内就得到了很大的发展,像美国、英国、加拿大、新西兰等发达国家都纷纷成立了评估协会、学会等专业性组织,制定了本国评估准则。同时,评估业在发展中国家也得到了一定的普及和发展。这些都为制定国际性的评估准则奠定了行业基础和理论技术基础。

（二）国际评估准则制定的内在动力

尽管各国评估业都取得了长足的进展,但评估行业在20世纪80年代以前始终未能形成一个国际性的行业,各国在评估准则及专业术语上的差异给评估业的国际合作和进一步发展带来了很大的困难。由于缺乏国际性评估准则,许多国家国内评估准则的运用也受到了限制。为了适应评估行业发展的客观需要,亟须制定统一的国际性评估准则。这是制定国际评估准则的内在动力。

（三）国际评估准则制定的外部动力

随着国际经济和市场全球化的新发展，专业资产评估在市场经济中的重要性得到了广泛认可。合格、客观、专业化发展的资产评估服务对各种经济行为，尤其是对跨国投资者来说是很必要的。国际经济界也迫切需要一部规范统一的国际评估准则，促使评估业更好地为经济发展服务。这就为国际评估准则的制定奠定了外部客观基础。

二、国际评估准则的主要内容

第 11 版的《国际评估准则》主要包括简介、术语表、准则框架、基本准则、资产准则和索引。

（一）简介

简介介绍了国际评估准则理事会的性质、宗旨和基本目标，介绍了国际评估准则的整体状况和国际地位，并对国际评估准则的运用进行了总体说明。

（二）术语表

术语表明确了国际评估准则中使用的特定术语的定义。

（三）准则框架

准则框架对国际评估准则的适用范围、专业胜任能力、背离等方面进行说明。准则框架是国际评估准则的基础，在执行准则时资产评估专业人员需要考虑和应用到这个框架。

（四）基本准则

基本准则适用所有资产类型和评估目的，包括 5 个评估准则。基本准则包括：

IVS 101——工作范围
IVS 102——调查和遵循
IVS 103——报告
IVS 104——价值类型
IVS 105——评估途径和方法

（五）资产准则

资产准则对具体资产评估提供指导，是基本准则的细化和扩充，包含了基本准则中的原则如何应用到特定资产种类的说明以及评估时特殊考虑的事项。资产准则包括：

IVS 200——企业及企业权益
IVS 210——无形资产
IVS 300——厂房和设备
IVS 400——不动产权益
IVS 410——开发性不动产

IVS 500——金融工具

（六）索引

索引列出准则中相关术语的出处。

三、国际评估准则的相关概念

国际评估准则对资产评估的一些基本概念进行了详细的阐述。这里主要就折旧、市场、成本、价格、价值和最佳用途进行阐述,其他的不再逐一阐述。

（一）折旧

折旧是在评估行业和会计行业都使用的概念,在实践中可能引起评估师、会计师的误解。在资产评估业务中所使用的折旧概念表示从估计的全新重置成本中扣除的任何部分。这些扣除部分即评估中的折旧,应该包括实体性损耗、功能性(技术性)陈旧或经济性贬值。而会计上的折旧是指会计师根据历史成本原则做出的对资产原始成本的一种摊销,并不考虑这种摊销是否与实际情况相符。因此,折旧在评估和会计上最重要的区别在于,评估中的折旧应当与市场有关,反映相关的市场状况;会计上的折旧与会计原则相关,并不反映市场状况。

（二）市场、成本、价格和价值

市场、成本、价格、价值等概念是资产评估中最基本的概念,同时也是争议最大的概念,理解这些基本概念在资产评估中的内涵对资产评估专业人员是十分重要的。

市场是买方和卖方之间在价格作用机制下就商品和服务进行交易的体系,市场的存在是资产评估能够得以进行的基础条件之一。市场意味着买方和卖方能够在没有不合理限制的条件下进行商品或服务交易。交易各方能够根据供求关系和其他价格确定因素、各方的能力和知识、他们对商品或服务效用的理解以及他们各自的需要、欲望等因素做出合理决策。

成本是与生产相关的概念,是为商品或服务所支付的货币数额,或者是生产商品、提供服务所需要的货币数额。当商品生产、服务提供完成之后,成本就成为事实,是历史数据。对购买者来说,为商品或服务所付出的价格就成为其成本。

价格是与商品或服务交换相关的概念,某商品或某项服务所要求的、提供的或支付的货币数额,反映了商品或服务进行实际交易的货币金额。价格是事实,是一个历史数据,不论其是否公开披露。一般情况下,价格反映出在特定条件下特定的买方或卖方对商品或服务价值的认可。

价值是个经济概念,价值并不是事实,只是根据特定的价值定义在特定时间内对商品、服务进行交易时最可能形成的价格的估计额。价值的经济概念反映了在价值的有效日期(基准日)内,市场(而不是特定买方或卖方)对某人拥有某商品或接受某服务而具有的利益的评判。

（三）最佳用途

最佳用途又称最大最有效用途,是对某项资产而言,实际可能的、经合理证明的、法律允许的、财务上可行的并能实现该被评估资产最大价值的最可能用途。根据最佳用途的定义,法律不允许或实际不可行的用途不得视为最佳用途。对法律允许且实际可行的用途仍需要评估师证明这种用途合理可行的原因。如果分析表明一种或多种用途是合理可行的,则需要进一步通过经济可行性研究来论证,能体现最高价值并满足其他条件验证的用途才可以认为是最佳用途。最佳用途对不动产评估尤其重要。

第四节　国外评估准则

一、美国评估准则

（一）美国评估准则简介

为维护评估师和评估服务使用者的利益,满足评估师和评估使用者的需要,美国评估促进会(The Appraisal Foundation, AF)下属的评估准则委员会负责制定、出版、解释、修订或撤销《专业评估执业统一准则》(Uniform Standards of Professional Appraisal Practice, USPAP)。美国评估促进会是美国国会授权的评估准则制定和评估师资格认定的评估组织。《专业评估执业统一准则》是美国评估行业普遍认可并已接受检验的执业准则。各州与联邦政府有关监管部门都强调履行《专业评估执业统一准则》的规定。本节我们将《专业评估执业统一准则》作为美国评估准则的范本。2008年以后《专业评估执业统一准则》每两年修订一次。目前,最新版评估准则是《专业评估执业统一准则》(2018—2019年)。

（二）《专业评估执业统一准则》(2018—2019年)的结构体系

《专业评估执业统一准则》结构体系主要包括定义、引言、职业规则、准则、评估准则说明。

1. 定义

定义部分介绍美国评估准则中相关的主要术语的含义、注释和说明。

2. 引言

引言部分介绍美国评估准则的宗旨、目的、意义、作用以及准则和评估准则说明之间的关系。

3. 职业规则

职业规则部分介绍职业道德、专业胜任能力、工作范围、档案保管和管辖除外规则。

4. 准则

准则部分确定评估、评估复核与评估咨询服务的要求及其各项结果表达的方式。准则部分是《专业评估执业统一准则》的主要构成部分。准则包括：

准则 1——不动产评估；

准则 2——不动产评估报告；

准则 3——评估复核及报告；

准则 4——不动产评估咨询；

准则 5——不动产评估咨询报告；

准则 6——批量评估及报告；

准则 7——动产评估；

准则 8——动产评估报告；

准则 9——企业价值评估；

准则 10——企业价值评估报告。

5. 评估准则说明

评估准则说明部分专门对《专业评估执业统一准则》的内容进行澄清、解释、说明。

二、英国评估准则

（一）英国评估准则简介

英国最具影响力的评估准则是英国皇家特许测量师学会（The Royal Institution of Chartered Surveyors, RICS）发布的评估准则,也称红皮书（The Red Book）（简称 RICS 红皮书）。RICS 红皮书最早于 1976 年发布,之后又经历了多次修订和完善。RICS 红皮书最初主要适用于以财务报告为目的的评估,后来适用范围扩展到几乎所有的评估业务领域,成为全球 100 多个国家的所有 RICS 会员从事各种评估目的的评估业务的执业标准参考。目前,最新评估准则是第 10 版 RICS 红皮书。

（二）RICS 红皮书（第 10 版）的结构体系

RICS 红皮书结构体系主要包括简介、术语表、职业规范、评估技术和操作准则、评估应用指南、国际评估准则。

1. 简介

简介部分介绍评估准则的制定背景、与国际标准的关系、准则的编排、准则的主要目的、遵守本准则、生效日期、修订和补充等内容。

2. 术语表

术语表部分主要对评估、资产、市场价值、特殊价值、评估报告等概念进行解释和规范。

3.职业规范

职业规范部分包括对评估师遵守准则和操作声明的规定,对评估师道德、胜任能力、客观性和披露的要求。

4.评估技术和操作准则

评估技术和操作准则部分对评估业务的基本程序作出规定。包括业务约定书基本内容、勘察和调查基本要求、评估报告内容要求、价值类型、评估方法等方面的规定。

5.评估应用指南

评估应用指南部分根据资产类型和评估目的,对相应资产评估业务提供指导。包括无形资产、机器设备、动产、不动产、企业价值、资产组合等方面的规定。

6.国际评估准则

国际评估准则部分完整引用《国际评估准则》最新版。

本章小结

资产评估准则是指导资产评估专业人员执行资产评估业务的技术规范和职业道德规范的总称。资产评估准则是资产评估行业发展到一定阶段的产物,是一国资产评估理论和实践经验的集中反映和高度浓缩。

资产评估准则有利于实现行业自律管理;有利于规范评估师的执业行为;有利于维护资产评估机构和评估师的合法权益;有利于提高资产评估理论水平。

我国资产评估准则体系包括基本准则、职业道德基本准则和执业准则。其中,执业准则又分为具体准则、评估指南和评估指导意见三个层次。

《国际评估准则》(IVS)是由国际评估准则理事会(IVSC)于1985年制定并发布的。最新《国际评估准则》(第11版)主要内容有简介、术语表、准则框架、基本准则、资产准则和索引部分。美国《专业评估执业统一准则》(2018—2019年)结构体系主要包括定义、引言、职业规则、准则、评估准则说明。英国RICS红皮书(第10版)结构体系主要包括简介、术语表、职业规范、评估技术和操作准则、评估应用指南、国际评估准则。

思 考 题

1.资产评估准则对资产评估行业有什么作用?

2. 我国资产评估准则体系的框架和特点是什么？

3. 国际评估准则的主要内容有哪些？

4. 资产评估的贬值和会计上的折旧有什么区别？

5. 美国评估准则与英国评估准则的主要内容有哪些？

 练 习 题 -

一、单项选择题

1.《资产评估基本准则》实施于(　　　)。

A. 2011 年　　　　　B. 2013 年　　　　　C. 2014 年　　　　　D. 2017 年

2. 我国最早颁布的资产评估准则是(　　　)。

A. 基本准则　　　　B. 无形资产准则　　　C. 职业道德准则　　D. 企业价值准则

3. 程序性准则属于资产评估准则框架体系中的(　　　)。

A. 基本准则　　　　B. 具体准则　　　　　C. 指南　　　　　　D. 指导意见

4. 资产评估指南属于资产评估执业准则框架体系中的第(　　　)层次。

A. 一　　　　　　　B. 二　　　　　　　　C. 三　　　　　　　D. 四

5. 现行资产评估准则体系包括(　　　)项资产评估执业准则。

A. 12　　　　　　　B. 26　　　　　　　　C. 27　　　　　　　D. 29

6. 我国的《资产评估基本准则》是(　　　)制定的。

A. 中国资产评估协会　　　　　　　　　　B. 财政部

C. 国务院　　　　　　　　　　　　　　　D.地方资产评估协会

7. 美国评估促进会制定的评估准则称为(　　　)。

A.《基本准则》　　　　　　　　　　　　B.《评估指南》

C.《专业评估执业统一准则》　　　　　　D.《国际评估准则》

8.《资产评估执业准则——资产评估程序》属于(　　　)。

A. 评估指南　　　　　　　　　　　　　　B. 基本准则

C. 评估指导意见　　　　　　　　　　　　D. 具体准则

9. 已在具体准则层次设置了准则的细类资产的评估规范采取(　　　)形式。

A. 评估指南　　　　　　　　　　　　　　B. 基本准则

C. 评估指导意见　　　　　　　　　　　　D. 具体准则

10. 2008 年以后《专业评估执业统一准则》每(　　　)修订一次。

A. 3 年　　　　　　B. 5 年　　　　　　　C. 1 年　　　　　　D. 2 年

二、多项选择题

1. 资产评估执业准则可以分为(　　　)。

A. 基本准则　　　　B. 具体准则　　　　　C. 评估指南　　　　D. 评估指导意见

2. 属于资产评估执业准则第二层次的准则包括(　　　　)。

A. 不动产评估准则　　　　　　　　B. 无形资产评估准则

C. 企业国有资产评估报告指南　　　D. 金融企业国有资产评估报告指南

3. 资产评估行业的管理模式主要有(　　　　)。

A. 政府管理模式　　　　　　　　　B. 行业自律管理模式

C. 社会管理模式　　　　　　　　　D. 政府监管下的行业自律管理模式

4. 资产评估程序性准则包括(　　　　)。

A.《资产评估执业准则——资产评估程序》

B.《资产评估执业准则——资产评估报告》

C.《资产评估执业准则——资产评估方法》

D.《资产评估基本准则》

E.《资产评估职业道德准则》

5. 根据《国际评估准则》,最佳用途又称最大最有效用途,是指对某项资产而言的
(　　　　)用途。

A. 经合理证明的　　　　　　　　　B. 法律上允许的

C. 理论上可行的　　　　　　　　　D. 财务上可行的

E. 能实现该被评估资产最大价值的

第三章　资产评估程序

学习目标与要求

学习内容	学习目标	重要程度	学习难度
1. 资产评估程序的概念和重要性	理解	☆☆	☆☆
2. 资产评估的基本程序	掌握	☆☆☆☆	☆☆☆☆☆

第一节　资产评估程序概述

一、资产评估程序的概念

　　资产评估程序是指资产评估机构和资产评估专业人员执行资产评估业务形成资产评估结论所履行的系统性工作步骤。资产评估程序由具体的工作步骤组成,不同的资产评估业务由于评估对象、评估目的、资产评估资料收集情况等相关条件的差异,资产评估专业人员可能需要执行不同的资产评估具体程序或工作步骤,但由于资产评估业务的共性,各种资产类型、各种评估目的资产评估业务的基本程序是相同或相通的。通过对资产评估基本程序的总结和规范,可以有效地指导资产评估专业人员开展各种类型的资产评估业务,因此有必要加强对资产评估基本程序的研究和规范。

【法规链接】

中评协关于印发《资产评估执业准则——资产评估程序》的通知

　　我国评估实务界从不同角度对资产评估程序有不同的理解,总的说来可以从狭义和广义的角度来认识资产评估程序。资产评估是一种基于委托合同基础的专业服务,因此从狭义的角度,很多人认为资产评估程序开始于资产评估机构和资产评估专业人员接受委托,终止于向委托人或相关当事人提交资产评估报告。然而作为一种专业性、风险性很强的中介服务,为保证资产评估业务质量和服务水平、控制资产评估风险、维护资产评估行为各方当事人合法利益和社会公共利益,有必要从广义角度认识资产评估程序。广义的资产评估程序开始于承接资产评估业务前的明确资产评估基本事项环节,终止于资产评估报告提交后的资产评估文件归档管理。

二、资产评估的基本程序

　　资产评估基本程序或工作步骤的划分取决于资产评估机构和资产评估专业人员对资

产评估工作步骤共性的归纳,资产评估业务的性质、复杂程度也是影响资产评估具体程序划分的重要因素。在 2019 年 1 月 1 日起施行的《资产评估执业准则——资产评估程序》中,规定了资产评估专业人员通常执行的资产评估基本程序:

(1)明确业务基本事项。

(2)订立业务委托合同。

(3)编制资产评估计划。

(4)进行评估现场调查。

(5)收集整理评估资料。

(6)评定估算形成结论。

(7)编制出具评估报告。

(8)整理归集评估档案。

以上基本评估程序中,前三项是项目承接阶段和项目组织阶段需要履行的工作,从第四项开始,评估项目进入实施阶段,包括进行评估现场调查、收集整理评估资料、评定估算形成结论和编制出具评估报告等,第八项是对已经履行的各项工作内容的归纳整理,包括评估工作底稿的整理和档案建立等工作。各项程序的具体工作步骤和工作目标构成了资产评估程序的主要内容。

资产评估专业人员不得随意删减资产评估基本程序。资产评估专业人员应当根据准则,结合评估业务具体情况,制定并实施适当的评估步骤。资产评估专业人员在执行评估业务过程中,由于受到客观限制,无法或者不能完全履行评估程序,可以根据能否采取必要措施弥补程序缺失和是否对评估结论产生重大影响,决定继续执行评估业务或者终止评估业务。资产评估专业人员应当记录评估程序履行情况,形成工作底稿。

三、资产评估程序的重要性

(一)有利于保证资产评估行为的合法性

履行资产评估程序是《资产评估法》对资产评估机构和资产评估专业人员的基本要求。《资产评估法》从评估业务委托、评估报告的签署出具及评估报告的使用等方面对资产评估程序的履行提出了要求。如果资产评估机构和资产评估专业人员未能按照《资产评估法》的要求,履行必要的评估程序,将可能导致违反《资产评估法》,需要承担相应的法律责任。比如,资产评估基本程序中的明确业务基本事项,要求明确评估业务的委托人、产权持有人和委托人以外的其他评估报告使用人,如果资产评估机构及资产评估专业人员未履行或未能恰当履行该评估程序,导致未能识别与资产评估机构及资产评估专业人员存在的利害关系受理了该业务,将违反《资产评估法》中资产评估机构不能受理与自身有利害关系的业务的规定,需要承担相应的法律责任。

(二)有利于保障资产评估业务的质量

资产评估机构和资产评估专业人员接受委托,不论执行何种资产类型、何种评估目的的资产评估业务,都应当履行必要的资产评估程序,按照工作步骤有计划地进行资产评估。这样做不仅有利于规范资产评估机构和资产评估专业人员的执业行为,而且能够有效地避免由于机构和人员水平不同而导致的在执行具体资产评估业务中可能出现的程序上的重要疏漏,切实保证资产评估业务质量。恰当地履行资产评估程序对提高资产评估机构业务水平乃至资产评估行业整体业务水平具有重要意义。资产评估是一项专业性很强的中介服务工作,资产评估机构和资产评估专业人员履行严格的资产评估程序也是赢得客户和社会公众信任、提高资产评估行业社会公信力的重要保证。

（三）有利于相关当事方评价资产评估服务

由于资产评估结论是相关当事方进行决策的重要参考依据之一,因此资产评估服务必然引起许多相关当事方的关注,包括委托人、资产占有方、资产评估报告使用人、相关利益当事人、司法部门、证券监督及其他行政监督部门、资产评估行业主管协会以及社会公众、新闻媒体等。资产评估程序不仅为资产评估机构和资产评估专业人员执行资产评估业务提供了必要的指导和规范,也为上述相关当事方提供了评价资产评估服务的重要依据,也是委托人、司法和行政监管部门及资产评估行业协会监督资产评估机构和资产评估专业人员、评价资产评估服务质量的主要依据。

（四）有利于防范资产评估执业风险

资产评估服务于上市公司、国有产权变动等多种经济行为,涉及社会公众、国有企业、第三方等众多相关当事人的利益,同时评估业务本身的特点使评估结论的形成过程存在判断的因素,如果评估业务引起法律纠纷,资产评估机构和资产评估专业人员要依法承担行政责任、民事责任和刑事责任等。法院、国务院行政管理部门、资产评估行业协会等在对资产评估机构和资产评估专业人员应承担的法律责任进行认定时,一个重要的方面是看其是否履行了必要的评估程序。因此,恰当履行资产评估程序是资产评估机构和资产评估专业人员防范执业风险的主要手段,也是在产生纠纷或诉讼后,合理保护自身权益、合理抗辩的重要手段。

第二节　资产评估基本程序

一、明确业务基本事项

明确业务基本事项是资产评估程序的第一个环节,包括在订立业务委托合同以前所进行的一系列基础性工作,对资产评估项目风险评价、项目承接与否以及资产评估项目顺利实施具有重要意义。由于资产评估专业服务的特殊性,资产评估程序甚至在资产评估机构接受业务委托前就已开始。资产评估机构和资产评估专业人员在接受资产评估业务委托之前,应当采取与委托人等相关当事人讨论、阅读基础资料、进行必要初步调查等方式,共同明确资产评估业务的基本事项。

（一）明确委托人、产权持有人和委托人以外的其他报告使用者

1. 明确委托人及产权持有人的基本情况

一般包括但不限于下列内容：
(1) 委托人及产权持有人全称。
(2) 委托人及产权持有人类型、所属行业、注册地址和注册资本。
(3) 委托人和产权持有人所属行业、经营范围等。

2. 明确资产评估报告使用人

资产评估机构和资产评估专业人员应当了解委托人和产权持有人的基本状况。在不同的资产评估项目中,相关当事方有所不同,主要包括资产占有方、资产评估报告使用方、其他利益关联方等。委托人与相关当事人之间的关系也应当作为重要基础资料予以充分了解,这对理解评估目的、相关经济行为以及防范恶意委托等十分重要。在可能的情况下,资产评估机构和资产评估专业人员还应要求委托人明确资产评估报告的使用人或使用人范围以及资产评估报告的使用方式。明确资产评估报告使用者范围一方面有利于资产评估机构和资产评估专业人员更好地根据使用者的需求提供良好服务,另一方面有利于降低评估风险。

3. 了解委托人与相关当事人之间的关系

一般情况下,委托人与产权持有人存在某种关系。比如,委托人为被评估企业或被评估资产的股东、投资方、融资银行、债权人、管理层等。资产评估机构洽谈人员应当清晰地了解委托人与产权持有人、委托人与其他评估报告使用人、产权持有人与评估报告使用人之间的关系。

当资产评估业务委托人与资产评估对象的产权持有人不是同一主体时,了解委托人与相关当事人的关系非常必要。通常会关系到资产评估业务有关资料收集与现场调查等工作的配合程度。如果在委托环节了解到委托人与被评估单位没有投资关系或不是关联方,资产评估机构洽谈人员就应该考虑是否在委托环节重点提出有关的配合问题,以引起委托人的重视并明确责任。同时,还要评价委托人对被评估单位的协调能力和对评估配合要求的响应能力,避免在委托人配合力度很弱的情况下,资产评估专业人员不能完成现场调查和资料收集等评估程序,无法形成可靠的评估结论。因此,第三者委托资产评估机构对拟评估资产进行评估,一般应事先通知产权持有人、资产管理者或征得资产管理者的同意,这往往是执行资产评估业务的先决条件。

（二）评估目的

评估目的是由引起资产评估的特定经济行为所决定的,对价值类型、评估方法、评估结论等具有重要影响。了解与资产评估业务相关的经济行为,并明确评估目的和报告用

途是项目洽谈双方需要沟通确定的重要内容。

资产评估机构和资产评估专业人员应当与委托人就资产评估目的达成明确、清晰的共识,并尽可能细化资产评估目的,说明资产评估业务的具体目的和用途,避免仅仅笼统列出通用资产评估目的的简单做法。

（三）评估对象和评估范围

资产评估机构洽谈人员应当与委托人沟通,了解委托人拟委托评估的评估对象和评估范围,并结合评估目的,理解评估对象和评估范围,同时考虑评估对象和评估范围与经济行为的匹配性。对评估对象和评估范围予以界定。评估范围的界定应当服从于评估对象的选择。

在明确评估对象和评估范围以后,资产评估机构洽谈人员应当了解评估对象的基本情况,包括法律、经济和物理状况,如资产类型、规格型号、结构、数量、购置（生产）年代、生产（工艺）流程、地理位置、使用状况及企业名称、住所、注册资本、所属行业、在行业中的地位和影响、经营范围、财务和经营状况等,特别了解有关的评估对象权利受限状况。

（四）价值类型

资产评估机构和资产评估专业人员应当在明确资产评估目的的基础上,结合资产评估准则,恰当确定价值类型,确信所选择的价值类型适用于资产评估目的,并就所选择价值类型的定义与委托人沟通,避免出现歧义、误导。

影响价值类型选择的因素很多,包括资产自身的功能、使用方式、市场条件等。价值类型确定后资产评估专业人员才能够确定评估方法,并收集相适应的评估资料,得出合理的评估结论。并且,资产评估机构洽谈人员应当告知委托人拟订价值类型的具体定义及可能存在明显或隐含的假设及前提,为订立资产评估委托合同时界定项目适用的价值类型做好铺垫。

（五）评估基准日

资产评估机构和资产评估专业人员应当通过与委托人的沟通,了解并明确资产评估基准日。资产评估基准日是资产评估业务中极为重要的基础,也是资产评估基本原则之一的时点原则在资产评估实务中的具体实现。资产评估基准日的选择应当有利于资产评估结论有效地服务于资产评估目的,减少和避免不必要的资产评估基准日期后事项。资产评估机构和资产评估专业人员应当根据专业知识和经验,建议委托人根据评估目的、资产和市场的变化情况等因素合理选择评估基准日。

（六）资产评估报告使用范围

资产评估报告使用范围包括资产评估报告使用人、目的及用途、使用时效、报告的摘抄引用或披露等事项。资产评估机构洽谈人员在前期洽商时,应与委托人就评估报告使用范围加以明确。

（七）资产评估报告提交期限及方式

资产评估报告提交时间受多方面因素的限制与约束,如预计的评估工作量、委托人和相关当事人的配合力度等。资产评估机构洽谈人员应了解委托人实现评估所服务经济行为的时间计划,根据对上述限制与约束因素的预计和把握,与委托人约定提交报告的时间和方式,并在评估委托合同中加以明确。评估报告的提交时间不宜确定具体日期,一般确定为开始现场工作、委托人提供必要资料后的一定期限内。

（八）评估服务费及支付方式

这是资产评估机构与委托人洽商沟通的重要内容。资产评估机构洽谈人员根据了解的情况提出资产评估收费标准及报价,并与委托人就评估费用、支付时间和方式进行沟通。委托人需要了解评估机构报价确定依据和口径,除专业服务费以外,差旅及食宿费用、现场办公费用等是否也在预计数额之列以及如何负担等,应在双方达成一致后,体现在评估委托合同中。

（九）委托人、其他相关当事人、资产评估机构、资产评估专业人员工作配合和协助等其他需要明确的重要事项

资产评估机构洽谈人员应当根据评估业务具体情况与委托人沟通,明确委托人与资产评估专业人员工作配合和协助等其他需要明确的重要事项,包括落实资产清查申报、提供资料、配合现场及市场调查,协调与相关中介机构的对接和交流等。当委托人不是评估对象的产权持有人时,需约定委托人协调产权持有人协助配合评估工作的责任。目的是在资产评估委托合同签订之前将一切可能需委托人尽责的事项沟通明确,为在资产评估委托合同中形成约束性条款做好准备。

根据具体资产评估业务不同,资产评估机构和资产评估专业人员应当在了解上述基本事项的基础上,了解其他对资产评估业务的执行可能具有影响的相关事项。资产评估机构和资产评估专业人员在明确上述资产评估基本事项的基础上,应当分析下列因素,确定是否承接资产评估项目。

(1) **评估业务风险**。资产评估的业务风险从来源角度可以分为来自委托人和产权持有人的风险、来自评估对象的风险、来自资产评估报告使用的风险等。资产评估机构和资产评估专业人员应当根据初步掌握的相关评估业务的基础情况,具体分析资产评估项目的执业风险,以判断该项目的风险是否超出合理的范围,进而决定是否受理该资产评估业务以及在决定受理时拟采取的风险应对措施。

(2) **专业胜任能力**。主要通过两方面分析资产评估机构和资产评估专业人员是否具有拟承接业务的专业能力。一是资产评估机构及资产评估专业人员是否具有与拟承接业务相应的专业能力及相关经验;二是针对缺乏专业能力的业务,是否有弥补评估经验和专业能力不足的可行措施,如聘请专家协助工作。

（3）**独立性分析。**资产评估机构和资产评估专业人员应当根据法律法规、职业道德准则要求规定，结合资产评估业务的具体情况，主要通过关联关系筛查、申报、核查等方式分析资产评估机构和资产评估专业人员的独立性，确认与委托人或相关当事方是否存在现实或潜在利害关系。

二、订立业务委托合同

业务委托合同是指资产评估机构与委托人订立的，明确评估业务基本事项，约定资产评估机构和委托人权利、义务、违约责任和争议解决等内容的书面合同。

（一）资产评估委托合同的订立

根据我国资产评估行业的现行规定，承办资产评估业务应当由资产评估机构统一受理，并由资产评估机构与委托人签订书面资产评估委托合同。资产评估委托合同应当由资产评估机构与委托人的法定代表人或其授权代表签订，资产评估委托合同应当内容全面、具体，含义清晰准确，符合国家法律、法规和资产评估行业的管理规定。

【法规链接】

中评协关于印发《资产评估执业准则——资产评估委托合同》的通知

根据 2017 年 10 月 1 日起施行的《资产评估执业准则——资产评估委托合同》，其基本内容包括：

（1）资产评估机构和委托人的名称、住所、联系人及联系方式。

（2）资产评估目的。

（3）资产评估对象和范围。

（4）评估基准日。

（5）评估报告使用范围。

（6）评估报告提交期限和方式。

（7）评估服务费总额或者支付标准、支付时间及支付方。

（8）资产评估机构和委托人的其他权利和义务。

（9）违约责任和争议解决。

（10）合同当事人签字或者盖章的时间。

（11）合同当事人签字或者盖章的地点。

订立资产评估委托合同时未明确的内容，资产评估委托合同当事人可以采取订立补充合同或者法律允许的其他形式做出后续约定。

（二）资产评估委托合同的补充和变更

签订资产评估委托合同后，如果发现相关事项存在遗漏、约定不明确，或者合同履行中约定内容发生变化的，比如评估目的、评估对象、评估基准日发生变化，资产评估机构可以要求与委托人订立补充委托合同或重新订立评估委托合同，或以法律允许的其他方式，比如传真、电子邮件等形式，对委托合同的相关条款进行变更。

（三）资产评估委托合同提前终止与解除

人为或客观原因都可能导致出现提前终止与解除的情形。

资产评估机构可以依据法律规定和相关资产评估准则的要求,在洽商、订立资产评估委托合同时与委托人约定:相关法定或特定的资产评估委托合同提前终止与解除的情形发生时,由委托人按照已经开展资产评估业务的时间、进度,或者已经完成的工作量支付相应的评估服务费。

三、编制资产评估计划

为高效完成资产评估业务,资产评估机构和资产评估专业人员应当编制资产评估计划,对资产评估过程中的每个工作步骤以及时间和人力安排进行规划和安排。资产评估计划是资产评估机构和资产评估专业人员为执行资产评估业务拟订的资产评估思路和实施方案,对合理安排工作量及工作进度、专业人员调配、按时完成资产评估业务具有重要意义。由于资产评估项目千差万别,资产评估计划也不尽相同,资产评估专业人员可以根据评估业务具体情况确定评估计划的繁简程度。在资产评估计划编制过程中应当同委托人等就相关问题进行洽谈,以便于资产评估计划实施。资产评估专业人员应当将编制的评估计划报评估机构相关负责人审核、批准。资产评估机构和资产评估专业人员应当根据所承接的具体资产评估项目情况,编制合理的资产评估计划,并根据执行资产评估业务过程中的具体情况,及时修改、补充资产评估计划。

资产评估计划通常包括资产评估业务实施的主要过程及时间进度、人员安排等。资产评估专业人员编制的评估计划的内容应该涵盖现场调查、收集评估资料、评定估算、编制和提交评估报告等评估业务实施全过程。明确资产评估业务实施的时间进度安排,有利于对资产评估工作进度的跟踪,以保证在报告提交期限内提交报告。合理的评估业务实施人员安排是高效保质完成评估项目的保障。

编制资产评估工作计划应当重点考虑以下因素:

(1) 资产评估目的、资产评估对象状况。

(2) 资产评估业务风险、资产评估项目的规模和复杂程度。

(3) 评估对象的性质、行业特点、发展趋势。

(4) 资产评估项目所涉及资产的结构、类别、数量及分布状况。

(5) 相关资料收集状况。

(6) 委托人或资产占有方过去委托资产评估的经历、诚信状况及提供资料的可靠性、完整性和相关性。

(7) 资产评估人员的专业胜任能力、经验及专业、助理人员配备情况。

(8) 与其他中介机构合作配合情况。

四、进行评估现场调查

资产评估专业人员执行资产评估业务,应当对评估对象进行现场调查,获取评估业务需要的资料,了解评估对象现状,关注评估对象法律权属。包括对不动产和其他实物资产进行必要的现场勘察,对企业价值、股权和无形资产等非实物性资产进行评估时,也应当根据评估对象的具体情况进行必要的现场勘察。进行资产勘察和现场调查工作不仅仅基于资产评估人员勤勉尽责义务的要求,同时也是资产评估程序和人员全面、客观了解评估对象,核实委托人和资产占有方提供资料的可靠性,并通过在资产勘察和现场调查过程中发现的问题、线索,有针对性地开展资料收集、分析工作。

现场调查手段通常包括询问、访谈、核对、监盘、勘察等。现场调查的方式包括逐项或者抽样调查,资产评估专业人员可以根据重要性原则采用逐项或者抽样的方式进行现场调查。由于各类资产差别很大以及评估目的不同的原因,不同项目中对评估对象进行勘察或现场调查的具体方式和程度也不尽相同。资产评估专业人员应当根据评估项目具体情况,确定合理的资产勘察或现场调查方式,并与委托人或资产占有方进行沟通,确保资产勘察或现场调查工作顺利进行。

五、收集整理评估资料

在上述几个环节的基础上,资产评估机构和资产评估专业人员应当根据资产评估项目具体情况收集资产评估相关资料。资料收集工作是资产评估业务质量的重要保证,也是进行分析、判断进而形成评估结论的基础。由于资产评估的专业性和评估对象的广泛性,不同的项目、不同的评估目的、不同的资产类型对评估资料有不同的需求。另一方面由于评估对象及其所在行业的市场状况、信息化和公开化程度差别较大,相关资料的可获取程度也不同。因此,资产评估机构和资产评估专业人员的执业能力在一定程度上就体现在其收集、占有与所执行项目相关信息资料的能力上。资产评估机构和资产评估专业人员在日常工作中就应当注重收集信息资料及其来源,并根据所承接的项目情况确定收集资料的深度和广度,尽可能全面、翔实地占有资料。

资产评估专业人员收集的评估资料包括直接从市场等渠道独立获取的资料,从委托人、产权持有人等相关当事方获取的资料,以及从政府部门、各类专业机构和其他相关部门获取的资料。根据《资产评估法》的规定,资产评估专业人员应当对收集的权属证明、财务会计信息和其他资料进行核查和验证。资产评估资料的核查验证,是指资产评估专业人员依法对资产评估活动中所使用资料的真实性、准确性和完整性,采取各种方式进行必要的、审慎的核查审验,从中筛选出合格的资料作为评估依据,以保证评估结果的合理性。

资产评估专业人员对评估资料进行核查验证,可以在其力所能及的条件下,剔除不具有可靠来源和不合理的资料,有助于合理形成评估结论。对评估资料进行核查验证的方式通常包括观察、询问、书面审查、实地调查、查询、函证、复核等。评估专业人员应当根据各类资料的特点,确定核查验证的重点和方式。超出资产评估专业人员专业能力范畴的核查验证事项,资产评估机构应当委托或者要求委托人委托其他专业机构或者专家出具意见。因法律法规规定、客观条件限制无法实施核查验证的事项,资产评估专业人员应当在工作底稿中予以说明,分析其对评估结论的影响程度,并在资产评估报告中予以披露。如果上述事项对评估结论产生重大影响或者无法判断其影响程度,资产评估机构不得出具资产评估报告。

在履行了核查验证程序后,资产评估专业人员需要对从各个渠道收集的评估资料进行必要的分析、归纳和整理,形成评定估算的依据。

六、评定估算形成结论

资产评估机构和资产评估专业人员在占有相关资产评估资料的基础上,进入评定估算环节,主要包括分析资产评估资料、恰当选择资产评估方法、运用资产评估方法形成初步资产评估结论、综合分析确定资产评估结论等具体工作步骤。

资产评估专业人员应该根据评估目的、评估对象、价值类型、资料收集等情况,恰当选择市场法、收益法和成本法三种基本方法及其衍生方法。在选定评估方法之后,资产评估专业人员还需要合理选择技术参数,应用评估模型等,形成初步评估结论。

资产评估专业人员应当对形成的初步评估结论进行分析,判断采用该种评估方法形成的评估结论的合理性。首先应当对评估资料的充分性、有效性、客观性以及评估参数的合理性、评估模型推算和应用的正确性进行判断;其次对评估结论与评估目的、价值类型、评估方法的适应性进行分析;再次对评估增减值进行分析,确定资产评估增值或者减值的原因,并判断其合理性;最后可以通过对类似资产交易案例的分析,判断评估结论的合理性。

当采用两种以上评估方法时,资产评估专业人员应当对采用各种方法评估形成的初步结论进行分析比较,对所使用评估资料、数据、参数的数量和质量等进行分析。在此基础上,分析不同方法评估结论的合理性以及不同方法评估结论差异的原因,综合考虑评估目的、价值类型、评估对象现实状况等因素,确定最终的评估结论。

七、编制出具评估报告

资产评估机构和资产评估专业人员在执行必要的资产评估程序、形成资产评估结论后,应当按有关法律法规、资产评估准则的规范编制资产评估报告。资产评估机构和资产评估专业人员可以根据资产评估业务性质和委托人或其他评估报告使用者的要求,在遵守资产评估报告规范和不引起误导的前提下,恰当选择资产评估报告的详略程度。

资产评估专业人员完成初步评估报告编制后,资产评估机构应当根据相关法律、行政法规、资产评估准则的规定和评估机构内部质量控制制度,对资产评估报告进行必要的内部审核。在完成必要的内部审核之后,资产评估机构及资产评估专业人员提交正式评估报告前,可以在不影响对最终评估结论进行独立判断的前提下,与委托人或者委托人许可的相关当事人就评估报告有关内容进行必要沟通。之后,资产评估机构应当以资产评估委托合同约定的时间和方式向委托人提交资产评估报告,履行资产评估委托合同约定的责任。

八、整理归集评估档案

　　资产评估机构和资产评估专业人员在向委托人提交资产评估报告以后,应当及时将【法规链接】资产评估工作底稿归档。将这一环节列为资产评估基本程序之一,充分体现了资产评估服务的专业性和特殊性,不仅有利于资产评估机构应对今后可能出现的资产评估项目检查和法律诉讼,也有利于资产评估工作总结、完善和提高资产评估执业水平。

中评协关于印发《资产评估执业准则——资产评估档案》的通知

　　根据自 2019 年 1 月 1 日起施行的《资产评估执业准则——资产评估档案》,资产评估机构应当按照法律、行政法规和准则的规定建立健全资产评估档案管理制度并妥善管理资产评估档案。

　　资产评估机构和资产评估专业人员执行资产评估业务,应当遵守法律、行政法规和资产评估准则,编制工作底稿。资产评估机构和资产评估专业人员可以根据评估业务的具体情况,合理确定工作底稿的繁简程度;工作底稿应当真实完整、重点突出、记录清晰;工作底稿可以是纸质文档、电子文档或者其他介质形式的文档;工作底稿通常分为管理类工作底稿和操作类工作底稿;资产评估专业人员收集委托人和相关当事方提供的与评估业务相关的资料作为工作底稿,应当由提供方在相关资料中签字、盖章或者以法律允许的其他方式进行确认;资产评估专业人员通常应当在资产评估报告日后 90 日内将工作底稿、资产评估报告及其他相关资料归集形成资产评估档案,并在归档目录中注明文档介质形式;资产评估档案自资产评估报告日起保存期限不少于 15 年;属于法定资产评估业务的,不少于 30 年。

　　资产评估档案的管理应当严格执行保密制度。除下列情形外,资产评估档案不得对外提供:

　　(1)国家机关依法调阅的。

　　(2)资产评估协会依法依规调阅的。

　　(3)其他依法依规查阅的。

 本 章 小 结

- -

　　资产评估程序是指资产评估机构和资产评估专业人员执行资产评估业务形成资产评估结论所履行的系统性工作步骤。狭义上的资产评估程序开始于资产评估机构和资产评估专业人员接受委托,终止于向委托人或相关当事人提交资产评估报告书;广义的资产评估程序开始于承接资产评估业务前的明确资产评估基本事项环节,终止于资产评估报告提交后的资产评估文件归档管理。

2019 年 1 月 1 日起施行的《资产评估执业准则——资产评估程序》规定,资产评估专业人员通常执行的资产评估八大基本程序包括:明确业务基本事项;订立业务委托合同;编制资产评估计划;进行评估现场调查;收集整理评估资料;评定估算形成结论;编制出具评估报告;整理归集评估档案。

执行资产评估程序有利于保证资产评估行为的合法性,有利于保障资产评估业务质量,有利于评价资产评估服务,有利于防范资产评估执业风险。

 思 考 题

1. 资产评估业务委托合同包括哪些主要内容?
2. 资产评估前进行的风险评价应考虑哪些主要因素?
3. 资产评估计划的主要内容是什么?
4. 现场调查的手段主要包括什么?

 练 习 题

一、单项选择题

1. 对不同的评估对象和评估目的而言,评估的基本程序应该是( )。

    A. 相通或相同　　　　　　　　　B. 完全不相同

C. 基本相同　　　　　　　　　　D. 部分不相同

2. 明确资产评估业务基本事项是鉴定业务委托合同( )的基础工作。

    A. 之前　　　　　　　　　　　　B. 之后

    C. 贯穿全过程　　　　　　　　　D. 与此无关

3. 与委托人签订业务委托合同的应当是( )。

    A. 资产评估专业人员　　　　　　B. 资产评估机构

    C. 资产评估专业人员和评估机构　D. 均可

4. 资产评估计划的详略程度取决于( )。

    A. 评估收费多少　　　　　　　　B. 评估专业人员素质

    C. 评估机构规模　　　　　　　　D. 评估业务规模和复杂程度

5. 资产评估专业人员应该在资产评估报告日后( )将评估报告整理归档。

    A. 60 天　　　　　　B. 90 天　　　　　　C. 180 天　　　　　　D. 1 年

6. 最新《资产评估执业准则——资产评估程序》实施于（   ）。

A. 2019 年 1 月 1 日　B. 2017 年 10 月 1 日　C. 2018 年 3 月 1 日　D. 2020 年 3 月 1 日

7. 法定资产评估业务的资产评估档案至少保存（   ）年。

A. 10　　　　　　　B. 15　　　　　　　C. 25　　　　　　　D. 30

8. 广义的评估程序包括（   ）。

A. 明确评估业务基本事项　　　　　　B. 编制评估计划

C. 收集评估资料　　　　　　　　　　D. 签订业务委托合同

9. 以下不属于明确资产评估基本事项主要分析因素的是（   ）。

A. 评估业务风险　　　　　　　　　　B. 专业胜任能力

C. 独立性　　　　　　　　　　　　　D. 评估收费

10. 资产评估专业人员执行资产评估基本程序遵守的是（   ）。

A.《资产评估执业准则——资产评估报告》

B.《资产评估执业准则——资产评估程序》

C.《资产评估执业准则——资产评估档案》

D.《资产评估执业准则——资产评估委托合同》

二、多项选择题

1. 资产评估业务委托合同的内容包括（   ）。

A. 评估范围　　B. 评估目的　　　　C. 评估假设　　　　D. 评估基准日

E. 评估工作日期

2. 狭义的评估程序不包括（   ）。

A. 明确基本事项　B. 编制评估计划　C. 收集资料　　　D. 整理归档

E. 评定估算

3. 评估计划应当重点考虑的因素包括（   ）。

A. 评估基准日　　B. 评估收费　　　C. 评估目的　　　D. 评估对象性质

E. 评估对象结构

4. 资产评估专业人员获取评估业务需要的基础资料的调查方式有（   ）。

A. 询问　　　　　B. 函证　　　　　C. 核对　　　　　D. 监盘

E. 勘察

5. 资产评估档案在（   ）情况下，才可以对外提供。

A. 国家机关依法调阅的　　　　　　　B. 资产评估协会依法依规调阅的

C. 其他评估单位需要查阅的　　　　　D. 其他依法可以查阅的

第四章 资产评估基本方法

【法规链接】

中评协关于印发《资产评估执业准则——资产评估方法》的通知

学习目标与要求

学习内容	学习目标	重要程度	学习难度
1. 市场法的概念、基本前提、基本程序、具体指标、具体评估方法、优缺点	掌握	☆☆☆☆☆	☆☆☆☆
2. 收益法的概念、基本前提、基本程序、具体指标、具体评估方法、优缺点	掌握	☆☆☆☆☆	☆☆☆☆
3. 成本法的概念、基本前提、基本程序、具体指标、具体评估方法、优缺点	掌握	☆☆☆☆☆	☆☆☆☆
4. 资产评估方法的比较与选择	理解	☆☆	☆☆

　　根据《资产评估执业准则——资产评估方法》，资产评估方法指评定估算资产价值的途径和手段。资产评估方法主要包括市场法、收益法和成本法三种基本方法及其衍生方法。

第一节 市 场 法

　　市场法的理论依据是均衡价值论。均衡价值论认为在资产评估中，既要考虑资产的购建成本，也要考虑资产的效用。在一个竞争的市场中，资产的市场价格是以实际价格（价值）为基础上下波动的。

一、市场法的概念和应用的基本前提

（一）市场法的概念

　　市场法也称比较法、市场比较法，是指通过将评估对象与可比参照物进行比较，以可比参照物的市场价格为基础确定评估对象价值的评估方法的总称。

　　从市场法的基本含义我们可以看出，市场法是资产评估的一种评估思路，而不是一种具体的评估方法。市场法包括很多具体的评估方法，例如，企业价值评估中的交易案例比较法和上市公司比较法,单项资产评估中的直接比较法和间接比较法等,只要是符合市场法评估思路的方法都可以是市场法的评估方法。

市场法依据替代原理,采取比较或类比的思路和方法,利用已经被市场检验了的资产成交价格的信息,以评定和估算出被评估资产的价值。这种方法得出的评估结果很容易被当事人双方理解和接受,因为任何一个理性的投资者在购买资产时,都不会支付高于市场上具有相同用途的替代品的成交价格。

市场法的应用与市场经济体制的建立和发展、资产的市场化程度密切相关。随着我国社会主义市场经济体制的建立和完善,市场法日益成为一种重要的评估方法。

(二)市场法应用的基本前提

市场法虽然是一种被广泛应用的评估方法,但是必须满足两个基本前提条件:一是评估对象的可比参照物具有公开的市场和活跃的交易;二是有关交易的必要信息可以获得。

活跃的公开市场是一个充分的市场,市场上的成交价格基本上可以反映市场行情,排除了个别交易的偶然性,以此为基础估测的资产的评估值,更接近于市场价格,更易于当事人双方理解和接受。参照物的选取以及参照物与被评估资产的可比性是运用市场法的重要前提,也是进行具体比较分析的主要依据。

运用市场法时,应当关注影响评估测算结果可靠性的因素:

(1)市场的活跃程度。

(2)参照物的相似程度。

(3)参照物的交易时间与评估基准日的接近程度。

(4)参照物的交易目的及条件的可比程度。

(5)参照物信息资料的充分程度。

二、市场法的基本程序

(一)选择参照物

选择参照物是运用市场法进行评估的重要环节。选择参照物最关键的要求是与被评估资产要有可比性,包括功能、市场条件及成交时间等方面的可比性。其次就是选择参照物的数量。不论参照物与评估对象怎样相似,通常参照物应选择 3 个或 3 个以上。因为运用市场法评估资产价值,被评估资产的评估值高低取决于参照物成交价格水平,而参照物成交价又不仅仅是参照物功能自身的市场体现,同时还受买卖双方交易地位、交易动机、交易时限等因素的影响。为了避免某个参照物个别交易中的特殊因素和偶然因素对成交价及评估值的影响,运用市场法评估资产时应尽量选择多个参照物。另外,选择的参照物的成交价必须是正常的真实的成交价,如报价、拍卖底价、关联方交易价格等都不能视为成交价。

根据《资产评估执业准则——资产评估方法》,选择可比参照物遵循以下原则:

(1)选择在交易市场方面与评估对象相同或者可比的参照物。

（2）选择适当数量的、与评估对象相同或者可比的参照物。

（3）选择与评估对象在价值影响因素方面相同或者相似的参照物。

（4）选择交易时间与评估基准日接近的参照物。

（5）选择交易类型与评估目的相适合的参照物。

（6）选择正常或者可以修正为正常交易价格的参照物。

（二）在评估对象与参照物之间选择比较因素

不论何种资产,影响其价值的因素基本相同,如资产的性质、市场条件等。但具体到每一种资产时,影响资产价值的因素又各有侧重。例如,不动产主要受地理位置因素的影响,而机器设备则受技术水平的影响。根据不同种类资产价值形成的特点,选择对资产价值形成影响较大的因素作为对比指标,在参照物与评估对象之间进行比较。

一般来讲,单项资产需要比较的因素包括以下几个:

（1）**时间因素**。时间因素是指参照物交易时间与评估基准日时间上的不一致所导致的差异。由于大多数资产的交易价格总是处于波动之中,不同时间条件下,资产的价格会有所不同,在评估时必须考虑时间差异。一般情况下,应当根据价格变动指数将参照物实际成交价格调整为评估基准日的交易价格。

（2）**区域因素**。区域因素是指参照物所在地区与被评估资产所在地区条件不同所导致的差异。一般情况下,应当把参照物所在地区的条件与被评估资产所在地区的条件进行对比,将参照物的成交价格调整为被评估资产的价格。区域因素对不动产价格的影响尤为突出。

（3）**功能因素**。功能因素是指参照物与被评估资产在功能上的差异对评估值的影响。一般可以通过功能系数法调整功能差异。功能因素对机器设备价格的影响尤为突出。

（4）**成新率因素**。成新率因素是指参照物与被评估资产在新旧程度方面的差异对评估值的影响。一般来讲,资产的成新率越大,资产的价值就越高。在评估时,需要把参照物的成新率与被评估资产的成新率进行比较,将参照物的成交价格调整为被评估资产的价格。

（5）**交易情况**。交易情况主要包括交易的市场条件和交易条件。市场条件主要是指参照物成交时的市场条件与评估时的市场条件是属于公开市场还是非公开市场以及市场供求状况。在通常情况下,供不应求时,价格偏高;供过于求时,价格偏低。市场条件上的差异对资产价值的影响很大。交易条件主要包括交易批量、交易动机、交易时间等。交易批量不同,交易对象的价格就可能不同,交易动机也对资产交易价格有影响,在不同时间交易,资产的交易价格也会有所不同。

（6）**个别因素**。个别因素主要包括资产的实体特征和质量。资产的实体特征主要是指资产的外观、结构、规格型号等。资产的质量主要是指资产本身的或制造的工艺水平。

（三）指标对比和量化差异

根据所选定的对比指标,在参照物及评估对象之间进行比较,并将两者的差异进行量化。例如,资产功能指标,参照物与评估对象尽管用途功能相同或相近,但是在生产能力、生产产品的质量以及资产运营过程中的能耗、物耗和人工消耗等方面都会有不同程度的差异,将参照物与评估对象对比指标之间的差异数量化、货币化是运用市场法的重要环节。

（四）在各参照物成交价格的基础上调整已经量化的对比指标差异

市场法是以参照物的成交价格作为估算评估对象价值的基础。在此基础上将已经量化的参照物与评估对象对比指标差异进行调增或调减,就能得到以每个参照物为基础的评估对象的初评结果。初评结果的数量取决于所选择的参照物个数,一般选择了几个参照物就有几个初评结果。

（五）综合分析确定评估结果

运用市场法通常应选择3个或3个以上参照物,就是说在通常情况下,运用市场法评估的初评结果也会有3个或3个以上。按照资产评估一般惯例的要求,正式的评估结果只能是一个,这就需要资产评估专业人员对若干初评结果进行综合分析,来确定最终的评估值。确定最终的评估值,主要取决于资产评估专业人员对参照物的把握和对评估对象的认识,再加上评估经验。评估实务一般选择简单平均法或加权平均法等方法将初评结果转换成最终评估结果。

三、市场法中常用的具体评估方法

一般来讲,市场法中的具体评估方法可以分为直接比较法和间接比较法两大类。

直接比较法是指直接利用参照物的成交价格,以被评估资产的某一特征或若干特征与参照物的同一及若干特征直接进行比较,得到两者的修正系数或调整值,在参照物交易价格的基础上进行修正从而得到被评估资产价值的各种具体评估方法。基本计算公式为:

资产评估价值＝参照物的成交价±调整值1±调整值2±调整值3±调整值4±……

或:

$$资产评估价值＝\begin{matrix}参照物的\\成交价\end{matrix}\times\begin{matrix}修正\\系数1\end{matrix}\times\begin{matrix}修正\\系数2\end{matrix}\times\begin{matrix}修正\\系数3\end{matrix}\times\begin{matrix}修正\\系数4\end{matrix}\times……$$

直接比较法适用于具有完全相同或基本相同的参照物,或者参照物与被评估资产的差异主要体现在某几项明显差异因素的情况下。直接比较法具有直观简捷、便于操作的特点。

间接比较法是以资产的国家标准、行业标准或市场标准作为基准,分别将被评估资产和参照物整体或分项对比打分从而得到被评估资产和参照物各自的分值,再利用参照物的市场交易价格以及被评估资产的分值与参照物的分值的比值(系数)求得被评估资产价值的一类评估方法。

由于间接比较法需要利用国家标准、行业标准或市场标准,应用起来有很多局限,在资产评估实践中应用并不广泛。因此,本节主要介绍直接比较法的具体方法。

(一)功能价值法

功能价值法是以参照物的成交价格为基础,考虑参照物与被评估资产之间的功能差异进行调整来估算被评估资产价值的方法。该方法适用于被评估资产与参照物仅存在功能方面差异的情况。按照资产功能与价值之间的关系,可以分为线性关系和指数关系。相应地,功能价值法又分为生产能力比例法和规模经济效益指数法两种。

1. 生产能力比例法

生产能力比例法适用于被评估资产功能与价值之间存在线性关系的情形。具体计算公式为:

资产评估价值＝参照物成交价格×评估对象生产能力÷参照物生产能力

【例 4-1】 某资产年生产能力为 90 吨,参照资产年生产能力为 120 吨,评估时点参照资产的市场价格为 20 万元。

要求:确定该资产的价值。

解析:

$$资产评估价值＝20×90÷120＝15(万元)$$

2. 规模经济效益指数法

规模经济效益指数法适用于被评估资产功能与价值之间存在指数关系的情形。具体计算公式为:

资产评估价值＝参照物成交价格×(评估对象生产能力÷参照物生产能力)^x

式中:x 为功能价值指数。

【例 4-2】 某资产年生产能力为 90 吨,参照资产年生产能力为 120 吨,评估时点参照资产的市场价格为 20 万元,该资产的功能价值指数为 0.7。

要求:确定该资产的价值。

解析:

$$资产评估价值＝20×(90÷120)^{0.7}＝16.35(万元)$$

(二)市价折扣法

市价折扣法是以参照物的成交价格为基础,考虑被评估资产在销售条件或销售数量等方面的差异,按照资产评估专业人员的经验或有关部门的规定设定一个价格折扣率来估算被评估资产价值的方法。该方法适用于被评估资产与参照物仅存在交易条件方面差异的情况。具体计算公式为：

$$资产评估价值＝参照物成交价格×(1－价格折扣率)$$

【例 4-3】 某拟快速变现资产,在评估时点与其完全相同的资产的正常变现价为 20 万元,评估师经综合分析,认为快速变现的折扣率应为 30%。

要求:评估快速变现资产的价值。

解析:

$$资产评估价值＝20×(1－30\%)＝14(万元)$$

(三)价格指数法

价格指数法,也称物价指数法,是以参照物的成交价格为基础,利用价格变动指数(或价格指数)调整参照物成交价来估算被评估资产价值的方法。该方法适用于被评估资产与参照物仅存在时间因素差异的情况,且时间差异不太长。具体计算公式为:

$$资产评估价值＝参照物成交价格×价格指数$$

或:

$$资产评估价值＝参照物成交价格×(1＋价格变动指数)$$

式中:价格指数可以是定基价格指数和环比价格指数,价格变动指数可以是定基价格变动指数和环比价格变动指数。

因此,价格指数法的具体计算公式有以下 4 种:

1. 定基价格指数

$$资产评估价值＝参照物成交价格×\left(\frac{评估基准日资产}{定基价格指数}÷\frac{参照物交易日资}{产定基价格指数}\right)$$

2. 环比价格指数

$$资产评估价值＝参照物成交价格×\frac{参照物交易日至评估基准日}{各期环比价格指数的乘积}$$

3. 定基价格变动指数

$$\frac{资产评}{估价值}＝\frac{参照物}{成交价格}×\left[\left(1＋\frac{评估基准日同类资产}{定基价格变动指数}\right)÷\left(1＋\frac{参照物交易日同类资产}{定基价格变动指数}\right)\right]$$

4. 环比价格变动指数

$$\frac{资产评}{估价值}＝\frac{参照物}{成交价格}×\frac{参照物交易日至}{评估基准日各期}(1＋环比价格变动指数)的乘积$$

【例 4-4】 与评估对象完全相同的参照资产 6 个月前的成本价格为 10 万元,一年间该类资产的价格上升了 10%。

要求：评估资产现在的价值。

解析：

$$资产评估价值=10\times(1+10\%)=11(万元)$$

【例 4-5】 被评估房地产于 2020 年 6 月 30 日进行评估，该类房地产 2020 年上半年各月月末的价格同 2019 年年底相比，分别上涨了 2.5%、5.7%、6.8%、7.3%、9.6% 和 10.5%。参照房地产在 2020 年 3 月底的正常成交价格为 3 800 元/平方米。

要求：确定被评估房地产于 2020 年 6 月 30 日的价值。

解析：

$$被评估房地产于 2020 年 6 月 30 日的价值 = 3\,800\times(1+10.5\%)\div(1+6.8\%)$$
$$=3\,932(元/平方米)$$

【例 4-6】 已知某参照物资产在 2020 年 1 月初的正常交易价格为 300 万元，该种资产已不再生产，但该类资产的价格变化情形如下：2020 年 1—5 月的环比价格指数分别为 103.6%、98.3%、103.5% 和 104.7%。

要求：确定被评估资产于 2020 年 5 月初的评估价值。

解析：

$$被评估资产于 2020 年 5 月初的评估价值 = 300\times103.6\%\times98.3\%\times103.5\%\times104.7\%$$
$$=331.1(万元)$$

（四）成新率价格调整法

成新率价格调整法是以参照物的成交价格为基础，考虑参照物与被评估资产新旧程度的差异，通过成新率调整估算被评估资产价值的方法。该方法适用于被评估资产与参照物仅存在成新率差异的情况。具体计算公式为：

资产评估价值＝参照物成交价格×（评估对象成新率÷参照物成新率）

其中：

$$资产的成新率 = \frac{资产的尚可使用年限}{资产的已使用年限 + 资产的尚可使用年限}\times100\%$$

（五）类比调整法

类比调整法，也叫市场售价类比法，是以参照物的成交价格为基础，考虑参照物与被评估资产在功能、销售时间、市场条件等方面的差异，通过对比分析和量化差异，来确定被评估资产价值的方法。

类比调整法是市场法中最基本的评估方法，具有适应性强、应用广泛的特点。因为，这种方法对参照物的要求不高，只要参照物与被评估资产大体相似就可以。具体计算公式为：

$$\begin{matrix} \text{资产评} \\ \text{估价值} \end{matrix} = \begin{matrix} \text{参照物的} \\ \text{成交价} \end{matrix} \pm \begin{matrix} \text{功能因素} \\ \text{调整值} \end{matrix} \pm \begin{matrix} \text{时间因素} \\ \text{调整值} \end{matrix} \pm \begin{matrix} \text{区域因素} \\ \text{调整值} \end{matrix} \pm \begin{matrix} \text{交易情况} \\ \text{调整值} \end{matrix} \pm \cdots\cdots$$

或:

$$\begin{matrix} \text{资产评} \\ \text{估价值} \end{matrix} = \begin{matrix} \text{参照物的} \\ \text{成交价} \end{matrix} \times \begin{matrix} \text{功能因素} \\ \text{修正系数} \end{matrix} \times \begin{matrix} \text{时间因素} \\ \text{修正系数} \end{matrix} \times \begin{matrix} \text{区域因素} \\ \text{修正系数} \end{matrix} \times \begin{matrix} \text{交易情况} \\ \text{修正系数} \end{matrix} \times \cdots\cdots$$

式中:各个修正系数可以使用前边所述各个具体公式。

【例 4-7】 一块空地属于城市规划上的住宅用地,面积为 600 平方米,地形为长方形。

要求:评估该地块 2019 年 10 月的公平市场交易价格。

解析:

(1) 选择评估方法。该种类型的土地有较多的交易实例,故采用市场法进行评估。

(2) 收集有关的评估资料。①收集待估土地资料(略);②收集交易案例资料如表 4-1 所示。

表 4-1 交易实例资料

	案例 A	案例 B	案例 C	案例 D	评估对象
坐落	略	略	略	略	略
所在地区	临近	类似	类似	类似	一般市区
用地性质	住宅	住宅	住宅	住宅	住宅
土地类型	空地	空地	空地	空地	空地
交易日期	2019 年 4 月	2019 年 3 月	2018 年 10 月	2018 年 12 月	2019 年 10 月
总价/万元	196	312	274	378	
单价	8 700 元/m²	8 200 元/m²	8 550 元/m²	8 400 元/m²	
面积/m²	225	380	320	450	600
形状	长方形	长方形	长方形	长方形	长方形
地势	平坦	平坦	平坦	平坦	平坦
地质	普通	普通	普通	普通	普通
基础设施	较好	完备	较好	很好	很好
交通状况	很好	较好	较好	较好	很好
正面路宽/m	8	6	8	8	8
容积率	6	5	6	6	6
剩余使用年限/年	35	30	35	30	30

（3）进行交易情况修正。经分析，交易实例 A、D 为正常买卖，无须进行交易情况修正；交易实例 B 较正常买卖价格偏低 2％；交易实例 C 较正常买卖价格偏低 3％。则各交易实例的交易情况修正率为：交易实例 A：0；交易实例 B：2％；交易实例 C：3％；交易实例 D：0。

（4）进行交易日期修正。根据调查，2018 年 10 月以来土地价格平均每月上涨 1％，则各参照物交易实例的交易日期修正率为：交易实例 A：6％；交易实例 B：7％；交易实例 C：12％；交易实例 D：10％。

（5）进行区域因素修正。交易实例 A 与待估土地处于同一地区，无须作区域因素修正。交易案例 B、C、D 的区域因素修正情况可参照表 4-2 判断。

表 4-2　交易案例 B、C、D 的区域因素修正情况

	B	C	D
自然条件	相同	相同	相同
社会环境	稍差	相同	相同
街道条件	相同	相同	相同
交通便捷度	稍差	稍好	相同
与车站距离	稍远	稍近	相同
与市中心距离	相同	稍近	相同
基础设施状况	稍差	相同	稍好
公共设施完备状况	相同	稍差	相同
环境污染状况	相同	相同	相同
周围环境及景观	相同	相同	相同
规划限制	相同	相同	相同
综合打分	88	108	100

本次评估设定待估地块的区域因素值为 100，则根据表 4-2 各种区域因素的对比分析，经综合判定打分，交易实例 B 所属地区为 88 分，交易实例 C 所属地区为 108 分，交易实例 D 所属地区为 100 分。

（6）进行个别因素修正。①经比较分析，待估土地的面积较大，有利于充分利用，另外环境条件也比较好，故判定比各交易实例土地价格高 2％。②土地使用年限因素的修正。交易实例 B、D 与待估土地的剩余使用年限相同，无须修正。交易实例 A、C 均需作使用年限因素的调整，其修正系数如下（假定折现率为 8％）：

年限修正系数 $=[1-1\div(1+8\%)^{30}]\div[1-1\div(1+8\%)^{35}]=0.9006\div0.9324=0.9660$

（7）计算待估土地的初步评估价格。

交易案例 A 修正后的单价为：

$$8\ 700 \times \frac{100}{100} \times \frac{106}{100} \times \frac{100}{100} \times \frac{100}{98} \times 0.966\ 0 = 9\ 090.25(元/平方米)$$

交易案例 B 修正后的单价为：

$$8\ 200 \times \frac{100}{98} \times \frac{107}{100} \times \frac{100}{88} \times \frac{100}{98} = 10\ 381.56(元/平方米)$$

交易案例 C 修正后的单价为：

$$8\ 550 \times \frac{100}{97} \times \frac{112}{100} \times \frac{100}{108} \times \frac{100}{98} \times 0.966\ 0 = 9\ 010.30(元/平方米)$$

交易案例 D 修正后的单价为：

$$8\ 400 \times \frac{100}{100} \times \frac{110}{100} \times \frac{100}{100} \times \frac{100}{98} = 9\ 428.57(元/平方米)$$

（8）采用简单算术平均法求取评估结果。

土地评估单价为：

$$(9\ 090.25 + 10\ 381.56 + 9\ 010.30 + 9\ 428.57) \div 4 = 9\ 477.67(元/平方米)$$

土地评估总价为：

$$600 \times 9\ 477.67 = 568.66(万元)$$

（六）价值比率法

价值比率法,是指利用参照物的市场交易价格与某一经济参数或经济指标相比较的价值比率作为乘数或倍数,乘以被评估资产的同一个经济参数或经济指标,从而得到被评估资产价值的一种具体评估方法。价值比率法通常用于企业价值评估。价值比率的种类也非常多,具体包括收入类指标的价值比率、收益类指标的价值比率、资产类指标的价值比率和其他类指标的价值比率。下面仅介绍两种简单的具体方法。

1. 成本市价法

成本市价法是以被评估资产的合理成本为基础,利用参照物的成本市价比例来估算被评估资产价值的方法。具体计算公式为：

资产评估价值＝评估对象现行合理成本×参照物成交价格÷参照物现行合理成本

【例 4-8】 评估时点某市商品住宅的成本市价率为 150%,已知被估全新住宅的现行合理成本为 30 万元。

要求:确定其价值。

解析:

$$资产评估价值 = 30 \times 150\% = 45(万元)$$

2. 市盈率乘数法

市盈率乘数法是以参照物的市盈率为乘数,以此乘数与被评估资产的收益额相乘来估算被评估资产价值的方法。具体计算公式为:

资产评估价值＝评估对象年收益额×参照物市盈率

🔹【例 4-9】 某被估企业的年净利润为 2 000 万元,评估时点资产市场上同类企业平均市盈率为 20 倍。

要求:评估该企业的价值。

解析:

$$企业的评估价值＝2\,000×20＝40\,000(万元)$$

值得说明的是,以上各种具体评估方法只是市场法中一些常用的方法,市场法中还有许多具体评估方法。

四、市场法的优缺点

市场法是资产评估三种基本方法中较有效、可理解、客观的方法,也是发达市场经济国家应用最广泛的评估方法。市场法的优点表现在:评估值能反映市场现实价格;评估结果易为各方所理解和接受。缺点表现在:前提条件严格;适用范围有限,不适用于专用机器设备、大部分无形资产及受地区、环境严格限制的资产的评估。

第二节 收 益 法

收益法的理论依据是效用价值论。效用价值论认为,资产的价值由资产为其所有者带来的效用决定,资产的效用越大,资产的价值就越高。而资产的效用就是资产为其所有者带来的收益。所以,一项资产的未来收益越高,资产的价值就越大,反之就越小。

一、收益法的基本概念和应用的基本前提

(一)收益法的基本概念

收益法也叫收益现值法,是指通过将评估对象的预期收益资本化或者折现,来确定其价值的各种评估方法的总称。

从收益法的基本概念可以看出,收益法也是资产评估的一种评估思路,而不是一种具体的评估方法。收益法包括很多具体的评估方法,例如,企业价值评估中的现金流量折现法、股利折现法等,无形资产评估中的增量收益法、超额收益法、许可费节省法、分成率法等。只要是符合收益法评估思路的方法都可以是收益法的评估方法。

收益法服从资产评估中"将利求本"的思路,即采用本金化和折现的途径及其方法来判断和估算资产的价值。这种方法是一种很有效的方法,因为任何一个理性的投资者在投资于某一资产时,他所愿意支付的货币数额不会高于他所投资的资产预期给他带来的回报。

（二）收益法应用的基本前提

收益法应用涉及三个基本要素:被评估资产的预期收益;折现率或资本化率;被评估资产预期获利年限。因此,应用收益法必须能够确定并量化这三个基本要素。收益法应用必须满足三个基本前提条件:

（1）评估对象的未来收益可以合理预期并用货币计量。

（2）预期收益所对应的风险能够度量。

（3）收益期限能够确定或者合理预期。

一般情况下,不能单独计算收益的资产、没有收益的资产以及收益很少但不稳定的资产都不适用于收益法评估。

 实务链接

运用收益法时,应当关注影响评估测算结果可靠性的因素:

（1）无法获得支持专业判断的必要信息。

（2）评估对象没有历史收益记录或者尚未开始产生收益,对收益的预测仅基于预期。

（3）未来的经营模式或者盈利模式发生重大变化。

二、收益法的基本程序

（一）收集与评估对象预期收益有关的资料

与评估对象预期收益有关的资料包括经营前景、市场形势、财务状况和经营风险等,这些资料是测算评估对象预期收益的基础。

（二）分析测算评估对象预期收益

收益额是适用收益法评估资产价值的基本参数之一。资产评估中的收益额是资产未来预期收益额,而不是资产的历史收益额或现实收益额;是资产的客观收益,而不是资产的实际收益。因资产种类较多,不同种类资产的收益额表现形式亦不完全相同,如企业的收益额通常表现为净利润或净现金流量,而不动产的收益额则通常表现为纯收益等。

（三）确定折现率或资本化率

折现率本质上是一种期望投资报酬率,是投资者在投资风险一定的情况下,对投资所期望的回报率。折现率由无风险报酬率和风险报酬率组成。其中,无风险报酬率一般可以参照同期政府债券收益率;风险报酬率是对风险投资的补偿,数量上是指超过无风险报酬率以上部分的投资回报率。

资本化率与折现率在本质上是相同的,都是将未来预期收益折算成现值的比率,但其在数值上并不一定是相等的,因为同一资产在未来长短不同时期所面临的风险是不一定相等的。人们习惯上把未来有限期预期收益折算成现值的比率称为折现率,而把未来永续性预期收益折算成现值的比率称为资本化率。

(四)确定评估对象的收益期限

资产的收益期限是指资产具有获利能力持续的时间,通常以年为时间单位。它由资产评估专业人员根据被评估资产自身效能、资产未来的获利能力、资产损耗情况及相关条件,以及有关法律、法规、契约、合同等加以确定。收益期限可以分为有限期和无限期两种。

(五)分析确定评估结果

利用收益法的具体技术方法,用折现率或资本化率将评估对象的未来预期收益折算成现值,确定最后的评估结果。

三、收益法中的主要技术方法

收益法体现的是一种评估思路,包括很多种具体的评估方法,这里大致介绍几种具体的评估方法。为了便于学习和理解,首先对字符的含义做以下统一的定义。

P——评估值;t——年序号;R_t——未来第 t 年的预期收益;r——折现率;r'——资本化率;n——收益年期;A——相等的年收益额,即年金。

(一)资产未来收益有限期的情况

1. 年收益额不相等的情况

$$p = \sum_{t=1}^{n} \frac{R_t}{(1+r)^t}$$

2. 年收益额相等的情况

$$P = \sum_{t=1}^{n} \frac{A}{(1+r)^t} = A \times \sum_{t=1}^{n} \frac{1}{(1+r)^t}$$

式中:$\sum_{t=1}^{n} \dfrac{1}{(1+r)^t}$ 为年金现值系数公式。它可以有两种表达形式:

(1)手工计算公式:

$$\sum_{t=1}^{n} \frac{1}{(1+r)^t} = \frac{1-(1+r)^{-n}}{r}$$

(2)查年金现值系数表的表示形式:

$$\sum_{t=1}^{n} \frac{1}{(1+r)^t} = (P/A, r, n)$$

【例 4-10】 某资产为某服装品牌的特许经营权。根据许可方与被许可方所签订的合同,在评估基准日,该品牌的尚可使用年限为 5 年。根据以往的经营数据和市场对该品牌的认可程度,预计其未来年收益将维持在 200 万元,折现率假定为 15%。

要求:确定该品牌的特许经营权价值。

解析:

$$P = 200 \times \frac{1 - (1 + 15\%)^{-5}}{15\%} = 670.43 (万元)$$

3. 分段法

分段法将年收益额人为地分成两段:第一段是前 n 年,每年的收益额不相等需要分别预测;第二段是 $N-n$ 年,且假定收益额是相等的。计算公式为:

$$p = \sum_{t=1}^{n} \frac{R_t}{(1+r)^t} + \frac{A}{r(1+r)^n} \left[1 - \frac{1}{(1+r)^{N-n}} \right]$$

公式说明:第一段前 n 年每年收入不相等,将每年的收益额分别折现再求和。后面第二段是从第 $n+1$ 年开始一直到第 N 年,第二段每年收入相等,通过 $A \times \frac{1-(1+r)^{-(N-n)}}{r}$ 折现到第 $n+1$ 年的年初,即第 n 年的年末,因为要确定现值,所以要按第 n 年复利折现。

(二)资产未来收益无限期的情况

1. 各期未来收益相等的情况

$$P = A / r'$$

2. 分段法

根据第二段未来每年收益情况,分段法可采用两种具体的形式:

(1)第二段未来每年收益都相等的情况。

$$p = \sum_{t=1}^{n} \frac{R_t}{(1+r)^t} + \frac{A}{r'(1+r)^n}$$

(2)第二段未来每年收益呈固定比例增长的情况。

$$p = \sum_{t=1}^{n} \frac{R_t}{(1+r)^t} + \frac{R_n(1+g)}{r-g} \times \frac{1}{(1+r)^n}$$

【例 4-11】 预计某企业未来 5 年的净现金流分别为 15 万元、13 万元、12 万元、14 万元、15 万元,假定该企业可以永续经营下去,且从第 6 年起以后各年收益均为 15 万元,折现率和资本化率都为 10%。

要求:确定该企业在持续经营下的价值。

解析：

该企业价值＝15÷(1＋10％)＋13÷(1＋10％)²＋12÷(1＋10％)³

$\qquad$＋14÷(1＋10％)⁴＋15÷(1＋10％)⁵＋15÷10％×(1＋10％)⁵

$\qquad$＝15×0.909 1＋13×0.826 4＋12×0.751 3＋14×0.683 0

$\qquad$＋15×0.620 9＋15÷10％×0.620 9

$\qquad$＝145.41(万元)

【例4-12】 某企业预计未来5年的收益额分别为50万元、60万元、55万元、68万元、70万元。假定从第6年开始，以后每年收益额均为70万元，确定的折现率和资本化率都为10％。

要求：确定该企业在50年经营期的情况下的评估值。

解析：

该企业的评估值＝50÷(1＋10％)＋60÷(1＋10％)²＋55÷(1＋10％)³

$\qquad$＋68÷(1＋10％)⁴＋70÷(1＋10％)⁵＋70÷10％×(1＋10％)⁵

$\qquad$×$\left[1-\dfrac{1}{(1+10\%)^{50-5}}\right]$

$\qquad$＝50×0.909 1＋60×0.826 4＋55×0.751 3＋68×0.683 0

$\qquad$＋70×0.620 9＋70÷10％×0.620 9×(1－0.013 7)＝654.94(万元)

四、收益法的优缺点

收益法理论上是一种非常完美的评估方法，但需要具备一定的前提，而且受主观因素的影响较大。收益法的优点表现在：较真实准确地反映资产本金化的价格；与投资决策相结合，应用此法评估的资产价格易为买卖双方所接受；紧扣被评估资产的收益，符合资产评估的本质要求。缺点表现在：预期收益和折现率都较难确定；适用范围小，一般适用整体资产和可预测未来收益的单项生产经营性资产，如无形资产和资源性资产。

第三节 成 本 法

成本法的理论依据是劳动价值论。劳动价值论认为资产的价值由凝结在资产中的物化劳动和活劳动决定，也就是资产的价值是由其生产成本决定的。资产形成的成本越高，价值就越大。

一、成本法的基本概念和应用的基本前提

（一）成本法的基本概念

成本法也叫重置成本法，是指按照重建或者重置评估对象的思路，将重建或者重置成本

作为确定评估对象价值的基础,扣除相关贬值,以此确定评估对象价值的评估方法的总称。

从成本法的基本概念我们可以看出,成本法也是资产评估的一种评估思路,而不是一种具体的评估方法。成本法包括很多具体的评估方法,例如,复原重置成本法、更新重置成本法、成本加和法(也称资产基础法)等。只要是符合成本法评估思路的方法都可以是成本法的评估方法。

成本法是以被评估资产的重置价值为基础,扣除从资产的形成并开始投入使用至评估基准日这段时间内的各种损耗以得到被评估资产价值的一种评估方法。成本法是从成本取得和成本构成的角度对被评估资产的价值进行分析和判断的。其基本公式为:

$$资产评估价值=重置成本-实体性贬值-功能性贬值-经济性贬值$$
$$=重置成本\times实体性成新率-功能性贬值-经济性贬值$$

(二)成本法应用的基本前提

成本法的应用必须满足三个基本前提条件:

(1)评估对象能正常使用或者在用。

(2)评估对象能够通过重置途径获得。

(3)评估对象的重置成本以及相关贬值能够合理估算。

二、重置成本及其估算

应用成本法评估资产的价值时,需要从重置成本中扣除资产的各种贬值,因此,重置成本是估算资产价值的基础。在评估实务中,一般以重置成本的具体估算方法来划分成本法的各种方法。

(一)重置成本的概念

资产的重置成本就是资产的现行再取得成本。重置成本的构成要素一般包括建造或者购置评估对象的直接成本、间接成本、资金成本、税费及合理的利润。重置成本应当是社会一般生产力水平的客观必要成本,而不是个别成本。重置成本又分为复原重置成本和更新重置成本两种。

(1)**复原重置成本**是指采用与评估对象相同的材料、建筑或制造标准、设计、规格及技术等,以现时价格水平重新购建与评估对象相同的全新资产所发生的费用。

(2)**更新重置成本**是指采用新型材料、建筑或制造标准、新型设计、规格和新技术等,以现行价格水平购建与评估对象具有同等功能的全新资产所需的费用。

【提示】
　　复原重置成本与更新重置成本的相同点在于都采用的是资产的现行价格;不同点在于采用的材料、技术和工艺等方面存在差异,复原重置成本采用的是与被评估资产相同的材料、技术和工艺等,而更新重置成本采用的是新型的材料、技术和工艺等。

实务链接

在计算重置成本时,既能计算出复原重置成本,又能计算出更新重置成本时,一般应选择更新重置成本,原因如下:

(1)更新重置成本比复原重置成本的值小,因为新技术的采用提高了劳动生产率,生产资产的必要劳动时间减少了。根据替代原理,应该选择更新重置成本。

(2)采用新型的材料、技术和工艺生产的资产无论从使用性能上还是从成本耗费方面都优于旧资产,重置这样的资产更容易为人们所理解和接受。

(3)如果在计算重置成本时选择了更新重置成本,那么在计算功能性贬值时一般不用刻意计算超额投资成本形成的贬值,只需计算超额营运成本形成的贬值。这样就简化了功能性贬值的计算。

(二)重置成本的估算方法

重置成本的估算方法有很多种,在计算时需要根据被评估资产和可获取的数据资料进行选择。在评估实务中广泛应用的方法主要包括重置核算法、价格指数法、功能价值法和统计分析法。

1. 重置核算法

重置核算法也叫核算法,是利用成本核算的原理,根据重新取得资产所需的费用项目,逐项计算然后累加得到资产的重置成本的方法。在实际测算过程中,又具体划分为两种类型:购买型和自建型。

购买型是以购买资产的方式作为资产的重置过程。资产的重置成本具体是由资产的现行购买价格、运杂费、安装调试费以及其他必要费用构成,将上述取得资产的必需费用累加起来,便可计算出资产的重置成本。

自建型是把自建资产作为资产重置方式,根据重新建造资产所需的料、工、费及必要的资金成本和开发者的合理收益等分析和计算出资产的重置成本。这里要注意的是,资产的重置成本必须包括开发者的合理收益。这是因为购买的资产的价格一般包括开发者的合理收益,那么作为自建的资产其重置成本只有包括开发者的合理收益,才能使相同的资产有大致相同的价格。

【例4-13】 某单位拟重新购一台设备,现行市场价格每台 5 万元,运杂费 1 000元,直接安装成本 800 元,其中原材料 300 元,人工成本 500 元,根据统计分析,计算求得安装成本中的间接成本为每人工成本的 0.8 元。

要求:计算机器设备的重置成本。

解析:

直接成本应该包括买价、运杂费和安装成本,所以:

$$直接成本 = 50\ 000 + 1\ 000 + 800 = 51\ 800(元)$$

间接成本为每人工成本的 0.8 元,所以:

$$间接成本 = 500 \times 0.8 = 400(元)$$

$$重置成本 = 直接成本 + 间接成本 = 51\,800 + 400 = 52\,200(元)$$

2. 价格指数法

价格指数法也称物价指数法,是利用与资产有关的价格变动指数,将被评估资产的历史成本(账面价值)调整为重置成本的一种方法。其计算公式为:

重置成本 = 资产的账面原值 × (1 + 价格变动指数)

或:

重置成本 = 资产的账面原值 × 价格指数

式中:价格指数可以是定基价格指数或环比价格指数。

定基价格指数是评估时点的价格指数与资产购建时点的价格指数之比,即:

定基价格指数 = (评估时点价格指数 ÷ 资产购建时的价格指数) × 100%

【例 4-14】 一台机器设备购置于 2019 年,账面原值 100 万元。该类资产适用的定基物价指数,2019 年为 100%,评估基准日为 150%。

要求:确定该机器设备的重置成本。

解析:

$$资产的重置成本 = 100 \times (150\% \div 100\%) \times 100\% = 150(万元)$$

环比价格变动指数可考虑按下式求得:

$$(1 + a_1) \times (1 + a_2) \times (1 + a_3) \cdots (1 + a_n) \times 100\%$$

式中:a_n 为第 n 年环比价格变动指数。

【例 4-15】 一台机器设备购置于 2013 年,账面原值 100 000 元,2019 年进行评估。该资产适用的环比物价变动指数,2014 年为 2.9%,2015 年为 3.1%,2016 年为 4.3%,2017 年为 3.7%,2018 年为 5.8%,2019 年为 4.7%。

要求:确定该机器设备的重置成本。

解析:

$$\begin{aligned}
资产的重置成本 &= 100\,000 \times (1 + 2.9\%) \times (1 + 3.1\%) \times (1 + 4.3\%) \times (1 + 3.7\%) \\
&\quad \times (1 + 5.8\%) \times (1 + 4.7\%) \\
&= 127\,107(元)
\end{aligned}$$

价格指数法的相关内容,可以参考市场法中价格指数法介绍的内容。

重置核算法和价格指数法都是估算重置成本比较常用的方法,但二者又有区别:价格指数法估算的重置成本,仅考虑了价格变动因素,因而确定的只能是复原重置成本;重置核算法既可以考虑价格因素,也可以考虑生产技术进步和劳动生产率的变化因素,因而既可估算复原重置成本也可估算更新重置成本。

明确重置核算法和价格指数法的区别,有助于在重置成本估算中方法的判断和选择。比如,一项技术进步较快的资产,采用价格指数法估算的重置成本往往会偏高,这时就不宜采用价格指数法。

3. 功能价值法

功能价值法是通过调整参照物与被评估资产的功能差异获得被评估资产的重置成本的方法。根据资产的成本(价值)与功能之间的函数关系不同,功能价值法又具体可以分为生产能力比例法和规模经济效益指数法。

(1) **生产能力比例法**。生产能力比例法是寻找一个与被评估资产相同或相似的资产为参照物,根据参照资产的重置成本及参照物与被评估资产生产能力的比例,估算被评估资产的重置成本。这种方法适用于资产的成本(价值)与功能之间存在线性关系的情况,功能越大,成本越高,即功能与成本之间呈同方向同比例的变化。计算公式为:

被评估资产重置成本＝(被评估资产年产量÷参照物年产量)×参照物重置成本

【例 4-16】 某公司重置全新的一台机器设备价格 100 万元,年产量为 10 000 件,现知被评估资产年产量为 9 000 件。

要求:确定该机器设备的重置资本。

解析:

$$资产重置成本＝(9\,000÷10\,000)×100＝90(万元)$$

(2) **规模经济效益指数法**。事实上,资产的成本(价值)与功能之间不一定存在线性关系。资产的成本与功能只是呈同方向变化,而不呈同比例变化,即当功能增加一倍时,其成本却不一定大一倍,这是规模经济效益作用的结果。这时,资产的成本(价值)与功能之间存在指数关系。其计算公式为:

被评估资产的重置成本＝参照物的重置成本×(被评估资产的产量÷参照物的产量)^x

式中:x 为规模经济效益指数。

实践中,x 通常采用经验数据确定。在美国,这个经验数据在 0.4~1.2,这些数据也会随着社会经济发展而变化。我国目前为止尚没有统一的规定。这样就限制了这种方法的使用。

 实务链接

此外,在应用成本法评估企业整体资产和某同一类型的价值低、数量多的资产时,为了节约时间,简化评估业务,可以使用统计分析法。具体的操作步骤为:

(1) 按照一定的标准对全部资产进行分类。

(2) 在各类资产中抽样选择适量的代表性的资产,并计算其重置成本。

（3）计算分类资产的调整系数（K）。

$$K = \sum 某类抽样资产的重置成本 \div \sum 某类抽样资产的历史成本$$

（4）计算某类资产的重置成本。

$$某类资产的重置成本 = \sum 某类资产的历史成本 \times 调整系数（K）$$

式中，历史成本可以查找企业的会计记录。

【例4-17】 企业某类通用设备，经抽样选择具有代表性的5台，估算其重置资本之和为40万元，而该5台具有代表性的通用设备历史成本之和为20万元，该类通用设备账面历史成本之和为500万元。

要求：确定该类通用设备重置成本。

解析：

$$调整系数（K）= 40 \div 20 = 2$$
$$该类通用设备重置成本 = 500 \times 2 = 1\,000（万元）$$

三、实体性贬值及其估算

（一）实体性贬值的概念

资产的实体性贬值也叫有形损耗，是指资产由于使用和自然力的作用导致的资产的物理性能的损耗或下降而引起的资产的价值损失。通常采用相对数——实体性贬值率表示资产的实体性贬值。计算公式为：

$$实体性贬值率 = 资产实体性贬值 \div 重置成本$$

（二）实体性贬值的估算方法

实体性贬值常用的估算方法有两种：观察法和使用年限法。

1. 观察法

观察法（也叫成新率法）是指由具有专业知识和丰富经验的工程技术人员对被评估资产实体的主要部位进行技术鉴定，综合分析资产的设计、使用、修理和磨损等情况，确定资产的成新率，进而确定资产的实体性贬值的方法。计算公式为：

$$资产实体性贬值 = 重置成本 \times （1 - 实体性成新率）$$

式中：实体性成新率 = 1 - 实体性贬值率。

2. 使用年限法

使用年限法是利用资产的实际已使用年限与总使用年限的比例来判断实体性贬值率，进而确定资产的实体性贬值的方法。计算公式为：

资产实体性贬值＝重置成本×实际已使用年限÷总使用年限

式中:总使用年限指的是实际已使用年限与尚可使用年限之和。计算公式为:

总使用年限＝实际已使用年限＋尚可使用年限

式中:尚可使用年限是指资产的预计可以继续使用的年限。

资产的使用年限与资产在使用中负荷程度以及日常的维修保养有关,因此须将资产的名义已使用年限转化为实际已使用年限。资产的名义已使用年限是从资产的购进使用到评估时的年限,可以从会计资料中查取。资产的实际已使用年限则可以通过名义已使用年限和资产利用率来调整。计算公式为:

实际已使用年限＝名义已使用年限×资产利用率

$$资产利用率＝\frac{截至评估基准日资产}{累计实际利用时间}÷\frac{截至评估基准日资产}{累计法定利用时间}×100\%$$

资产利用率>1,表示资产超负荷运转,资产实际已使用年限比名义已使用年限要长;

资产利用率＝1,表示资产满负荷运转,资产实际已使用年限等于名义已使用年限;

资产利用率<1,表示开工不足,资产实际已使用年限小于名义已使用年限。

在实际的评估中,由于资产的基础管理较差和资产运转的复杂性,资产利用率一般都很难确定。

【例 4-18】 某资产 2009 年 2 月购进,2019 年 2 月评估。根据该资产技术指标,正常使用情况下,每天应工作 8 小时,该资产实际每天工作 7.5 小时。

要求:计算资产利用率。

解析:

$$资产利用率＝(10×360×7.5)÷(10×360×8)×100\%＝93.75\%$$

使用年限法所显示的评估技术思路是一种应用较广泛的评估技术。在资产评估实际工作中,资产评估专业人员还可以利用使用年限法的原理,根据被评估资产设计的总工作量和评估对象已经完成的工作量、评估对象设计的行驶里程和已经行驶的里程等指标,利用使用年限法的技术思路测算资产的实体性贬值。

【例 4-19】 被评估车辆可行驶的总里程为 60 万千米。截至评估基准日,该车辆已经行驶 10 万千米,重置成本为 36 万元。假定不考虑其他因素。

要求:确定该车辆在基准日的实体性贬值额。

解析:

$$实体性贬值额＝重置成本×已行驶里程÷总里程$$
$$＝36×(10÷60)＝6(万元)$$

四、功能性贬值及其估算

(一)功能性贬值的含义

资产的功能性贬值是资产无形贬值的一种,是指由于技术进步引起的资产功能相对落后而造成的资产价值的损失。它包括由于新工艺、新材料和新技术的采用,而使原有资产的建造成本超过现行建造成本的超支额(超额投资成本),以及原有资产超过体现技术进步的同类资产的运营成本的超支额(超额运营成本)。超额运营成本主要表现在材耗、能耗和工耗增加,废品率上升,产品等级下降等方面。

(二)功能性贬值的估算方法

功能性贬值包括两种形式:超额运营成本形成的功能性贬值和超额投资成本形成的功能性贬值。

1.超额运营成本形成的功能性贬值

超额运营成本形成的功能性贬值的测算步骤如下:

(1)将被评估资产的年运营成本与功能相同但性能更好的新资产的年运营成本进行比较。计算二者的差异,确定年超额运营成本。

(2)扣除所得税的影响,确定年净超额运营成本。由于企业支付的运营成本是在税前扣除的,企业支付的超额运营成本会引致税前利润额下降,所得税额降低,使得企业负担的运营成本低于其实际支付额。因此,净超额运营成本是超额运营成本扣除其抵减的所得税以后的余额。

(3)估计被评估资产的剩余寿命。

(4)以适当的折现率将被评估资产在剩余寿命内每年的净超额运营成本折现,这些折现值之和就是被评估资产的功能性贬值。计算公式为:

$$被评估资产功能性贬值额 = \sum(被评估资产年净超额运营成本 \times 折现系数)$$

如果被评估资产每年的净超额运营成本相同,则上述公式可以写为:

$$被评估资产功能性贬值额 = 被评估资产年净超额运营成本 \times (P/A, r, n)$$

式中:$(P/A, r, n)$为年金现值系数。

2.超额投资成本形成的功能性贬值

超额投资成本形成的功能性贬值可以通过超额投资成本的估算进行评估,即超额投资成本可视为功能性贬值,计算公式为:

$$超额投资成本功能性贬值 = 复原重置成本 - 更新重置成本$$

🕷 **【例4-20】** 某种机器设备,技术先进的设备比原有的陈旧设备生产效率高,节约工资费用,有关技术资料,如表 4-3 所示。

要求:计算该设备的功能性贬值额。

解析:

该设备功能性贬值的计算过程如表 4-3 所示。

表 4-3　技术资料及功能性贬值的计算过程

项　　目	技术先进设备	被评估设备
月产量/件	10 000	10 000
单件工资/元	0.80	1.2
月工资成本/元	8 000	12 000
月差异额/元		12 000－8 000＝4 000
年工资成本超支额/元		4 000×12＝48 000
减:所得税(税率25%)/元		12 000
扣除所得税后年净超额工资/元		36 000
资产剩余年限/年		5
假定折现率		10%
功能性贬值额/元		36 000×3.790 8＝136 468.8

应当指出,新老设备的对比,除了生产效率影响工资超额支出外,还可能有原材料消耗、能源消耗等超额支出,在计算其功能性贬值时都应逐一考虑。

此外,在实际评估工作中,也可能存在功能性溢价的情况。当评估对象的功能明显优于参照资产的功能时,评估对象就可能存在着功能性溢价。

五、经济性贬值及其估算

(一)经济性贬值的概念

经济性贬值是由外部条件变化引起的资产闲置、收益下降等造成的资产价值损失。就其表现形式而言,资产的经济性贬值主要表现为两种:一是资产利用率下降,甚至闲置;二是资产的运营收益减少。

引起外部环境变化的原因主要有:宏观经济的衰退导致的社会总需求不足;国家产业政策调整;国家环保政策实施;经济地理位置变化等。

(二)经济性贬值的估算方法

当有确实证据表明资产已经存在经济性贬值,可参考下面方法估测其经济性贬值率或经济性贬值额。

1.资产利用率下降导致的经济性贬值

经济性贬值率＝[1－(资产预计可被利用的生产能力÷资产原设计生产能力)^x]×100%

式中:x 为规模效益指数,实践中多采用经验数据。

$$经济性贬值额＝(重置成本－实体性贬值－功能性贬值)×经济性贬值率$$

注意,上述公式采用的是重置成本减去实体性贬值减去功能性贬值后的余值,再乘以经济性贬值率,得到经济性贬值额的方法。因此,成本法的四个指标应该按照重置成本、实体性贬值、功能性贬值和经济性贬值的顺序逐一确定。

2.收益额减少导致的经济性贬值

$$经济性贬值额＝资产年收益损失额×(1－所得税率)×(P/A,r,n)$$

式中:$(P/A,r,n)$为年金现值系数。

【例4-21】 某生产线的重置成本为 20 万元,成新率为 80%,由于能耗量大形成的功能性贬值为 6 万元,该生产线的设计生产能力为年产 20 000 台产品,因市场需求结构变化,在未来可使用年限内,每年产量估计要减少 6 000 台,假定规模经济效益指数为 0.6。

要求:根据上述条件,计算该生产线的经济性贬值额。

解析:

$$经济性贬值率＝[1－(14\,000÷20\,000)^{0.6}]×100\%≈19.27\%$$

$$经济性贬值额＝(20×80\%－6)×19.27\%≈1.927(万元)$$

需要注意的是,并不是所有的资产都存在经济性贬值,一般能单独计算收益的资产,如整体资产,要考虑经济性贬值。另外,当外部经济环境有利于资产的功能和效用发挥时,也可能存在经济性溢价。

六、成本法的优缺点

一般来讲,成本法的应用没有严格的前提条件,在不能使用收益法和市场法评估资产的价值时,可以广泛应用。成本法的优点表现在:较充分地考虑了资产的损耗,评估结果更趋于公平合理;适用于单项资产和特定用途资产的评估;在不能使用市场法和收益法时广泛使用。缺点表现在:工作量大;以历史资料为依据,必须考虑这种假设的可行性;经济性贬值不易全面准确地计算。

第四节 资产评估方法的选择

一、各资产评估方法之间的关系

资产评估的市场法、成本法和收益法共同构成了资产评估的基本方法体系,三种方法之间既有联系又存在着区别。正确认识资产评估方法之间的内在联系和各自的特点,对资产评估方法的选择,具有十分重要的意义。

（一）各资产评估方法的联系

资产评估方法是实现评估目的的手段。对于特定经济行为,在相同的市场条件下,对处在相同状态的同一资产进行评估,其评估值应该是客观的。这个客观的评估值不会因资产评估专业人员所选用的评估方法不同而出现截然不同的结果。可以说正是评估目的决定了评估方法间的内在联系,而这种内在联系为资产评估专业人员运用多种评估方法评估同一条件下的同一资产,并作相互验证提供了理论根据。但需要指出的是,运用不同的评估方法评估同一资产,必须保证评估目的、评估前提、评估对象状态一致,以及运用不同评估方法所选择的经济技术参数合理。

由于资产评估工作基本目标的一致性,在同一资产的评估中可以采用多种方法。如果使用这种方法的前提条件同时具备,而且资产评估专业人员具备相应的专业判断能力,那么,多种方法得出的结果应该趋同。如果采用多种方法得出的结果出现较大差异,可能的原因有:①某些方法的应用前提不具备;②分析过程有缺陷;③结构分析有问题;④某些支撑评估结果的信息依据出现失真;⑤资产评估专业人员的职业判断有误。建议资产评估专业人员为不同评估方法建立逻辑关系框架图,进行对比分析。这有利于问题的发现。资产评估专业人员在发现问题的基础上,具体分析问题的原因,并据此研究解决问题的对策,以便最后确定资产评估值。

（二）各资产评估方法的区别

各种资产评估方法独立存在的本身就说明各种方法之间存在着差异。各种评估方法都是从不同角度去评估资产的价值。不论是通过市场参照物比较获得评估对象的价值,还是根据评估对象预期收益获得其评估价值,抑或是按照资产的再取得途径寻求评估对象的价值,都是对评估对象在一定条件下的价值的描述,它们之间是有内在联系并可相互替代的。但是,每一种评估方法都有其自成一体的运作过程,都要求具备相应的信息基础,评估结论也都从某一角度反映资产的价值。因此,各种评估方法又是有区别的。

由于评估的特定目的不同、评估时市场条件的差别,以及评估时对评估对象使用状态设定的差异,需要评估的资产价值类型也是有区别的。评估方法由于自身的特点,在评估不同类型的资产价值时,就有了效率上和直接程度上的差别,资产评估专业人员应具备选择最直接且最有效率的评估方法完成评估任务的能力。

二、资产评估方法选择的要求

资产评估方法多种多样,为了高效、快捷、相对合理地估算资产的价值,在选择资产评估方法时应遵循以下要求。

（一）资产评估方法的选择要与评估目的、评估时的市场条件、评估对象在评估过程中所处的状态,以及由此所决定的资产评估价值类型相适应

资产评估目的解决为什么要进行资产评估的问题,这是在进行资产评估时首先要考

虑的问题。一般来说,资产评估目的会影响评估假设、评估范围和评估对象的确定,从而影响资产评估方法的确定。所以,资产评估目的制约着资产评估方法的选择。

（二）资产评估方法的选择受评估对象的类型、理化状态等因素制约

由于不同的资产评估方法是从不同的途径评估资产的价值,因此评估时应根据被评估资产自身的特点,分析从哪个途径评估最合适。在评估时,首先应区分被评估资产是单项资产还是整体资产,是有形资产还是无形资产,是通用性资产还是专用性资产,是可以复制的劳动创造的资产还是不可复制的资源性资产。一般来说,整体资产、无形资产和不可复制的资源性资产可以考虑选择收益法和市场法;通用性的单项有形资产可以选择市场法;专用性资产、可以复制的劳动创造的资产可以选择成本法进行评估。

（三）资产评估方法的选择受评估方法的适用条件和评估方法应用所依据数据的质量和数量的制约

每种资产评估方法都需要有相应的大量数据资料,如果短时间内不能收集到这些资料或者收集有很大困难,则只能选择其他的替代方法进行评估。如无货币收益的公益性资产、微利亏损企业、收益无规律难以预测的资产以及风险报酬率无法确定的资产,不能运用收益法评估,可以考虑选择成本法。

（四）资产评估方法的选择还要考虑工作效率和资产评估专业人员的特长等因素

总之,在选择资产评估方法时,应注意因地制宜、因事制宜,不可机械地按照某种模式或某种特定的顺序进行选择。而且,不管选择了哪种资产评估方法,都应该保证评估目的、评估时所依据的各种假设与各种参数及其评估结果在性质上和逻辑上一致。

三、资产评估方法选择及其披露

根据《资产评估法》的规定,资产评估专业人员应当恰当选择评估方法,**除依据评估执业准则只能选择一种评估方法外,应当选择两种以上评估方法**,经综合分析,形成评估结论,编制评估报告。

根据《资产评估执业准则——资产评估方法》,当存在下列情形时,资产评估专业人员可以采用一种评估方法:

（1）基于相关法律、行政法规和财政部部门规章的规定可以采用一种评估方法。

（2）由于评估对象仅满足一种评估方法的适用条件而采用一种评估方法。

（3）因操作条件限制而采用一种评估方法。操作条件限制应当是资产评估行业通常的执业方式普遍无法排除的,而不得以个别资产评估机构或者个别资产评估专业人员的操作能力和条件作为判断标准。

同时,《资产评估执业准则——资产评估方法》规定,**资产评估报告应当对评估方法的选择及其理由进行披露。因适用性受限而选择一种评估方法的,应当在资产评估报告中**

披露其他基本评估方法不适用的原因;因操作条件受限而选择一种评估方法的,应当对所受的操作条件限制进行分析、说明和披露。

本 章 小 结

  资产评估方法是实现评定估算资产价值的技术手段。资产评估的市场法、成本法和收益法共同构成了资产评估的基本方法体系,三种评估方法既有区别又有联系。

  市场法也称比较法、市场比较法,是指通过将评估对象与可比参照物进行比较,以可比参照物的市场价格为基础确定评估对象价值的评估方法的总称。市场法的应用必须满足两个基本前提条件:一是评估对象的可比参照物具有公开的市场和活跃的交易;二是有关交易的必要信息可以获得。

  成本法也叫重置成本法,是指按照重建或者重置评估对象的思路,将重建或者重置成本作为确定评估对象价值的基础,扣除相关贬值,以此确定评估对象价值的评估方法的总称。成本法的应用必须满足三个基本前提条件:第一,评估对象能正常使用或者在用;第二,评估对象能够通过重置途径获得;第三,评估对象的重置成本以及相关贬值能够合理估算。

  收益法也叫收益现值法,是指通过将评估对象的预期收益资本化或者折现,来确定其价值的各种评估方法的总称。收益法的应用必须满足三个基本前提条件:第一,评估对象的未来收益可以合理预期并用货币计量;第二,预期收益所应对的风险能够度量;第三,收益期限能够确定或者合理预期。

  在进行资产评估方法的选择时,应注意以下因素:资产评估方法的选择必须与资产评估的目的和价值类型相适应;要考虑评估对象的类型;资产评估方法的适用条件以及资产评估方法应用所依据数据的质量和数量等。如果资产评估专业人员采用一种评估方法,需要在资产评估报告中进行披露。

思 考 题

  1.什么是市场法?运用市场法的基本程序是什么?

  2.什么是成本法?成本法的基本参数包括哪些?如何确定?

  3.什么是收益法?收益法评估的基本思路是什么?

  4.在资产评估中如何选择具体的评估方法?

练 习 题

一、单项选择题

1. 用物价指数法估算的资产成本是资产的(　　　)。

A. 复原重置成本

B. 既可以是复原重置成本,也可以是更新重置成本

C. 更新重置成本

D. 既不是复原重置成本,也不是更新重置成本

2. 资产评估是通过对资产某一(　　　)价值的估算,从而确定其价值的经济活动。

A. 时期　　　　　　B. 时点　　　　　　C. 时区　　　　　　D. 阶段

3. 某项资产 2017 年购建,账面原值 100 000 元,2020 年进行评估,若以购建时的物价指数为 100％,则 3 年间同类资产物价环比价格指数分别为 110％、120％、115％,则该项资产的重置成本应为(　　　)元。

A. 145 000　　　　B. 115 000　　　　C. 152 000　　　　D. 151 800

4. 同一项资产,在不同的假设条件下,评估结果应(　　　)。

A. 相同　　　　　　B. 趋于一致　　　　C. 不相同

5. 某被评估资产 2010 年购建,账面价值为 50 万元,2019 年进行评估,2010 年、2019 年该类资产的定基物价指数分别为 120％、170％,则被评估资产的重置成本为(　　　)万元。

A. 50　　　　　　　B. 70.8　　　　　　C. 35.3　　　　　　D. 85

6. 复原重置成本与更新重置成本的相同之处在于运用(　　　)。

A. 相同的原材料　　　　　　　　　B. 相同的建筑技术标准

C. 资产的现时价格　　　　　　　　D. 相同的设计

7. 在应用市场法时,一般应该选择(　　　)参照物进行比较。

A. 3 个或 3 个以上　　　　　　　　B. 2 个或 2 个以上

C. 1 个或 1 个以上　　　　　　　　D. 4 个或 4 个以上

8. 收益法的折现率通常不包括(　　　)。

A. 无风险报酬率　　　　　　　　　B. 风险报酬率

C. 超额收益率　　　　　　　　　　D. 通货膨胀率

9. 由于(　　　)引起的资产功能相对落后而造成的资产价值的损失,是资产的功能性贬值。

A. 使用　　　　　　B. 自然力作用　　　C. 外部环境　　　　D. 技术进步

10. 市场法适用于(　　　)的评估。

A. 专用机器设备　　　　　　　　　B. 大部分无形资产

C. 通用机器设备　　　　　　　　　D. 商誉

二、多项选择题

1. 运用市场法时,参照物主要差异调整的因素有(   )。

    A. 功能因素   B. 地域因素   C. 时间因素   D. 交易情况因素

2. 实体性贬值的估算方法有(   )。

    A. 观察法   B. 成新率法   C. 使用年限法   D. 功能价值法

3. 收益法应用中的主要指标包括(   )。

    A. 资产过去收益额   B. 资产未来收益额

    C. 资产未来获利期限   D. 折现率或本金化率

4. 造成资产经济性贬值的主要原因有(   )。

    A. 该项资产技术落后   B. 该项资产生产的产品需求减少

    C. 社会劳动生产率提高   D. 自然力作用加剧

    E. 政府公布淘汰该类资产的时间表

5. 复原重置成本与更新重置成本的相同之处在于运用(   )。

    A. 相同的功能效用   B. 相同的建筑技术标准

    C. 资产现时价格   D. 相同的设计

    E. 相同的材料

6. 用成本法进行资产评估时,影响资产评估价值的基本因素有(   )。

    A. 价格因素   B. 技术进步   C. 有形损耗因素   D. 无形损耗因素

7. 选择资产评估方法时,主要考虑的因素有(   )。

    A. 评估目的   B. 价值类型

    C. 评估对象   D. 评估资料收集情况

8. 市场法中选择的参照物的成交价必须是(   )。

    A. 正常的价格   B. 真实的价格   C. 关联交易价格   D. 拍卖底价

9. 市场法的具体方法可以分为(   )两类。

    A. 直接比较法   B. 间接比较法   C. 功能价值法   D. 价格指数法

10. 收益法的三个参数分别是(   )。

    A. 收益额   B. 折现率   C. 收益期限   D. 评估值

三、计算题

1. 2020年1月评估设备一台,该设备于2016年12月购建,账面原值为20万元,2018年进行一次技术改造,改造费用(包括增加设备)为2万元。若定基物价指数2016年为1.05,2018年为1.20,2020年为1.32。

    要求:计算该设备的重置成本。

2. 某机器设备1台,3年前购置。据了解,该设备尚无替代品,其账面原值为10万元,其中买价为8万元,运输费为0.4万元,安装费用(包括材料)为1万元,调试费用为0.6万元。经调查,该设备的现行价格为9.5万元,运输费、安装费、调试费分别比3年前上涨了40%、30%、20%。

要求:计算该设备的重置成本。

3. 被评估机组购建于 2019 年 3 月,主要由主机、辅助装置和工艺管道组成,账面原值 60 万元人民币,其中主机占 70%,辅助装置占 20%,工艺管道占 10%。到评估基准日,机组主机价格下降 2%,辅助装置价格上升 1%,工艺管道价格上升了 5%。

要求:计算该机组评估基准日的重置成本。

4. 某被估资产需用 10 名工人进行操作,而同类先进设备只需要 5 名工人,据统计每名工人年工资福利等共约 12 000 元,据测算,该被估资产尚可使用 5 年,适用资本化率和折现率为 10%。

要求:计算功能性贬值额(所得税率 25%)。

5. 某企业 2017 年购进的一条生产线,账面原值为 1 500 万元,2020 年进行评估。经调查分析确定,该生产线的价格每年比上一年增长 10%。专业人员勘察估算认为,该资产还能使用 6 年。又知目前市场上已出现功能更先进的资产,并被普遍运用,新设备与评估对象相比,可节省人员 4 人,每人的月工资水平为 6 500 元。此外,由于市场竞争加剧,该生产线开工不足,由此而造成收益损失额每年为 30 万元,(该企业所得税率为 25%,假定折现率为 10%)。

要求:根据上述资料,采用成本法对该生产线进行评估。

6. 某企业预计未来 5 年的收益额分别为 15 万元、18 万元、20 万元、24 万元和 20 万元。假定从第 6 年起以后每年收益均为 20 万元,确定的资本化率和折现率均为 10%。

要求:评估该项资产在永续经营下的评估值。

7. 某企业产品设计生产能力为 10 万台,每台市场售价为 1 500 元。现因市场竞争加剧,如完成 10 万台产量,每台需降至 1 400 元。据测算,该产品寿命周期还有 3 年,折现率为 10%。

要求:计算经济性贬值额(适用所得税税率为 25%)。

第五章　流动资产评估

 学习目标与要求

学习内容	学习目标	重要程度	学习难度
1.流动资产的内容、特点,流动资产评估的特点,流动资产的评估范围、程序	了解	☆	☆
2.库存材料、低值易耗品、在产品、产成品、库存商品等实物类流动资产的价值评估	理解	☆☆	☆☆
3.应收账款、应收票据、预付账款等债权类流动资产的价值评估	理解	☆☆	☆☆
4.现金、银行存款、交易性金融资产等货币类流动资产的价值评估	理解	☆☆	☆☆
5.其他流动资产的价值评估	了解	☆	☆

第一节　流动资产评估概述

一、流动资产的内容和特点

（一）流动资产的内容

流动资产是指企业在生产经营活动中,在 1 年或超过 1 年的一个经营周期内变现或者耗用的资产,包括库存现金、各种银行存款及其他货币资金、交易性金融资产、应收及预付款、存货及其他流动资产等。

（1）库存现金是指企业内部各部门用于周转使用的备用金。

（2）银行存款是指企业存放在银行的货币资金。

（3）其他货币资金是指除库存现金和银行存款以外的其他货币资金,包括外埠存款、银行本票存款、银行汇票存款、存出投资款、信用卡存款、信用证保证金存款等。

（4）交易性金融资产是指企业为了近期出售而持有的债券投资、股票投资和基金投资,以赚取差价为目的从二级市场购买的股票、债券、基金等均属于交易性金融资产。

（5）应收及预付款项,包括应收账款、应收票据、其他应收款和预付账款。应收账款是指企业因销售商品、提供劳务等应向购货单位或受益单位收取的款项,是购货单位所欠的短期债务。预付账款是指企业按照购货合同规定预付给供货单位的购货定金或部分货款。

(6)存货是指企业在生产经营过程中为销售或耗用而储备的具有实物形态的资产,包括企业的库存材料、燃料、包装物、低值易耗品、在产品、半成品、产成品和库存商品等。

(7)其他流动资产是指除以上资产之外的流动资产。

在实际评估工作中,我们一般将上述流动资产归为四类:①实物类流动资产,即上述存货的内容,是流动资产中的重要内容;②货币类流动资产,包括库存现金、银行存款、其他货币资金和交易性金融资产;③债权类流动资产,包括各种应收及预付款项等;④其他流动资产,指除以上资产之外的流动资产。

(二)流动资产的特点

与固定资产相比,流动资产的特点主要表现在以下几个方面:

1. 周转速度快

流动资产在使用中要经过一个生产周期,即经过购买、生产、销售三个阶段,改变其实物形态,并将其全部价值转移到所形成的商品中,构成产品成本的重要组成部分,然后从营业收入中得到补偿。周转速度快是流动资产最主要的特征。所以,判断一项资产是否是流动资产,不仅仅是看资产的表面形态,而应视其周转状况而定。

2. 变现能力强

流动资产的周转速度快在一定程度上决定了其变现能力强,变现能力强是企业的流动资产区别于其他资产的重要标志。但是,各种形态的流动资产,其变现速度又有所区别。按其变现能力的强弱排序,首先是货币资金,其次是交易性金融资产,再次是较易变现的债权类流动资产和可在短期内出售的存货,最后是在产品和准备耗用的其他物资。变现能力反映一个企业的对外支付能力和偿还债务的能力。因此,一个企业拥有的流动资产相对越多,企业对外支付和偿还债务的能力越强,企业的风险就相对越小。

3. 形态多样化

流动资产在周转过程中不断改变其形态,依次由货币形态开始,经过供应、生产、销售等环节,最后又变成为货币形态,各种形态的流动资产在企业中同时并存,分布于企业的各个环节。尤其是实物类流动资产,不仅不同行业的流动资产的实物形态千差万别,即使相同的行业,不同类型的企业的流动资产的实物形态也差别很大。

4. 波动性

企业的流动资产一般需要不断地购买和售卖,受市场供求变化和季节性影响较大。此外,企业的流动资产还受到外部经济环境、经济秩序等因素的制约,使其占用总量以及流动资产的不同形态构成比例呈现出波动性。

二、流动资产评估的特点

（一）合理确定流动资产的评估基准日

流动资产的显著特点就是周转速度快,这就使资产的构成、价值和数量都处于一种变化的状态中,而资产评估是确定资产在某一时点的价值。因此,应该充分利用会计资料,评估基准日应尽可能与会计保持一致,选择在会计期末。同时,评估人员还必须在规定的时点进行资产清查、登记和确定流动资产数量,避免重复登记和遗漏登记现象的发生。

（二）流动资产的评估对象是单项资产

流动资产的评估主要是以单项资产为对象进行价值评估的。因此,流动资产的评估只需要根据其本身的特点进行,而不需要以其综合获利能力进行综合性评估。

（三）流动资产评估中的资产清查要分清主次,掌握重点

流动资产具有数量较大、种类较多的特点,因此,清查工作量很大,在评估时要考虑时间要求和评估成本。一般来说,流动资产评估需要根据不同企业的生产经营特点和流动资产分布特点,分清主次、重点和一般,选择不同的方法进行清查和评估。清查采用的方法可以是抽查、重点清查和全面盘点。当抽查核实中发现原始资料或清查盘点工作可靠性较差时,要扩大抽查范围,直至核查全部流动资产。

（四）流动资产评估对会计资料的依赖性较大

基于上述流动资产的数量较大、种类较多、周转速度快的特点,许多价格资料很难通过市场一一获取,而只能依赖会计核算资料。那么,为了保证评估结果的质量,要求评估人员认真判断会计资料的真实性、准确性和完整性。

（五）流动资产的账面价值基本可以反映其现值

由于流动资产周转速度快,变现能力强,在价格变化不大的情况下,流动资产的账面价值基本上可以反映其现值。因此,在特定的情况下,可以采用历史成本作为评估值。同时,评估流动资产时一般可以不需要考虑资产的功能性贬值,其实体性贬值的计算只适用于在用低值易耗品和呆滞、积压存货类流动资产的评估。

三、流动资产评估程序中的实务要点

（一）确定评估对象和评估范围

在进行流动资产评估前,首先要确定评估对象和评估范围,这是保证评估质量的重要条件之一。评估对象和评估范围应依据经济活动所涉及的资产范围而定。同时,在实施评估前应做好下列工作:

（1）**界定流动资产的范围。**进行流动资产的评估,必须界定被评估流动资产的范围,**注意划清流动资产与非流动资产的界限,**防止将不属于流动资产的机器设备等作为流动

资产,也不得把属于流动资产的低值易耗品等作为非流动资产,以避免重复评估和漏估。

(2) **核实待评估流动资产的产权**。企业在进行资产评估前,应首先**核实流动资产的产权**,例如,存放在企业的外单位委托加工材料、代为保管的材料物资等,尽管存在于该企业中,但由于其产权不属于被评估单位,故不得将其列入流动资产的评估范围。

(3) **对被评估流动资产进行抽查核实**。比如,要核实各类存货的实际数量与企业申报的数字是否一致;各类应收及预付款项有无重复记录和漏记问题;库存现金是否与会计账目上的数字相符等。一份准确的评估资产清单是正确评估资产价值的基础材料,被评估资产的清单应**以实存数量为依据**,而不能仅仅以账面记录为准。

(二) 对实物形态的流动资产进行质量检测和技术鉴定

对企业需要评估的材料、半成品、产成品等流动资产进行质量和技术状况调查了解,目的是了解这部分资产的质量状况,以便确定其是否还具有使用价值,并核对其技术情况和等级与被评估资产清单的记录是否一致。对被评估资产进行技术检测是正确评估资产价值的重要基础。特别是对那些时效性较强的存货,如有保鲜期要求的食品、有有效期要求的药品与化学试剂等,对其进行技术检测和鉴定尤为重要。存货在存放期内质量发生变化,会直接影响其变现能力和市场价格。因此,评估必须考虑各类存货的内在质量因素。对各类存货进行质量检测和技术鉴定,可由被评估企业的有关技术人员、管理人员与评估人员合作完成,也可以参考独立第三方的专业报告,再由评估人员进行专业判断。

(三) 对企业的债权情况进行分析

根据对被评估企业与债务人经济往来活动中的资信情况的调查了解,以及对每项债权资产的经济内容、发生时间的长短及未清理的原因等因素进行核查,综合分析确定各项债权回收的可能性、回收的时间、回收时将要发生的费用等。

(四) 选择适当的评估方法进行评估

评估方法的选择应该根据评估的目的和不同种类流动资产的特点进行。流动资产的种类很多,不同类型的流动资产的评估方法不同。具体地,对于实物类流动资产,可以采用市场法或成本法。对存货类流动资产的评估,如果其价格变动较大,则以市场价格为基础,对购入价格较低的存货,按现行市价进行调整;对购入价格较高的存货,除考虑现行市场价格外,还要分析最终产品价格是否能够相应提高,或存货本身是否具有按现行市价出售的可能性。对于货币类流动资产,其清查核实后的账面价值本身就是现值,不需采用特殊方法进行评估,只是对外币存款应按评估基准日的汇率进行折算。对于债权类流动资产评估,宜采用可变现净值进行评估。对于其他流动资产,应视不同情况进行,其中有低值易耗品等流动资产,则应视其具体情形,采用与机器设备等相同或相似的方法进行评估。

(五) 评定估算,得出评估结论

流动资产评估是企业整体资产评估的一部分,因此可以不做单独的评估报告,但得作出相应的评估结论,撰写流动资产评估情况说明或流动资产评估分析报告。

第二节 实物类流动资产评估

实物类流动资产包括各种材料、在产品、产成品及库存商品等。实物类流动资产评估是流动资产评估的重要内容。

一、材料的评估

（一）材料评估的内容

企业中的材料按其存放地点,可以分为库存材料和在用材料。在用材料在生产过程中已经形成产品或半成品,不再作为单独的材料存在,因此这里所说的材料评估主要是对库存材料的评估。库存材料包括各种主要材料、辅助材料、燃料、修理用备件、包装物、低值易耗品等。

库存材料具有品种多、数量大、金额大,而且计量单位、购进时间和自然损耗等各不相同的特点,在评估时要注意以下几点:

（1）**保证被评估库存材料的账实相符。**在对被评估库存材料进行评估之前,首先要对其进行盘点,清查核实其数量。一般认为,抽查的比例不应该低于库存材料金额的20%。同时,还应该检查被评估库存材料的质量,查明其中有无霉烂、变质、毁损或呆滞材料等。

（2）**选择适合的评估方法。**对库存材料进行评估使用更多的方法是市场法和成本法,评估人员要根据不同的评估目的和待估资产的特点选择合适的评估方法,保证评估结果的准确性。

（3）**运用企业库存管理的 A、B、C 分类法。**由于企业的库存材料品种、规格繁多,数量大,在评估时把全部材料作为重点进行评估不太现实,可以将材料按照一定的目的和要求,按照 ABC 分类法进行分类,分清重点、次重点和一般对象,着重对重点材料进行评估。

（二）材料评估的方法

1. 近期购进库存材料的评估

近期购进的材料库存时间短,在市场价格变化不大的情况下,其账面值与现行市价基本接近。评估时,可以采用历史成本法,也可采用市场法。

🏵 **【例 5-1】** 企业的某材料是两个月以前从外地购进的,数量 4 000 千克,单价 400元,当时支付的运杂费为 600 元。根据原始记录和清查盘点结果,评估时库存尚有 1 200千克材料。

要求:根据上述资料,确定该材料的评估值。

解析:

$$材料评估值 = 1\ 200 \times (400 + 600 \div 4\ 000) = 480\ 180(元)$$

值得注意的是,购进时发生的运杂费如果发生额较大,评估时应将其摊入被评估材料的评估值;如果发生额较小,则评估时可以不考虑运杂费。

2. 购进批次间隔时间长、价格变化大的库存材料的评估

对于这类材料的评估,可以采用最接近市场价格的材料价格或直接以市场价格作为其评估值。

🐟【例 5-2】 对被评估企业的库存材料进行评估,评估基准日为 2020 年 12 月 31 日。该材料分两批购进,第一批购进时间为 2019 年 1 月,购进 1 500 吨,单价为 450 元/吨,第二批购进时间为 2020 年 11 月,购进 2 000 吨,单价为 300 元/吨。截至评估基准日,2019 年购入的还剩 100 吨,2020 年购入的还剩 1 800 吨。因此,尚需评估的材料数量为 1 900 吨。可以直接按照现行的市场价格 300 元/吨计算。

要求:确定材料评估值。

解析:

$$材料评估值 = 1\ 900 \times 300 = 570\ 000(元)$$

值得注意的是,各企业对材料的购进时间和购进批次等的核算在会计上采用不同的方法,如先进先出法、加权平均法等,这就使得材料的账面余额不同。但核算方法的差异对评估结果并无影响,因为评估时的关键是准确核查库存材料的实际数量,并在此基础上确定库存材料的评估价值。

3. 购进时间早、市场已经脱销、没有准确现价的库存材料的评估

这类材料的评估可以通过寻找替代品的价格变动资料修正材料价格;也可以在市场供需分析的基础上,确定该项材料的供需关系,并以此修正材料价格;还可以通过市场同类商品的平均物价指数进行评估。

4. 呆滞材料价值的评估

呆滞材料是指从企业库存材料中清理出来,需要进行处理的那部分材料。对于这类资产的评估,首先应对其数量和质量进行核实和鉴定,然后区别不同情况进行评估。评估时,对其中失效、变质、残损、报废、无用的,应通过分析计算,扣除相应的贬值额后确定评估值。

另外,在材料评估中,可能还有盘盈、盘亏的材料,评估时应以有无实物存在为原则进行评估,并选用相适应的评估方法。

(三)低值易耗品的评估

低值易耗品是指不构成固定资产的劳动工具。不同行业对固定资产和低值易耗品的

划分标准是不完全相同的。因此,在评估过程中判断劳动资料是否为低值易耗品,原则上视其在企业中的作用而定,一般可尊重企业原来的划分标准。同时,低值易耗品又是特殊流动资产,与典型流动资产相比,它具有周转时间长、不构成产品实体等特点。掌握低值易耗品的特点,是做好低值易耗品评估的前提。

为了准确评估低值易耗品的价值,可以对其进行必要的分类。按低值易耗品用途分类,可分为一般工具、专用工具、替换设备、管理用具、劳动保护用品、其他低值易耗品等类别;按低值易耗品使用情况分类,可分为在库低值易耗品和在用低值易耗品两类。在库低值易耗品的评估,可以根据具体情况,采用与库存材料评估相同的方法;在用低值易耗品的评估,可以采用成本法进行评估。计算公式为:

在用低值易耗品评估值＝全新低值易耗品成本价值×成新率

全新低值易耗品成本价值,如果价格变动不大,可以直接采用其账面价值。也可以在账面价值基础上乘以其物价变动指数或直接采用现行市场价格。

在对低值易耗品评估时,由于其使用期短于固定资产,一般不考虑其功能性损耗和经济性损耗。其成新率计算公式为:

成新率＝(1－低值易耗品实际已使用月数÷低值易耗品可使用月数)×100％

另外,评估人员在确定低值易耗品成新率时,应根据其实际损耗程度确定,而不能完全按照其摊销方法确定。

【例5-3】 某企业某项低值易耗品,原价750元,预计使用1年,现已使用8个月,该低值易耗品现行市价为1 200元。

要求:确定该低值易耗品的评估值。

解析:

该低值易耗品评估值＝1 200×(1－8÷12)×100％＝400(元)

二、在产品的评估

在产品包括生产过程中尚未加工完毕的在制品、已加工完毕但不能单独对外销售的半成品(可直接对外销售的半成品视同产成品评估)。在对这部分资产进行评估时,一般可采用成本法和市场法。

(一)采用成本法评估在产品的价值

这种方法是根据技术鉴定和质量检测的结果,按评估时的相关市场价格、费用水平重置同等级在产品及半成品所需投入合理的料工费计算评估值。这种评估方法只适用于生产周期较长的在产品的评估。对生产周期较短的在产品,主要以其实际发生的成本作为价值评估依据,在没有变现风险的情况下,可根据其账面值进行调整。具体方法如下:

1.根据价格变动系数调整原成本

此种方法主要适用于生产经营正常、会计核算水平较高的企业在产品的评估。可参

照实际发生的原始成本,根据评估基准日的市场价格变动情况,调整成重置成本。评估方法和步骤如下:

(1) 对被评估在产品进行技术鉴定,将其中不合格在产品的成本从总成本中剔除;

(2) 分析原成本构成,将其不合理的费用从总成本中剔除;

(3) 分析原成本构成中材料成本从其生产准备开始到评估基准日止市场价格变动情况,并测算出价格变动系数;

(4) 分析原成本中的工资、燃料、动力费用以及制造费用从开始生产到评估基准日有无大的变动,是否需要进行调整,如需要调整,测算出调整系数;

(5) 根据技术鉴定、原始成本构成的分析及价值变动系数的测算,调整成本,确定评估值,必要时,从变现的角度修正评估值。

计算公式为:

$$\text{在产品评估价值} = \text{原合理材料成本} \times \left(1 + \text{价格变动系数}\right) + \text{原合理工资、费用} \times \left(1 + \text{合理工资、费用变动系数}\right)$$

需要说明的是,在产品成本包括直接材料、直接人工和制造费用三部分。制造费用属间接费用,直接人工尽管是直接费用,但也同间接费用一样较难测算。因此评估时可将直接人工和制造费用合并为一项费用进行测算。

2. 按社会平均消耗定额和现行市价计算评估值

采用此法即按重置同类资产的社会平均成本确定被评估资产的价值。用此方法对在产品进行评估需要掌握以下资料:

(1) 被评估在产品的完工程度。

(2) 被评估在产品有关工序的工艺定额。

(3) 被评估在产品耗用物料的近期市场价格。

(4) 被评估在产品的合理工时及单位工时的取费标准,而且合理的工时及其取费标准应按正常生产经营情况进行测算。

计算公式(只考虑一道工序)为:

$$\text{在产品评估价值} = \text{在产品实有数量} \times \left(\text{该工序单件材料工艺定额} \times \text{单位材料现行市价} + \text{该工序单件工时定额} \times \text{正常工资、费用}\right)$$

值得注意的是,对于工艺定额的选取,首先考虑行业统一标准;没有行业统一标准的,应按照企业的现行标准进行。

3. 按在产品完工程度计算评估值

因为在产品的最高形式为产成品,因此,计算确定在产品评估值,可以在计算产成品重置成本基础上,按在产品完工程度计算确定在产品评估值。计算公式为:

$$\text{在产品评估价值} = \text{产成品重置成本} \times \text{在产品约当量}$$
$$\text{在产品约当量} = \text{在产品数量} \times \text{在产品完工率}$$

【例 5-4】 在评估时,某企业有在产品 20 件,材料随生产过程陆续投入。已知这批在产品的材料投入量为 75%,完工程度为 60%,该产品的单位定额成本为:材料定额 3 800 元,工资定额为 400 元,费用定额为 620 元。

要求:确定该批在产品的评估价值。

解析:

在产品材料约当产量=20×75%=15(件)

在产品工资、费用约当产量=20×60%=12(件)

在产品评估值=15×3 800+12×(400+620)=69 240(元)

（二）采用市场法评估在产品的价值

市场法是按同类在产品和半成品的市价,扣除销售过程中预计发生的费用后计算评估值。这种方法适用于因产品下马,在产品不能进一步加工,只能对外销售情况下的评估。一般来说,如果在产品的通用性强,能用于产品配件更换或用于维修等情况下,其评估价值较高;若在产品属于很难通过市场出售或调剂出去的专用配件等,则只能按废料回收价格进行评估。所以,其评估公式有两个:

公式一:

$$\text{在产品评估价值}=\text{在产品实有数量}\times\text{市场可接受的不含税单价}-\text{预计销售过程中发生的费用}$$

公式二:

$$\text{某报废在产品评估值}=\text{可回收废料的重量}\times\text{单位重量现行的回收价格}$$

三、产成品和库存商品的评估

产成品及库存商品是指已完工入库和已完工并经过质量检验但尚未办理入库手续的产成品以及商品流通企业的库存商品等。对此类存货应依据其变现能力和市场可接受的价格进行评估,适用的方法有成本法和市场法。

（一）采用成本法评估产成品和库存商品的价值

采用成本法对生产及加工工业的产成品进行评估,主要根据生产、制造该项产成品全过程中发生的成本费用确定评估值。具体有两种方法:

1. 评估基准日与产成品完工时间接近

当评估基准日与产成品完工时间较接近,产成品成本变化不大时,可以直接按产成品的账面成本确定其评估值。计算公式为:

$$\text{产成品评估价值}=\text{产成品数量}\times\text{产成品账面单位成本}$$

2. 评估基准日与产成品完工时间间隔较长

当评估基准日与产成品完工时间相距较远时,产成品的成本费用变化较大,产成品评估值有下列两种计算方法:

$$\begin{array}{l} \text{产成品} \\ \text{评估价值} \end{array} = \begin{array}{l} \text{产成品} \\ \text{实有数量} \end{array} \times \left(\begin{array}{l} \text{合理材料} \\ \text{工艺定额} \end{array} \times \begin{array}{l} \text{单位材料} \\ \text{现行市价} \end{array} + \begin{array}{l} \text{合理工} \\ \text{时定额} \end{array} \times \begin{array}{l} \text{单位小时合理} \\ \text{工资、费用} \end{array} \right)$$

或：

$$\begin{array}{l} \text{产成品} \\ \text{评估值} \end{array} = \begin{array}{l} \text{产成品} \\ \text{实际成本} \end{array} \times \left(\begin{array}{l} \text{材料成} \\ \text{本比率} \end{array} \times \begin{array}{l} \text{材料综合} \\ \text{调整系数} \end{array} + \begin{array}{l} \text{工资费用} \\ \text{成本比率} \end{array} \times \begin{array}{l} \text{工资费用综} \\ \text{合调整系数} \end{array} \right)$$

【例 5-5】 某企业产成品实有数量 60 台,每台实际成本 58 元。根据会计核算资料,生产该产品的材料费用与工资、其他费用的比例为 6∶4,根据目前价格变动情况和其他相关资料,确定材料综合调整系数为 1.15,工资、费用综合调整系数为 1.02。

要求:计算该产成品的评估值。

解析:

产成品评估值＝60×58×(60％×1.15＋40％×1.02)＝3 821.04(元)

（二）采用市场法评估产成品和库存商品的价值

市场法是指按不含税的可接受市场价格,扣除相关费用后计算被评估库存商品评估值的方法。在用市场法时应注意以下几点:

（1）产成品的使用价值。评估人员要对产品本身的技术水平和内在质量进行鉴定,明确产品的使用价值及技术等级,进而确定合理的市场价格。

（2）分析产品的市场供求关系和被评估产品的前景。这样也有利于产品市场价格的合理确定。

（3）市场价格的选择应以公开市场上形成的产品近期交易价格为准,非正常交易情况下的交易价格不能作为评估的依据。

（4）对于产成品的实体性损耗,如表面的残缺等可以据其损坏程度,确定适当的调整系数来进行调整。

另外,采用市场法评估时,市场价格中包含了成本、税金、利润的因素,对这部分利润和税金的处理应视产成品评估的不同目的和评估性质而定。如果产成品的评估是为了销售,应直接以现行的市场价格作为评估值,不需要考虑是否扣除销售费用和税金的问题;如果产成品的评估是为了投资等,由于产成品在新的企业中以市价销售后,流转税金和所得税等都要流出企业,追加的销售费用也应得到补偿。因此,在这种情况下,应从市价中扣除各种税金作为产成品的评估价值。

第三节　货币类、债权类及其他流动资产评估

一、货币类流动资产评估

（一）库存现金、银行存款的评估

资产评估主要是对非货币性资产而言,货币性资产不会因时间的变化而发生差异,因

此严格地讲,不存在货币性资产的评估。所谓对货币性资产的评估,尤其是对库存现金、银行存款的评估,主要是对数额的清查确认。具体来说,要对现金进行盘点,并与现金日记账和现金总账核对,实现账实相符;对银行存款要进行函证,核实其实有数额,并注意企业编制的银行存款调节表是否准确。总之,评估时要以核实后的实有数额作为评估值,如有外汇存款,应按评估基准日的国家外汇牌价折算成人民币计算。

（二）交易性金融资产的评估

企业为了利用正常营运中暂时多余的资金,会购入一些可随时变现的有价证券,一定程度上提高资金的使用效益。在证券市场上公开交易的有价证券,可按评估基准日的收盘价计算确定评估值;不能公开交易的有价证券,可按其本金加持有期利息计算评估值。

二、应收账款和预付账款的评估

由于应收账款存在一定的回收风险,因此评估时需要在清查核实应收账款数额的基础上,判断估计可能的坏账损失,然后再确定应收账款的评估值。基本计算公式为:

应收账款评估值＝应收账款账面余额－已确定的坏账损失－预计可能发生的坏账损失

（一）确定应收账款账面余额

确定应收账款账面余额,一般采用账证表核对、函证、抽查凭证等方法,查明每项款项发生的时间、发生的经济事项和原因、债务人的基本情况(信用和偿还能力),作为评估预计风险损失的依据。评估时可根据债权资产内容进行分类,即将外部债权、机构内部独立核算单位之间往来票据及其他债权分成三类,并根据其特点及内容,采取不同方法进行核实。

（二）确认已确定的坏账损失

已确定的坏账损失是指评估时债务人已经死亡或破产倒闭而确实无法收回的应收账款。对于已确定坏账损失,应严格按有关规定进行处理,从应收账款评估值中扣除。符合下列条件之一的,应确认坏账损失:

(1) 债务人死亡,以其遗产清偿后仍无法收回的应收账款。

(2) 债务人破产,以其破产财产清偿后仍无法收回的应收账款。

(3) 债务人在较长时间(如超过 3 年)内未履行其偿债义务,并有足够证据表明无法收回或收回的可能性极小。

(4) 与债务人达成债务重组协议或法院批准破产重整计划后,无法追偿的。

(5) 因自然灾害、战争等不可抗力导致无法收回的。

（三）预计可能发生的坏账损失

预计可能发生的坏账损失应该根据应收账款回收的可能性进行判断。预计坏账损失的方法有：

1. 定性分析方法

一般来说，确定可能发生的坏账损失，首先根据企业与债务人的业务往来和债务人的信用情况，将应收款项分类，然后按分类情况估计坏账损失发生的可能性及其数额。

（1）业务往来较多，对方结算信用好。这类应收账款一般能够如期全部收回。

（2）业务往来少，结算信用一般。这类应收账款收回的可能性很大，但回收时间不确定。

（3）一次性业务往来，信用情况不太清楚。这类应收账款可能只可收回一部分。

（4）长期拖欠或对方单位被撤销。这类应收账款可能无法收回。

2. 定量分析方法

（1）**坏账比例法**。坏账比例法是按坏账比例判断不可回收的坏账损失的数额。坏账比例的确定，可以根据被评估企业前若干年（一般为 3～5 年）的实际坏账损失额与其应收账款发生额的比例确定。计算公式为：

坏账比例＝评估前若干年发生的坏账数额÷评估前若干年应收账款余额×100%
坏账损失＝核实后的应收账款数额×坏账比例

（2）账龄分析法。账龄分析法是按应收账款拖欠时间的长短，分析判断可收回的金额和产生坏账的可能性。一般来说，应收账款账龄越长，坏账损失的可能性越大。因此，可将应收账款按账龄长短分成几组，按组估计坏账损失的可能性，进而计算坏账损失的金额。

【例 5-6】 某企业以 2019 年 12 月 31 日为评估基准日，经核实其应收账款的实有数额为 35 000 元，具体账龄分析如表 5-1 所示。

表 5-1 账龄分析表

拖欠时间	应收金额/元	估计坏账损失率	坏账损失额/元	备 注
未到期	18 000	1%	180	
过期 3 个月	10 000	3%	300	
过期半年	4 350	10%	435	
过期 1 年	1 000	20%	200	
过期 2 年	1 650	50%	825	
合 计	35 000		1 940	

要求：根据表 5-1，确定应收账款评估值。

解析：

应收账款评估值＝35 000－1 940＝33 060（元）

值得注意的是,应收账款评估以后,"坏账准备"账户应按零值计算,因为"坏账准备"账户是应收账款的备抵账户,是企业根据坏账损失发生的可能性采用一定的方法计提的。对应收账款评估时,是按照实际可收回的可能性进行的。因此,应收账款评估值就不必再考虑坏账准备数额了。

三、应收票据的评估

应收票据是由付款人或收款人签发、由付款人承兑、到期无条件付款的一种书面凭证。应收票据按承兑人不同分为商业承兑汇票和银行承兑汇票,按其是否带息分为带息商业汇票和不带息商业汇票。商业汇票可依法背书转让,也可以向银行申请贴现。

(一)不带息票据的评估

不带息票据的评估值即为票面金额。

(二)带息票据的评估

带息票据的评估值除票据面值外,还包括票据利息。具体评估方法有两种:

1. 按本金加利息确定

应收票据的评估价值为票据的面值加上应计的利息。计算公式为:

$$应收票据评估值＝本金×(1＋利息率×时间)$$

【例 5-7】 某企业拥有一张期限为 6 个月的票据,本金 75 万元,月息为 10‰,截至评估基准日离付款期尚有一个半月。

要求:确定应收票据评估值。

解析:

$$应收票据评估值＝75×(1＋10‰×4.5)＝78.375(万元)$$

2. 按应收票据的贴现值确定

按应收票据的贴现值计算法是指对企业拥有的尚未到期的票据,按评估基准日到银行可获得的贴现值计算确定评估值。计算公式为:

$$应收票据评估值＝票据到期价值－贴现息$$

式中:

$$贴现息＝票据到期价值×贴现率×贴现期$$

【例 5-8】 某企业向甲企业出售一批材料,价款 500 万元,商定 6 个月收款,采取商业承兑汇票结算。该企业于 4 月 10 日开出汇票,并经甲企业承兑。汇票到期日为 10 月 10 日。现对该企业进行评估,评估基准日为 6 月 10 日。由此确定贴现日期为 120 天,贴现率按月息 6‰计算。

要求:按贴现值计算确定应收票据的评估值。

解析：

$$贴现息＝500×120×(6‰/30)＝12(万元)$$
$$应收票据评估值＝500－12＝488(万元)$$

与应收账款类似，如果被评估的应收票据是在规定的时间尚未收回的票据，由于会计处理上将不能如期收回的应收票据转入应收账款账户，此时，按应收账款的评估方法进行价值评估。

四、待摊费用和预付费用的评估

（一）待摊费用的评估

待摊费用是指企业已经支付或发生，但应由本月和以后月份负担的费用。待摊费用本身不是资产，它是已耗用资产的反映。因此，待摊费用的评估，原则上应按其形成的具体资产价值来确定。

例如，某企业待摊费用中，发生的待摊修理费用3万元，而在机器设备评估时，由于发生大修理费用会延长机器设备寿命或增加其功能，使机器设备评估值增大。因此，待摊费用3万元已在机器设备价值中得以体现，而在待摊费用中就不应重复体现。

（二）预付费用的评估

预付费用的评估主要依据其未来可产生效益的时间。如果预付费用的效益已在评估基准日前全部体现，只因发生的数额过大而采用分期摊销的办法，这种预付费用不应在评估中作价。只有那些在评估基准日之后仍将发挥作用的预付费用，才是评估的对象。

【例5-9】 某企业评估基准日为2020年6月30日。经核实发现评估基准日预付费用情况如下：预付1年的保险金60万元；尚待摊销的低值易耗品余额为15万元；预付的房租45万元，租期为5年，尚有3年的使用权。

解析：

评估过程如下：

(1) 预付保险金的评估。根据保险金全年支付金额计算每月的分摊数额为：

$$分摊数额＝60÷12＝5(万元)$$
$$保险金评估值＝5×6＝30(万元)$$

(2) 低值易耗品的评估。低值易耗品根据实有数量和现行市场价格，确定其评估值为14万元。

(3) 房屋租金的评估。按总租金数额和合约规定的租期，每年的租金为9万元，房屋的租期还有3年。

$$房租评估值＝9×3＝27(万元)$$

该企业在评估基准日的待摊和预付费用的评估值＝30＋14＋27＝71(万元)

本章小结

　　流动资产具有周转速度快、变现能力强、形态多样化、波动性等特点。流动资产评估的特点为:评估对象是单项资产;评估基准时间确定具有特殊性;评估操作须分清主次,掌握重点;账面价值基本可以反映现值。

　　流动资产评估包括实物类流动资产、债权类流动资产、货币类流动资产和其他流动资产。

　　实物类流动资产主要包括各种材料、在产品、产成品、库存商品和低值易耗品等,是流动资产中的主要组成部分。评估时主要采用成本法和市场法。

　　债权类流动资产包括应收及预付账款、应收票据等。对应收及预付账款的评估,应当在对各种应收及预付账款进行核实的基础上,以每笔款项可变现收回的货币额确定评估值。对企业应收票据的评估,应考虑票据是否到期和是否带息,采取不同的评估方法。

　　货币类流动资产包括现金和银行存款的评估。主要是对数额的清查确认,以核实后的现金和银行存款实有数额作为评估值。交易性金融资产的评估方法主要视金融资产的变现方式而定。

　　其他流动资产包括待摊费用和预付费用的评估。待摊费用的评估对象是费用支出形式的资产和权利,这些资产和权利的价值就是待摊费用的评估值。预付费用的评估是对未来可取的权利和服务的价值进行评估。

思 考 题

　　1. 流动资产评估的特点有哪些?

　　2. 流动资产评估程序是什么?

　　3. 如何根据流动资产的评估目的,确定评估结果的价值类型?

　　4. 待摊费用的评估应该注意哪些问题?

　　5. 如何评估应收账款及预付账款的价值?

练 习 题

一、单项选择题

　　1. 交易性金融资产属于流动资产中的(　　　　)。

　　A. 货币类流动资产　　　　　　　　B. 实物类流动资产

　　C. 债权类流动资产　　　　　　　　D. 其他流动资产

2. 流动资产评估中对功能性贬值（　　　）。

A. 不考虑　　　　　B. 必须考虑　　　　C. 考虑一部分　　　　D. 必要时考虑

3. 对外币存款应按（　　　）折算。

A. 入账汇率　　　　　　　　　　　　　　B. 当月平均汇率

C. 评估基准日汇率　　　　　　　　　　　D. 当年平均汇率

4. 企业一张期限 6 个月的商业汇票，本金 100 万元，月息 6‰，截至评估基准日离付款期还有 4 个月。按本利和计算其评估值最可能为（　　　）万元。

A. 102.4　　　　　B. 101.2　　　　　C. 106　　　　　D. 100.6

5. 某项低值易耗品原值 1 000 元，预计使用 1 年，已使用 8 个月，现行市价为 1 200 元。其评估值最可能为（　　　）元。

A. 400　　　　　B. 330　　　　　C. 960　　　　　D. 750

6. 评估流动资产时有时会考虑其（　　　）。

A. 经济性贬值　　　　B. 功能性贬值　　　　C. 实体性贬值　　　　D. 各种贬值

7. 确定应收账款评估值的基本公式是：应收账款评估值＝（　　　）。

A. 应收账款账面余额－已确认坏账损失－预计坏账损失

B. 应收账款账面余额－坏账准备－预计坏账损失

C. 应收账款账面余额－已确认坏账损失－坏账损失

D. 应收账款账面余额－坏账准备－坏账损失

8. 一般来说，应收账款评估后，账面上的"坏账准备"账户应为（　　　）。

A. 零　　　　　　　　　　　　　　　　　B. 应收账款的 3‰～5‰

C. 按账龄分析确定　　　　　　　　　　　D. 评估确定的坏账数字

9. 某企业 3 月初预付 6 个月的房屋租金 90 万元，当年 5 月 1 日对该企业评估时，该预付费用评估值为（　　　）万元。

A. 35　　　　　B. 60　　　　　C. 45　　　　　D. 30

10. 某企业有一期限为 10 个月的应收票据，本金为 500 000 元，月利率为 1％，截至评估基准日，离付款期尚差 3 个半月的时间，则该应收票据的评估值为（　　　）元。

A. 532 500　　　　　B. 500 000　　　　　C. 517 500　　　　　D. 523 500

11. 被评估企业 2018 年 5 月购进 1 000 千克 A 材料，单价为 100 元，2019 年 3 月购进 200 千克 A 材料，单价为 110 元，企业按先进先出法计价，2019 年 10 月对该批材料进行评估，当时该企业尚存 A 材料 1 500 千克，当时的市场价格为每千克 120 元，该批 A 材料的评估值最接近于（　　　）。

A. 165 000 元　　　　　B. 150 000 元　　　　　C. 157 500 元　　　　　D. 180 000 元

12. 某企业进行整体资产评估，经核实，截至评估基准日应收账款的账面余额为 500 万元，坏账准备 50 万元，企业前 5 年坏账比例为 10％。若不再考虑其他因素，则应收账款评估值为（　　　）万元。

A. 500　　　　　B. 450　　　　　C. 405　　　　　D. 400

13. 甲公司委托评估的应收款项账面原值 5 000 元,坏账准备 500 元,净值 4 500 元。评估时确定其回收风险损失率 20%,审计机构确定的坏账准备为 800 元,该应收款项的评估值接近于( )元。

A. 3 600 B. 3 700 C. 4 000 D. 4 500

14. 评估人员对某企业的库存甲材料进行评估,被评估甲材料共分三批购入。第一批购入 100 吨,材料价款共计 320 000 元,运输费用 1 500 元;第二批购入 100 吨,材料价款共计 350 000 元,运输费用 2 000 元;第三批于评估基准日当天购入,数量为 150 吨,材料价款 510 000 元,运输费用 3 300 元。经清查,评估基准日企业库存甲材料 200 吨且保存完好,则该企业甲材料的评估值最接近于( )元。

A. 677 219 B. 684 400 C. 689 300 D. 691 340

15. 某企业产成品实有数量为 1 500 件,合理材料工艺定额为 600 千克/件,合理工时定额为 20 小时/件。因为评估基准日与产成品完工时间间隔较长,评估时,生产该产成品的材料价格由原来的 50 元/千克涨至 60 元/千克,单位小时合理工时工资、费用也由 15 元/小时涨至 20 元/小时。采用成本法评估时,该企业产成品评估值为( )万元。

A. 5 460 B. 4 560 C. 4 545 D. 5 445

二、多项选择题

1. 流动资产的特点有( )。

A. 周转速度快 B. 变现能力强

C. 存在形态多样化 D. 收益稳定

2. 确定可能发生的坏账的方法主要有( )。

A. ABC 分析法 B. 坏账准备金法

C. 账龄分析法 D. 坏账比例法

3. 流动资产评估中实体贬值因素有可能出现在( )。

A. 低值易耗品 B. 应收账款

C. 呆滞积压物资 D. 应收票据

4. 在产品的评估一般可以采用( )。

A. 成本法 B. 市场法

C. 收益法 D. 清算价格法

5. 在预付费用的评估中,正确的说法有( )。

A. 预付费用在评估基准日前已支付,但评估基准日后才能产生效益的价值,才能成为预付费用的评估值

B. 预付费用在评估基准日前已支付,其产生的效益在评估基准日前已全部体现的,预付费用评估值为零

C. 预付费用的评估应按核实后实际支付值为其评估值

D. 对评估基准日前已经支付的预付费用的评估,应区别其在评估基准日之前和之后发生效益的情况,分别按零值和预留值(评估值)进行评定

6. 对应收账款进行评估时,应进行的工作包括(　　　　)。

A. 确定应收账款账面余额　　　　　B. 确定应收账款的发生时间

C. 确认已确定的坏账损失　　　　　D. 确定应收账款的拖欠时间

E. 确定预计坏账损失

7. 下列属于债权类流动资产的有(　　　　)。

A. 应收账款　　　　　　　　　　　B. 现金

C. 各项存款　　　　　　　　　　　D. 应收票据

E. 预付账款

8. 在对存货进行评估时,能够对存货评估结果产生影响的数据资料有(　　　　)。

A. 存货的实际数量　　　　　　　　B. 存货的入账数量

C. 存货在评估基准日的市场价格　　D. 存货的计价方法

9. 下列关于材料评估的说法中,正确的有(　　　　)。

A. 近期购进库存材料,可以采用成本法,也可以采用市场法

B. 购进批次间隔时间长、价格变化大的库存材料评估,采用最接近市场价格的材料
价格或直接以市场价格作为其评估值

C. 购进时间早,市场已经脱销,没有准确市场现价的库存材料评估,可以通过寻找替
代品的价格变动资料来修正材料价格

D. 呆滞材料的评估,首先应对其数量和质量进行核实和鉴定,然后区分不同情况进
行评估

10. 下列各项中,属于流动资产评估对象的有(　　　　)。

A. 交易性金融资产　　　　　　　　B. 应付账款

C. 预付账款　　　　　　　　　　　D. 其他货币资金

三、计算题

1. 某企业对库存的一种燃料进行评估,库存量为 50 吨。经现场技术鉴定,没有发生
质量变化,仍能满足生产需要,只是保管中自然损耗 1%。根据市场调查,得知该燃料近
期市场交易价格为每吨 4 000 元,每吨运费 100 元,整理入库费为每吨 40 元。

要求:根据以上资料确定该种燃料的评估值。

2. 某企业在联营过程中,对其某一工序上的在制品进行评估,该工序在制品实有数量
为 5 000 件。根据行业平均定量标准资料得知,该在制品该工序单件材料定额为 10 千
克/件,该工序单件工时定额为 5 小时。经过市场调查得知,该在制品耗用材料的近期市
场价格为 10 元/千克,且相同工种正常小时工资为 6 元/小时。

要求:确定该在制品的评估值。

3. 对某公司的应收账款进行评估。经查明,未到期的有 50 万元,拖欠 1 年以内的有
20 万元,拖欠 1~2 年的有 17 万元,拖欠 2 年以上的有 8 万元。根据企业的历史资料和经
营经验,确定坏账比例如下:未到期的坏账率为 1%,拖欠 1 年以内的坏账率为 10%,拖欠
1~2 年的坏账率为 20%,拖欠 2 年以上的坏账率 30%。预计收款费用 1 万元。

要求:评估应收账款的价值。

4. 某企业截至评估基准日预付费用账面余额为 76 200 元,各具体项目的发生情况与内容如下:

(1) 年初预付 1 年期的财产保险金 48 000 元,账面已摊销 14 800 元,账面余额 33 200 元,评估基准日距年终尚有 5 个月。

(2) 预付 3 年设备租金 60 000 元,账面已摊销 20 000 元,账面余额 40 000 元,评估基准日距设备租约期满尚有 1.5 年。

(3) 以前年度应转而来结转的费用 3 000 元。

要求:根据上述资料,确定该企业基准日的预付费用评估值。

第六章　机器设备评估

学习目标与要求

学习内容	学习目标	重要程度	学习难度
1. 机器设备的概念、特点、分类	了解	☆	☆
2. 机器设备评估的特点、具体程序	理解	☆☆	☆☆
3. 机器设备评估的成本法	掌握	☆☆☆☆☆	☆☆☆☆☆
4. 机器设备评估的市场法	熟悉	☆☆☆	☆☆
5. 机器设备评估的收益法	理解	☆☆	☆☆

【法规链接】

中评协关于印发《资产评估执业准则——机器设备》的通知

第一节　机器设备评估概述

一、机器设备的概念和特点

（一）机器设备的概念

在资产评估里,机器设备是指纳入固定资产管理范围的机器、设备、仪器、工具和器皿等。国际评估准则对机器设备的有关定义如下:设备、机器和装备是用来为所有者提供收益的、不动产以外的有形资产。设备是包括特殊性的非永久性建筑物、机器和仪器在内的组合资产;机器包括单独的机器和机器的组合,是指使用或应用机械动力的器械装置,由具有特定功能的几部分组成,组合起来用以完成一定的工作;装备是用以支持企业功能的附属性资产。

> 【提示】
> 我国的《资产评估执业准则——机器设备》对机器设备的定义为:人类利用机械原理以及其他科学原理制造的、特定主体拥有或者控制的有形资产,包括机器、仪器、器械、装置、附属的特殊建筑物等。

（二）机器设备的特点

1. 单位价值大，使用年限长，流动性差

机器设备都是在一定价值以上的生产资料，在企业资产价值中占的比重较大。机器设备在企业生产经营中长期发挥作用，反复地进入生产过程，实体状态和功能都在发生变化。另外，机器设备虽属于动产类资产，但相对于流动资产来说，其流动性较差，尤其是某些大型的、专用的、高精尖的设备，在价值评估时较难获得公开的市场价值。因此，要求资产评估专业人员充分认识其功能的适用性和可能的风险性。

2. 工程技术性强，专业门类多，分布广

机器设备种类繁多，情况复杂，分布在各行各业，而且工程技术性很强。因此，在评估时，不能仅仅靠资产评估专业人员的观察，还要借助于一定的工具或手段对机器设备进行技术检测，以正确确定其寿命期限及贬值程度，保证评估结果更准确。

3. 价值补偿和实物补偿不同时进行

机器设备属于固定资产，其价值补偿是通过分期提取折旧抵减收益来实现的；其实物补偿则是在机器设备寿命终结更换新设备或通过对原有设备改造、翻新一次性完成的。因此，在评估中，不能单纯依据机器设备价值的转移程度来确定成新率，还应该注意机器设备的维修情况、使用情况以及保养情况。

4. 价值和使用价值并非一成不变，贬值和增值具有同发性

机器设备在使用过程中会产生有形贬值和无形贬值，这都会使机器设备的价值量降低。同时，技术改造会提高机器设备性能，实现内涵的扩大再生产，则资产会产生增值。

二、机器设备的分类

为了设计、制造、使用及管理工作的方便，我们按不同的需要、不同的目的对机器设备进行分类。

（1）按固定资产分类标准，可分为通用设备，专用设备，交通运输设备，电气设备，电子及通信设备，仪器仪表、计量标准器具及量具、衡器，文艺体育设备。

（2）按现行会计制度规定，可分为生产机器设备、非生产机器设备、租出机器设备、未使用机器设备、不需用机器设备和租入使用权机器设备。

（3）按机器设备的组合程度，可分为单台设备、机组和成套设备。单台设备是独立的一台或一件设备；机组如组合机床、柴油发电机组等；成套设备是由若干不同设备按生产工艺过程，依次排序联结，形成的一个完成全部或主要生产过程的机器体系，如合成氨成套设备、胶合板生产线等。

（4）按机器设备的取得方式，可分为自制设备和外购设备。其中，外购设备又可以分为国内购置和国外引进设备。

机器设备的分类方式还有许多种,不再一一列举。但要注意,这些分类方式并不是独立的,各种分类之间可以有不同程度的联系。例如,外购的机器设备可能是通用设备,也可能是专用设备,还可能是进口设备或国内购买设备。

三、机器设备评估的特点

(一)以单台或单件设备为评估对象,评估工作量大

由于机器设备数量多、单价高、规格复杂、情况各异,所以机器设备评估以单台、单件为对象,以保证评估的真实性和准确性。这样,无形中就增加了评估的工作量。

(二)以技术检测为基础

由于机器设备分布在各行各业,情况千差万别,而机器设备的技术性又很强,因此,往往需要通过技术检测的手段来确定机器设备的损耗程度。

(三)注重机器设备的价值构成

机器设备的价值构成相对来说比较复杂,依据机器设备的来源途径不同,其价值构成也不相同。一般来讲,国内购买的机器设备价值中,应包括买价、运杂费、安装调试费等;进口的机器设备价值中,则应包括买价、国外运输费、国外保险费、增值税、关税、国内的运杂费、安装调试费等。因此,在评估机器设备时,尤其是采用成本法评估时,掌握其价值构成尤为重要。

(四)注意与土地、房屋建筑物的不可分割性

机器设备与土地、房屋建筑物以及构筑物有不可分离的必然联系,在评估时必须明确区分,以防止漏评和重评。比如,电梯、水、电、气、通信设备;又如,大型机器设备的构筑物基础。一般情况下,简易的基础可以包含在机器设备的价值中评估,大型的构筑物基础作为单独的构筑物评估。

(五)机器设备无形贬值因素复杂

除实体性贬值外,机器设备往往存在功能性贬值和经济性贬值。必须把握机器设备的价值特点,包括对其价值构成要素及其变化规律的把握。

四、机器设备评估基本程序中的实务要点

在资产评估中,机器设备是重点的评估对象,而且机器设备本身很复杂。为此,应该分步骤、分阶段地评估机器设备。具体包括以下几个阶段。

(一)评估准备阶段

在签订了资产评估业务委托合同以后,具体实施资产评估工作之前,应该着手做好资产评估的准备工作。

1. 指导委托人做好准备工作,填写准备资料

资产评估专业人员应指导委托人根据评估操作的要求**填写被评估机器设备明细表,对被评估机器设备进行自查和盘盈、盘亏事项的调整**,机器设备产权资料及有关经济技术资料的准备等。

2. 广泛收集相关数据资料,并进行整理

应收集的数据资料主要包括:

(1) **机器设备的产权资料**。即证明机器设备权属的资料,如购置发票、合同、报关单等。资产评估专业人员应当关注机器设备的权属,要求委托人或者相关当事方对机器设备的权属做出承诺。资产评估专业人员应当对机器设备的权属相关资料进行必要的查验。

(2) **机器设备使用情况的资料**。如设备的生产厂家、规格型号、购置时间、利用率、产品产量、产品质量、大修及技术改造情况等。

(3) **机器设备实际存在数量的资料**。通过清查盘点及审核固定资产明细账和设备卡片,核实设备实际存在数量。

(4) **价格资料**。如机器设备原值、折旧、净值、现行市价、可比参照物的价格以及有关价格的文件和价格指数等。此外,还应关注机器设备是否有抵押、担保、租赁及诉讼等情况。对产权受到某种限制的机器设备,应另行造册,在资产评估报告中进行披露。

3. 制定评估方案

分析研究委托人提供的资料,明确评估重点和清查重点,制定评估方案,落实具体资产评估专业人员,设计评估路线。

(二) 现场工作阶段

现场工作阶段是机器设备评估的重点,主要是对机器设备进行清查核实和技术鉴定,以判断其成新率以及其损耗情况等。工作内容主要包括以下方面:

1. 逐件清查核实被评估的机器设备

这是机器设备评估现场工作阶段的首要工作,以核实后的设备作为评估对象,从而确保评估对象真实可靠。根据被评估单位的设备管理状况,以及被评估机器设备的数量多少和价值高低,可以采用全面清查、重点清查和抽样清查三种方法进行清查核实。一般来讲,价值大的设备适用于全面清查,价值低且数量多的设备适用于抽样清查,资产评估专业人员需要根据实际情况具体确定。

2. 对被评估的机器设备进行分类

为了突出重点,提高工作效率,有必要对机器设备进行分类。一般的分类方法有两种:一种是按机器设备的重要性划分,如 ABC 分类法。这种方法把单位价值大、生产上关键的重要机器设备归为 A 类,比如 5 万元以上的机器设备;把单位价值小且数量较多的机器设备归为 C 类,比如 5 000 元以下的机器设备;把介于 A 类与 C 类之间的机器设备归为 B 类,比如 5 000 元以上 5 万元以下的机器设备。在资产评估中,应根据需要对三类机器设备采用不同的资产评估方法。另一种是按机器设备的性质划分,如可分为通用机器设备和专用机器设备。这样可以有效地收集数据资料,合理地分配资产评估专业人员。

3. 对被评估的机器设备进行鉴定

对被评估的机器设备进行鉴定是现场工作阶段的重点,资产评估专业人员通常可以通过现场观察,利用机器设备使用单位所提供的技术档案、检测报告、运行记录等历史资料,利用专业机构的检测结果,对机器设备的技术状态做出判断。必要时,可以聘请专业机构对机器设备进行技术鉴定。具体鉴定包括:

(1) **对机器设备技术状况的鉴定。**主要是对机器设备满足生产工艺的程度、生产精度和废品率以及各种消耗和污染情况的鉴定,判断机器设备是否有技术性贬值和功能性落后存在。

(2) **对机器设备使用情况的鉴定。**主要了解机器设备是在用状态还是闲置状态、使用时的机器设备运行参数、故障率、零配件保证率、设备闲置的原因和维护情况等。

(3) **对机器设备质量的鉴定。**主要了解机器设备的制造质量、机器设备所处环境条件对机器设备质量的影响、机器设备现时的完整性、外观和内部结构情况等。

(4) **对机器设备磨损程度的鉴定。**主要了解和掌握机器设备的物质性损耗,如锈蚀、精度下降、疲劳损伤、材料老化等。

此外,在整个现场工作过程中,还要了解机器设备的相关辅助设施,如基座、连接的工艺管道、自动控制装置的价值是否包含在机器设备价值中。

总之,现场工作收集到的是第一手资料,必须有完整的工作记录,特别是机器设备的鉴定工作更要有详细的鉴定记录。这些记录是机器设备价值评估的重要数据来源,也是资产评估工作底稿的重要组成内容。

(三) 评定估算阶段

评定估算阶段,应做好以下工作:

(1) 资产评估专业人员应当分析成本法、市场法和收益法三种资产评估基本方法的适用性,选择适当的评估方法。

专业人员运用成本法评估机器设备时,应当明确机器设备的重置成本包括购置或者购建设备所发生的必要的、合理的成本、利润和相关税费等;明确重置成本是更新重置成本还是复原重置成本,并应当优先选用更新重置成本;了解机器设备的实体性贬值、功能性贬值和经济性贬值,以及可能引起机器设备贬值的各种因素,采用科学的方法,合理估算各种贬值;了解对具有独立运营能力或者独立获利能力的机器设备组合进行评估时,成本法一般不应当作为唯一使用的评估方法。

专业人员运用市场法评估机器设备时,应当明确活跃的市场是运用市场法评估机器设备的前提条件,考虑市场是否能够提供足够数量的可比资产的销售数据,以及数据的可靠性;明确参照物与评估对象具有相似性和可比性是运用市场法的基础,应当使用合理的方法对参照物与评估对象的差异进行调整;了解不同交易市场的价格水平可能存在差异。应当根据评估对象的具体情况,确定可以作为评估依据的合适的交易市场,或者对市场差异作出调整;明确拆除、运输、安装、调试等因素对评估结论的影响。

专业人员运用收益法评估机器设备时,应当明确收益法一般适用于具有独立获利能力或者获利能力可以量化的机器设备;合理确定收益期限、合理量化机器设备的未来收益;合理确定折现率。

(2)资产评估专业人员查询有关的可行性分析报告、设计报告、概预算报告、竣工报告、技术改造报告、重大设备运行和检验记录等,与机器设备管理和操作人员进行沟通,广泛地收集资料,以充分了解机器设备的历史和现状。

(3)资产评估专业人员查询有关法律法规,如机器设备进口环节的税收政策、环境保护法律法规、运输工具的报废标准等,以便在机器设备评估中考虑法律法规对评估价值的影响。

(4)对产权受到某种限制的机器设备,包括已抵押或作为担保物的机器设备,根据实际情况确定评估价值,无法确定评估价值的应在资产评估报告书中进行披露。对已提足折旧,但仍然使用的机器设备,应该按照正常情况进行评估计价。

(5)在整体资产评估中,专业人员还应与其他专业人员交流,及时处理机器设备与房屋建筑物、无形资产和存货等之间的界限问题,防止重评和漏评。

(6)选择合适的参数以确定评估结果,如有必要,应适当地调整评估结果,使其与评估目的和用途相适应。

(四)撰写资产评估报告阶段

评定估算过程结束后,应该整理资产评估工作底稿,并对资产评估结果进行分析评价,及时地撰写资产评估报告。机器设备评估结果汇总表如表 6-1 所示。

表 6-1　机器设备评估结果汇总表

评估基准日:

资产类别	账面值/万元	账面净值/万元	调整后净值/万元	评估值/万元	增值额/万元	增值率
专用设备						
普通设备						
运输设备						
……						

资产评估专业人员在编制机器设备评估报告时,应当反映机器设备的相关特点:

(1)对机器设备的描述一般包括物理特征、技术特征和经济特征,资产评估专业人员应当根据具体情况确定需要描述的内容。

（2）除了机器设备评估明细表,在机器设备评估报告中应当对评估对象的概况进行描述。

（3）对评估程序实施过程的描述,应当反映对设备的现场及市场调查、评定估算过程,说明设备的使用情况、维护保养情况、贬值情况等。

（4）在评估假设中明确机器设备是否改变用途、改变使用地点等。

（5）明确机器设备是否存在抵押及其他限制情况。

第二节　成本法在机器设备评估中的应用

成本法是机器设备评估中最广泛采用的方法。其基本思路是:首先确定机器设备的重置成本,然后再扣减机器设备的实体性贬值、功能性贬值和经济性贬值。具体公式为:

$$机器设备评估值＝重置成本－实体性贬值－功能性贬值－经济性贬值$$

$$＝重置成本×成新率－功能性贬值－经济性贬值$$

一、机器设备重置成本的估算

机器设备的重置成本可分为两种:复原重置成本和更新重置成本。复原重置成本是按现行的价格购买一台与被评估设备完全相同的设备的成本耗费;更新重置成本是按现行的价格购建一台与被评估设备效用相同的设备的成本耗费。复原重置成本一般用于评估机器设备的制造工艺、材料等与原来完全相同的情况。由于技术进步,机器设备的制造工艺、材料不断发展,有时按复原重置的方式估算复原重置成本是困难的,或是不合理的。如设备原来使用的材料已淘汰,目前在市场上无法得到这些材料,也没有办法确定它的成本;或者尽管可以对机器设备进行复原重置,但其成本要高于更新重置成本,而性能却低于更新重置方式建造的设备。在这些情况下,复原重置是没有意义的,一般使用更新重置成本。

评估时要确定机器设备的重置成本的内涵,也就是要确定机器设备的重置成本的构成及其数额。所以,首先要确定机器设备的重置成本的构成。

（一）机器设备重置成本的构成

机器设备的重置成本包括购置或建造设备所发生的必要的、合理的直接成本、间接成本和因资金占用所发生的资金成本。设备的直接成本一般包括设备本体重置成本、运杂费、安装费、基础费及其他合理成本。设备的间接成本一般包括管理费用、设计费、工程监理费、保险费等。直接成本与每一台设备有直接对应关系,间接成本和资金成本有时不能对应到每一台设备上,是为整个项目发生的,在计算每一台设备的重置成本时一般按比例摊入。

由于机器设备存在是外购的还是自制的、是国产的还是进口的、是单台(件)还是成套设备的区别,其重置成本的构成也不相同。具体有以下几种情况。

(1) **国内购买的单台设备。**国内购买的单台设备的重置成本应该包括评估基准日的购买价、运杂费、安装调试费等。

(2) **国外购买的单台设备。**国外购买的单台设备的重置成本应该包括:境外发生的成本,即离岸价;进口从属费用包括境外运杂费、境外保险费、进口关税、消费税、增值税、代理手续费、银行手续费、海关监管手续费和商检费等;境内发生的成本,即境内运杂费和安装调试费等。

(3) **外购成套需安装的设备。**外购成套设备是指由多台设备组成的,具有相对独立的生产能力和一定收益能力的生产装置。对于这种成套设备,重置成本可采用一般单台设备重置成本的估算方法,即先评估单台设备成本,再计算求和。但是,在实际操作中,一些属于整体性的费用就不一定能够计入单台设备的成本中,如整体的安装调试费、资金成本等,这些费用在评估时也要考虑进去。

(4) **车辆。**国内购买车辆的重置成本应该包括车辆价格、车辆购置税、国内运杂费和证照费;国外购买车辆的重置成本应该包括车辆价格(CIF 价)、进口关税、消费税、增值税、国内运杂费和证照费及车辆购置税。

(5) **自制非标准设备。**自制非标准设备的重置成本包括:①直接材料,包括设备制造所消耗的主、辅材料,外购件;②燃料和动力,指直接用于设备制造的外购和自制的燃料和动力费;③直接人工,指设备制造所直接消耗的人工的工资和福利费;④制造费用,包括生产单位管理人员的工资和福利费、折旧费、办公费、水电费、物料消耗费、劳动保护费、专用模具费、专用工具费等;⑤期间费用分摊,包括管理费用、财务费用、销售费用等;⑥利润和税金;⑦非标准设备设计费;⑧对制造、安装调试周期较长的,需考虑占用资金的资金成本。

(二)机器设备重置成本的估算

1.重置核算法

重置核算法也叫直接法,适合仍在生产和销售的机器设备的重置成本的估算。重置成本的估算应以市场价为基础,再加上运杂费和安装调试费。其中,市场价格资料的取得,可以采取直接向制造商或销售商询价,也可以从商家的价格表、正式出版的价格资料、广告、计算机网络上公开的价格信息等渠道获取。但是通过各种渠道获得的市场价格信息可能与设备的真实价格有一定的差异,资产评估专业人员应该注意以下四个问题:①市场价格的多样性。根据替代原则,同等条件下选择可获得的最低售价。②报价与成交价的区别。通过向近期购买该厂同类产品的其他客户了解实际成交价,以剔除报价水分。③折扣因素。资产评估专业人员应考虑销售商给大批量购买者的折扣因素对成交价的影响。④时间因素。资产评估专业人员应选择与评估基准日最近的交易价格来计算重置成本。

重置核算法具体的计算公式为:

(1) 国内购买的单台设备:

$$重置成本＝评估基准日的购买价＋运杂费＋安装调试费$$

(2) 国外购买的单台设备:

$$
\begin{aligned}
重置成本＝&(FOB价＋国外运杂费＋国外保险费)×评估基准日外汇汇率＋进口关税\\
&＋增值税＋消费税＋海关监管手续费＋银行及外贸手续费\\
&＋国内运杂费＋安装调试费\\
＝&CIF价×评估基准日外汇汇率＋进口关税＋增值税＋消费税\\
&＋海关监管手续费＋银行及外贸手续费＋国内运杂费＋安装调试费
\end{aligned}
$$

式中:FOB价为国外买价,也称离岸价;

CIF价由FOB价、国外运杂费、国外保险费组成,也称到岸价;

$$国外运杂费＝FOB价×运杂费率$$

$$国外保险费＝(FOB价＋国外运杂费)×保险费率$$

$$关税＝CIF价×关税税率$$

$$消费税＝(关税完税价格＋关税)÷(1－消费税税率)×消费税税率$$

$$增值税＝(关税完税价格＋关税＋消费税)×增值税税率$$

$$银行财务费用＝FOB价×费率$$

$$外贸手续费＝CIF价×费率$$

$$海关监管手续费＝CIF价×费率$$

$$国内运杂费＝CIF价×进口设备国内运杂费率$$

$$安装调试费＝CIF价×进口设备安装调试费率$$

(3) 外购成套需安装的设备:

$$
\begin{aligned}
重置成本＝&单台未安装进口设备重置成本的和＋单台未安装国产设备重置成本的和\\
&＋工器具重置成本＋安装工程费＋工程监理费＋安装调试费\\
&＋设计费＋资金成本
\end{aligned}
$$

(4) 车辆:

$$国内购买车辆的重置成本＝车辆价格＋车辆购置税＋国内运杂费＋证照费$$

$$
\begin{aligned}
国外购买车辆的重置成本＝&车辆价格(CIF价)＋进口关税＋消费税＋增值税\\
&＋国内运杂费＋证照费＋车辆购置税
\end{aligned}
$$

式中: $$车辆购置税＝(CIF价＋关税＋消费税)×税率$$

【例6-1】 某企业2013年购建的一台设备,账面原值135 000元。2019年进行评估,经市场询价,设备的市场价为136 000元,运杂费600元,安装调试费1 200元。

要求:计算该设备的重置成本。

解析：
$$重置成本=136\,000+600+1\,200=137\,800(元)$$

【例6-2】 2019年年底评估某合资企业的一台进口气流纺机。该机2016年从德国某公司进口,进口合同中FOB价格是20万马克。已安装,正在使用。资产评估专业人员通过德国有关纺机厂商在国内的代理机构向德国生产厂家进行了询价,了解到当时德国已不再生产被评估的那种型号的气流纺机了,其替代产品是全面采用计算机控制的新型纺机,新型纺机的现行FOB报价为35万马克。针对这一情况,资产评估专业人员经与有关纺机专家共同分析研究报价和成交价格的差别及新型纺机与被评估气流纺机在技术性能上的差别,最后认为,按照通常情况,实际成交价应为报价的70%～90%。故按德方FOB报价的80%作为FOB成交价。针对新型纺机在技术性能上优于被评估的气流纺机,估测被评估气流纺机的现行FOB价格约为新型纺机FOB价格的70%,30%的贬值折扣主要是技术落后造成的。评估基准日德国马克对美元的汇率为1.71∶1,人民币对美元的汇率为6.89∶1。境外运杂费按FOB价格的5%计算,保险费按FOB价格的0.5%计算,关税与增值税因为符合合资企业优惠条件,予以免征。银行手续费按CIF价格的0.8%计算,国内运杂费按"CIF价格+银行手续费"的3%计算,安装调试费用包括在设备价格中,由德方派人安装调试,不必另付费用。由于该设备安装周期较短,故没有考虑利息因素。

解析：

根据上述分析及数据资料,被评估气流纺机的重置成本计算过程如下。

FOB价格$=35\times80\%\times70\%=19.6$(万马克)

FOB价格$=19.6\div1.71=11.46$(万美元)

境外运杂费$=11.46\times5\%=0.57$(万美元)

境外保险费$=11.46\times0.5\%=0.057$(万美元)

CIF价格$=$FOB价格$+$境外运杂费$+$境外保险费$=12.087$(万美元)

银行手续费用$=12.087\times0.8\%=0.097$(万美元)

国内运杂费$=(12.087+0.097)\times3\%=0.366$(万美元)

气流纺机的重置成本$=(12.087+0.097+0.366)\times689$

$=12.55$(万美元)$\times6.89=86.46$(万元)

2. 功能价值法

对于无法直接取得现行购置价或建造费用的机器设备,如果能够找到现有同类设备的市价、建造费用,或市价、建造费用、运杂费和安装调试费,就可采用功能价值法计算机器设备的更新重置成本。根据被评估机器设备的功能与成本的关系,功能价值法又分为生产能力比例法和规模经济效益指数法两种。

（1）当成本和功能呈线性关系时，计算公式为：

$$被评估设备重置成本 = 参照物重置成本 \times \left(被评估设备的生产能力 \div 参照物的生产能力 \right)$$

（2）当成本和功能呈指数关系时，计算公式为：

$$被评估设备重置成本 = 参照物重置成本 \times \left(被评估设备的生产能力 \div 参照物的生产能力 \right)^x$$

式中：x 为经验数据，称为规模经济效益指数。美国为 0.4～1，在机器设备评估中常取 0.6～0.7。

【例 6-3】 某企业 2016 年购建一套年产 50 万吨某产品的生产线，账面原值 1 000 万元。2020 年进行评估，评估时选择了一套与被评估生产线相似的生产线，该生产线 2019 年建成，年产同类产品 75 万吨，造价为 3 000 万元。经查询，该类生产线的规模效益指数为 0.7。

要求：根据被评估资产生产能力与参照物生产能力方面的差异，采用规模经济效益指数法计算被评估生产线 2019 年的重置成本。

解析：

$$重置成本 = 3\,000 \times (50/75)^{0.7} = 2\,258.69（万元）$$

以上计算的重置成本还需要调整到评估基准日的水平。由于无法获取评估基准日该生产线的价格指数，不能直接将 2019 年的重置成本调整为 2020 年评估基准日的重置成本。因此，将该生产线适当划分为主要装置、辅助生产装置、工艺管道、仪器仪表、建筑安装费和管理费 6 大项，并以被评估生产线原始成本中上述 6 项所占比重作为权数，对 2019 年至 2020 年上述 6 项的价格变动系数加权求取生产线价格调整系数。上述 6 项在生产线原始成本的比重为：主要装置 70%，辅助生产装置 5%，工艺管道 5%，仪器仪表 5%，建筑安装费 10%，管理费 5%。2019 年至 2020 年上述 6 项价格及费用变动率为：主要装置 5%，辅助生产装置 3%，工艺管道 10%，仪器仪表 2%，建筑安装费 15%，管理费 10%。所以，2020 年的重置成本为：

$$
\begin{aligned}
重置成本 &= 2\,259 \times (1 + 70\% \times 5\% + 5\% \times 3\% + 5\% \times 10\% + 5\% \times 2\% \\
&\quad + 10\% \times 15\% + 5\% \times 10\%) \\
&= 2\,259 \times (1 + 3.5\% + 0.15\% + 0.5\% + 0.1\% + 1.5\% + 0.5\%) \\
&= 2\,400（万元）
\end{aligned}
$$

3. 物价指数法

既无法直接取得机器设备现行购置价或建造成本，也无法获得同类设备的购置价或建造成本的，可以采取物价指数法计算其复原重置成本。但是技术进步速度较快、技术进步对价格影响较大的机器设备，不宜采用物价指数法。计算公式为：

重置成本＝设备账面原值×(评估时点定基价格指数÷资产购建时定基价格指数)

或：

重置成本＝设备账面原值×历年环比物价指数的乘积

🐢【例6-4】 某被评估设备2012年购进,账面原值10万元,2019年进行评估,2012年和2019年定基物价指数分别为109.6和143.2,2013年至2019年环比物价指数分别为119.7%、109.5%、106.3%、101.6%、98.1%、97%、97%。

要求:按两种物价指数计算设备购置费的重置成本。

解析:

① 用定基物价指数计算。

$$被评定资产重置成本 = 100\,000 \times \frac{143.2}{109.6} = 130\,656.93（元）$$

② 用环比物价指数计算。

$$\begin{aligned}被评估资产重置成本 = &100\,000 \times (119.7\% \times 109.5\% \times 106.3\% \times 101.6\%\\ &\times 98.1\% \times 97\% \times 97\%)\\ = &130\,661.52（元）\end{aligned}$$

结果取整为130 662元。

物价指数法简便易行,但在使用时,资产评估专业人员应注意以下问题:应使用设备的分类物价指数,避免使用综合物价指数;对设备重置成本的各个构成部分,如购置价、运杂费、安装费、基础费等,应采用各自的物价指数分别计算。进口设备,应使用设备生产国的分类物价指数,外汇和人民币要分别考虑;不同时期投入资金进行技术改造的设备,一般根据分类物价指数将不同时期投入的资金分别折算成现行价格,然后再加总以确定其重置成本。

运用物价指数法计算进口设备重置成本时,其中原来用外币支付的部分(原来的CIF价格),应使用设备生产国的物价变动指数来调整,而不是用国内价格变动指数来调整。但对原来的国内费用(进口关税、增值税、银行手续费、国内运杂费、安装调试费等)都应按国内的物价变动指数来调整。调整公式如下:

重置成本＝账面原值中的到岸价值÷进口时外汇汇率×进口设备生产国同类资产价格变动指数×评估基准日外汇汇率×(1＋现行进口关税税率)×(1＋其他税费率)＋账面原值中支付人民币部分价格×国内同类资产价格变动指数

该公式假定进口设备的到岸价格全部以外汇支付,其余均为人民币支付。如实际情况与此假设不符,应自行调整。在运用物价指数法对进口设备重置成本进行估测时,应尽量将支付外汇部分与支付人民币部分,或者说将受设备生产国物价变动影响部分与受国内价格变动影响部分分开,分别运用设备生产国的价格变动指数与国内价格变动指数进行调整,不应综合采用国内或设备生产国的价格变动指数一揽子调整。

【例6-5】 某企业2017年从美国进口一套设备,账面原值735万元人民币。购建时以外汇支付的部分为500万元,其中设备价款为485万元,境外运输及保险费为15万元,以人民币支付的部分为235万元,其中关税和其他税费225万元,国内运费及安装调试费10万元,进口时美元和人民币的比价为1:6.53。2019年对该进口设备进行评估,经调查分析可知,该类设备目前在美国市场的销售价格比2017年提高10%,境外运输费及保险费综合比2017年提高5%,2019年美元同人民币的比价为1:6.89,2019年关税税率为20%,增值税税率为17%,其他费率为1.50%,国内运输费及安装调试费综合比较,2019年比2017年提高6%。

要求:计算该进口设备的重置成本。

解析:

进口设备重置成本 $= [485 \div 6.53 \times (1+10\%) + 15 \div 6.53 \times (1+5\%)] \times 6.89$
$\times (1+20\%) \times (1+18.50\%) + 10 \times (1+6\%)$
$= 824.09 + 10.60 = 834.69$(万元)

4. 综合估价法

自制非标准设备的市场价格资料较难收集到,因此常用综合估价法。综合估价法是根据设备的主材费用和主要外购件费用与设备成本费用有一定的比例关系,通过确定设备的主材费用和主要外购件费用,计算出设备的完全制造成本,并考虑一定的利润、税金和设计费,从而求得该设备重置成本。计算公式为:

$$RC = (M_{rm}/K_m + M_{pm}) \times (1+K_p) \times (1+K_t) \times (1+K_d/n)$$

式中:RC——非标准设备重置成本; M_{rm}——主材费; K_m——成本主材费率; M_{pm}——主要外购件费; K_p——成本利润率; K_t——销售税金率; K_d——非标准设备设计费率; n——非标准设备的产量。

其中:

主材费 $(M_{rm}) = \Sigma[(某主材净消耗量 \div 该主材利用率) \times 含税市场价格 \div (1+增值税税率)]$
主要外购件费 $(M_{pm}) = \Sigma[某主要外购件的数量 \times 含税市场价格 \div (1+增值税税率)]$
销售税金率 $(K_t) = 增值税税率 \times (1+城建税税率+教育费附加费率)$

【例6-6】 某悬链式水幕喷漆室为非标自制设备,购建日期为2011年12月30日,评估基准日为2019年9月30日。

要求:计算该悬链式水幕喷漆室的重置成本。

解析：

根据设计图纸，该设备主材为钢材，主材的净消耗量为 25.5 吨，评估基准日期钢材不含税市场价为 3 500 元/吨。另外，所需主要外购件（电机、泵、阀、风机等）不含税费用 55 680 元。主材费利用率 90%，成本主材费率 55%，成本利润率 15%，设计费率 16%，产量 1 台。

首先确定设备的主材费用，该设备的主材利用率为 90%，则主材费：

$$M_{rm} = 25.5 \div 90\% \times 3\,500 = 99\,167(元)$$

成本利润率：

$$K_p = 15\%$$

如增值税税率为 17%，城市维护建设税税率为 7%，教育附加费率为 3%，则销售税金率：

$$K_t = 18.7\%$$

非标设备设计费率：

$$K_d = 16\%$$

非标设备的数量：

$$n = 1(台)$$

则设备的重置成本：

$$RC = (99\,167 \div 55\% + 55\,680) \times (1 + 15\%) \times (1 + 18.7\%) \times (1 + 16\%/1)$$
$$= 373\,670.18(元)$$

二、机器设备实体性贬值的估算

实体性贬值也称有形损耗，是指机器设备由于运行中的磨损和暴露在自然环境中被侵蚀，造成设备实体形态的损耗而引起的贬值。实体性贬值的具体计算方法有观察法、使用年限法和修复费用法。

（一）采用观察法估算

观察法是资产评估专业人员到评估现场对被评估机器设备进行现场观察和现场技术检测，并结合设备的实际使用情况，如使用时间、使用强度、技术状况、制造质量等经济技术参数，经综合分析估测机器设备的实体性贬值率的一种方法。

运用观察法应观察分析的主要指标有设备的现时技术状态、设备的实际已使用时间、设备的正常负荷率及原始制造质量、设备的维修保养及技改情况、设备重大故障（事故）经历、设备的工作环境和条件、设备的外观和完整性等。

在估算机器设备的实体性贬值率时，可以参考表 6-2 中美国评估师协会使用的实体性贬值率经验数据。但在实际评估活动中，这些数据只能作为参考，不可作为唯一的标准生搬硬套，不能简单地"对号入座"。资产评估专业人员进行评估时，还应广泛听取专家组及一线的设备操作人员、维修人员和管理人员的介绍和评判，并进行综合分析归纳，依据经验判断设备的实体性贬值。

表 6-2　美国评估师协会使用的实体性贬值率经验数据

设 备 状 态		贬值率
全　新	全新,刚刚安装,尚未使用,资产状态极佳	0%
		5%
很　好	很新,只轻微使用过,无须更换任何部件或进行任何修理	10%
		15%
良　好	半新资产,但经过维修或更新,处于极佳状态	20%
		25%
		30%
		35%
一　般	旧资产,需要进行某些修理或更换一些零部件,如轴承之类	40%
		45%
		50%
		55%
		60%
尚可使用	处于可运行状况的旧资产,需要大量维修或更换零部件,如电机等	65%
		70%
		75%
		80%
不　良	需要进行大修理的旧资产,如更换运动机件或主要结构件	85%
		90%
报　废	除了基本材料的废品回收价值外,没有希望以其他方式出售	97.5%
		100%

（二）采用使用年限法估算

使用年限法是从使用寿命角度来估算贬值,它假设机器设备有一定的使用寿命,所评估的机器设备的贬值率是与其已使用年限成正比的,并且构成线性关系。计算公式如下:

实体性贬值率＝实际已使用年限÷总使用年限×100%

＝实际已使用年限÷（实际已使用年限＋尚可使用年限）×100%

1. 总使用年限

机器设备的已使用年限与尚可使用年限之和为设备的总使用年限,即机器设备的使用寿命。机器设备的使用寿命是指从开始使用到淘汰的整个过程,通常可以分为物理寿命、技术寿命和经济寿命。机器设备的物理寿命是指机器设备从开始使用到报废为止经历的时间。机器设备的物理寿命的长短,主要取决于机器设备的自身质量与运行过程中的使用、保养和正常维修情况。机器设备的技术寿命是指机器设备从开始使用到技术过时经历的时间。机器设备的技术寿命在很大程度上取决于社会技术进步、技术更新的速度和周期,通过现代化改造可以延长其技术寿命。机器设备的经济寿命是指机器设备从开始使用到因经济上不合算而停止使用所经历的时间。所谓经济上不合算,是指维持机器设备的继续使用所需要的维持费用大于机器设备继续使用所带来的收益。这样,在估算机器设备的实体性贬值时,就涉及机器设备的总使用年限应该选择哪个寿命年限的问题。应该说,这是个比较复杂的问题。由于经济寿命要小于物理寿命和技术寿命,因此,国际上首选的是经济寿命,但并不排除物理寿命和技术寿命作为总使用年限的可能性。我国目前没有具体的规定,可以把设备的已使用年限和尚可使用年限之和作为其总使用年限,这样较现实、合理且易于操作。

2. 实际已使用年限

实际已使用年限是指机器设备从开始使用到评估基准日所经历的时间。实际已使用年限不同于折旧时间,也不同于购置时间,是实际应用于生产经营的时间。在评估实务中,通常需要把名义使用年限转换为实际已使用年限。具体公式为:

$$实际已使用年限＝名义使用年限×设备利用率$$

式中:

$$设备利用率＝\frac{截至评估基准日累计实际利用时间}{截至评估基准日累计法定利用时间}×100\%$$

【例 6-7】 某被评估设备已投入使用 5 年,在正常情况下该设备按一班制生产,每天工作 8 小时。经调查了解,该设备在 5 年中平均每天工作只有 6 小时,经现场鉴定,若该设备保持每天 8 小时的工作量尚可使用 7 年。

要求:计算该设备的实体性贬值率。

解析:

$$实体性贬值率＝\frac{5×\frac{6×365×5}{8×365×5}}{5×\frac{6×365×5}{8×365×5}+7}×100\%＝\frac{3.75}{3.75+7}×100\%＝34.88\%$$

另外,如果机器设备经过多次大修理、技术改造或追加投资,就会延长其尚可使用年限或缩短其实际已使用年限,那么上述方法计算的已使用年限就不能反映设备的实际情况,需要进行调整。在评估实务中,采用的是缩短其已使用年限的方法,即以各次投资的重置成本为权数,对各次投资的已使用年限进行加权平均,以确定其实际已使用年限的方法。具体计算公式为:

$$加权投资年限＝\Sigma 加权重置成本÷\Sigma 重置成本$$

式中：

加权重置成本＝重置成本×投资后设备的已使用年限

则有：

实体性贬值率＝加权投资年限÷（加权投资年限＋尚可使用年限）

值得注意的是，如果在计算加权重置成本时采用的已使用年限是名义的已使用年限，那么以此为基础计算出来的加权投资年限应该是加权投资名义年限，还必须将其再乘以设备利用率以转换为加权投资实际年限。

【例 6-8】 某企业 2012 年购入一台设备，账面原值为 30 000 元，2017 年和 2019 年进行两次更新改造，当年投资分别为 3 000 元和 2 000 元，2019 年对该设备进行评估。假定：从 2012 年到 2019 年每年价格上升率为 10%，该设备的尚可使用年限经检测和鉴定为 7 年。

要求：估算设备的成新率。

解析：

第一步，重置成本估算，如表 6-3 所示。

表 6-3　重置成本估算表

投资日期	原始投资额/元	价格变动系数	重置成本/元
2012 年	30 000	2.60	78 000
2017 年	3 000	1.61	4 830
2019 年	2 000	1.33	2 660
合　计	35 000		85 490

第二步，加权重置成本计算，如表 6-4 所示。

表 6-4　加权重置成本计算

投资日期	现行成本/元	投资年限/年	加权重置成本/元
2012 年	78 000	10	780 000
2017 年	4 830	5	24 150
2019 年	2 660	3	7 980
合　计	85 490		812 130

第三步，计算加权投资年限。

$$加权投资年限＝812\ 130÷85\ 490≈9.5（年）$$

第四步，计算成新率。

$$成新率＝7÷（9.5＋7）×100\%＝42.42\%$$

3. 尚可使用年限

机器设备的尚可使用年限是指机器设备的剩余使用寿命,可以通过技术检测和专业技术鉴定来确定,也可以用总使用年限减去实际已使用年限的余额来确定。根据机器设备的具体情况,估算尚可使用年限可以采用以下方法:

(1) 较新且使用维护正常的设备,**可用设备的总使用年限减去设备的实际已使用年限得到设备的尚可使用年限。**

(2) 对那些已经接近,甚至超过总使用年限的设备,可以由专业技术人员**直接估算**尚可使用年限。

(3) 对那些不准备大修理而继续使用的设备,可以**以设备的大修理周期为设备尚可使用年限的上限,**减去设备上一次大修理至评估基准日的时间,其余下的时间便是尚可使用年限。

(4) **国家明文规定限期淘汰、禁止超期使用的设备,**如压力容器、运输车辆、严重污染环境及高能耗设备,**不论设备的现时状态如何,其尚可使用年限不能超过国家规定禁止使用的日期。**

(三) 采用修复费用法估算

修复费用法是假设所发生的实体性贬值是可以修复的,则设备的实体性贬值就应该等于补偿实体性贬值所发生的费用。即这种方法的基本原理是:如果机器设备可以通过修复恢复到其全新状态,那么可以认为设备的实体性贬值等于其修复费用。那么,补偿所用的手段一般是修理或者更换损坏部分。例如,某机床的电机损坏,如果这台机床不存在其他贬值,则更换电机的费用即为机床的实体性贬值。

机器设备的实体性贬值可分为可修复部分和不可修复部分。在采用修复费用法时,要尽量把实体性贬值中的可修复部分和不可修复部分区别开来。可修复部分的实体性贬值是指技术修理可以恢复其功能,且经济上是合理的。不可修复部分的实体性贬值是指技术修理不能恢复其功能,或者是经济上不划算的。对可修复部分的实体性贬值,可以修复费用直接作为实体性贬值;对不可修复部分的实体性贬值,应该采用前述方法加以确定。这两部分之和就是被评估设备的全部实体性贬值。计算公式为:

实体性贬值率=(可修复部分的实体性贬值+不可修复部分的实体性贬值)
÷设备的重置成本

【例 6-9】 被评估设备为一储油罐,这个油罐已经建成并使用了 10 年,并预计将来还能再使用 20 年。资产评估专业人员了解到,该油罐目前正在维修,其原因是原储油罐因受到腐蚀,底部已出现裂纹,发生渗漏,必须更换才能使用。整个维修计划大约需要花费 350 000 元,其中包括油罐停止使用造成的经济损失及清理、布置安全工作环境、拆卸并更换被腐蚀底部的全部费用。资产评估专业人员已估算出该油罐的复原重置成本为 2 000 000 元。

要求:用修复费用法估测油罐的实体性贬值率。

解析:

可修复部分实体性贬值＝350 000(元)

不可修复部分实体性贬值率＝$\frac{10}{10+20}\times100\%=33.33\%$

不可修复部分复原重置成本＝2 000 000－350 000＝1 650 000(元)

不可修复部分实体性贬值＝1 650 000×33.33%＝549 945(元)

油罐全部实体性贬值率＝$\frac{350\ 000+549\ 945}{2\ 000\ 000}=45\%$

假若该油罐有更新重置成本,这时用更新重置成本乘以45%的实体性贬值率,就可得到成本法评估油罐时应当扣除的实体性贬值。

修复费用法适用于那些特定结构部件经常被磨损,但能够以经济上可行的办法加以修复的机器设备,如需定期更换部分系统的机组、成套设备、生产线等。在能够应用修复费用法时,应该尽量采用这种方法,因为这种方法区分了可修复部分和不可修复部分,计算结果较准确。

(四)估算机器设备的实体性贬值应注意的问题

(1)估算机器设备实体性贬值具体方法的选择。可以根据信息资料的获得情况、被评估设备具体特点以及资产评估专业人员的专业知识和经验来确定。一般情况下,**在信息资料充分的情况下,同时运用几种方法估算实体性贬值,并且互相核对,在核对的基础上根据孰低原则确定成新率。**也可在有充分依据的前提下,采用加权平均法确定成新率,即:

成新率＝观察法成新率×60%＋使用年限法成新率×40%

(2)在分析估算实体性贬值时,要注意其中是否含有功能性贬值或其他贬值因素,以避免发生重复扣减的问题。用观察法确定设备的实体性贬值(或成新率)时,往往可能考虑功能性贬值。用使用年限法确定实体性贬值时,对已经过大修或技改的设备,也可能涉及功能性贬值。用修复费用法确定实体性贬值时,修复费用中更有可能含有功能性贬值。因为新替换上去的部件如果是采用新技术生产的,那么它不仅可以恢复设备的原有功能,还可能改善设备的原有功能。因此,当可修复性贬值在设备总贬值额中占有较大比重时,就应考虑用修复费用法计算的成新率是否是一个包含功能性贬值的综合成新率。

三、机器设备功能性贬值的估算

机器设备的功能性贬值主要是由于科学技术的进步引起的,主要有两种表现形式:①由于新工艺、新材料和新技术的采用,而使原有机器设备的建造成本超过现行建造成本的超支额,即超额投资成本;②由于科技进步出现了新的、性能更优越的设备,致使原有设备的功能相对新式设备已经落后，而引起其价值贬值，即超额运营成本。

（一）超额投资成本形成的功能性贬值

超额投资成本形成的功能性贬值是设备的复原重置成本与更新重置成本之间的差额。即：

超额投资成本形成的功能性贬值＝复原重置成本－更新重置成本

从理论上讲，直接使用设备的更新重置成本其实就已经将被评估设备价值中所包含的超额投资成本部分剔除掉了，就不必再去刻意寻找设备的复原重置成本，然后再减设备的更新重置成本得到设备超额投资成本。

（二）超额运营成本形成的功能性贬值

超额运营成本引起的功能性贬值就是设备在未来使用过程中超额运营成本的折现值。超额运营成本引起的功能性贬值通常按以下步骤测算：

(1) 选择参照物，并将参照物的年运营成本与被评估设备的年运营成本进行对比，找出两者之间的差别，并计算年超额运营成本额。

(2) 按企业运用的所得税率计算被评估设备因超额运营成本而抵减的所得税，得到被评估设备的年超额运营成本净额。

(3) 估测被评估设备的剩余使用年限。

(4) 选择适当的折现率，将被评估设备在剩余使用年限中的每年超额运营成本净额折现，累加计算被评估设备的功能性贬值。

【例 6-10】 某一生产控制装置拟作为评估对象，其正常运行需 6 名操作人员。目前同类新式控制装置所需的操作人员定额为 4 名。假设该被评估装置与参照物在运营成本的其他支出项目方面大致相同，操作人员人均年收入为 9 000 元，被评估控制装置尚可使用 3 年，所得税率为 25%，适用的折现率为 10%。试测算被评估控制装置的功能性贬值额。

要求：根据上述资料，测算被评估控制装置的功能性贬值额。

解析：

被评估控制装置的年超额运营成本额＝(6－4)×9 000＝18 000(元)

被评估控制装置的年超额运营成本净额＝18 000×(1－25%)＝13 500(元)

将被评估控制装置在剩余使用年限内的年超额运营成本净额折现累加，估算其功能性贬值额：

$$13\,500×(P/A,10\%,3)＝13\,500×2.486\,9≈33\,573.15(元)$$

【例 6-11】 计算某电焊机超额运营成本引起的功能性贬值。

(1) 分析比较被评估机器设备的超额运营成本因素：经分析比较，被评估的电焊机与新型电焊机相比,引起超额运营成本的因素主要为老产品的能耗比新产品高。通过统计分析,按每天 8 小时工作,每年 300 个工作日,每台老电焊机比新电焊机多耗电 6 000 度。

(2)确定被评估设备的尚可使用寿命,计算每年的超额运营成本:根据设备的现状,资产评估专业人员预计该电焊机尚可使用 10 年,如每度电按 0.5 元计算。

(3)折现率为 10%,所得税率按 25% 计算。

解析:

$$每年的超额运营成本 = 6\,000 \times 0.5 = 3\,000(元)$$

$$每年净超额运营成本 = 税前超额运营成本 \times (1 - 所得税)$$
$$= 3\,000 \times (1 - 25\%) = 2\,250(元)$$

$$净超额运营成本的折现值 = 净超额运营成本 \times 折现系数$$
$$= 2\,250 \times 6.145 = 13\,826.25(元)$$

该电焊机由于超额运营成本引起的功能性贬值为 13 826.25 元。

(三)估算机器设备的功能性贬值应注意的问题

(1)对比参照物的选择。**参照物的选择直接影响功能性贬值的大小,一般应选择评估涉及的地区范围内已普遍使用的先进设备**,而不是尚未普遍使用的最先进设备。因为后者的技术在评估所涉及的行业或地区范围内尚未成熟,其功能价值尚未被普遍接受。

(2)功能性贬值是否需要单独计算。**一般来说,如果所测算的机器设备的重置成本是复原重置成本,就需单独计算功能性贬值**,除非被评估设备刚刚购建尚不存在功能性贬值;如果所测算的机器设备的重置成本是更新重置成本,一般仅需要单独计算超额运营成本形成的贬值。

四、机器设备经济性贬值的估算

机器设备的经济性贬值是由外部因素引起的贬值。主要原因有:市场竞争加剧,产品需求减少,导致设备开工不足,生产能力相对过剩;原材料、能源等提价,造成成本提高,而生产的产品售价没有相应提高;国家有关能源、环境保护等限制或削弱产权的法律、法规使产品生产成本提高或者使设备强制报废,缩短了设备的正常使用寿命等。这些情况可以归结为两个方面:资产利用率下降或资产收益额减少。

(一)资产利用率下降导致的经济性贬值

当机器设备因外部因素,即经济衰退、产业结构调整、国家环保政策限制等影响,出现开工不足,致使机器设备的实际生产能力明显低于其额定或设计能力时,其价值低于充分利用时的价值而产生经济性贬值。计算公式为:

经济性贬值率 = [1 - (设备预计可被利用的生产能力 ÷ 设备原设计生产能力)^x] × 100%

经济性贬值额 = (重置成本 - 实体性贬值 - 功能性贬值) × 经济性贬值率

式中:x 为规模效益指数,实践中多用经验数据。机器设备的 x 指数一般选取 0.6~0.7。

（二）资产收益额减少导致的经济性贬值

由于企业外部的原因,虽然设备生产负荷并未降低,但出现如原材料涨价、劳动力费用上升等情况导致生产成本提高,或部分迫使产品降价出售等情况,均可能使设备创造的收益减少,使用价值降低,进而产生经济性贬值。计算公式为:

$$经济性贬值额＝设备年收益损失额×（1－所得税额）×（P/A，r，n）$$

🔘 **【例 6-12】** 某家电生产厂家的家电生产线年生产能力为 10 万台。由于市场竞争加剧,该厂家电产品销售量锐减,该厂不得不将生产量减至年产 7 万台（销售价格及其他条件未变）。假设该生产线的规模经济效益指数为 0.6。这种局面在今后很长一段时间难以改变。

要求:根据以上资料,计算设备的经济性贬值率。

解析:

$$经济性贬值率＝\left[1-\left(\frac{70\,000}{100\,000}\right)^{0.6}\right]×100\%＝[1-0.81]×100\%＝19\%$$

🔘 **【例 6-13】** 如果家电生产企业不降低生产量,就必须降价销售家电产品。假定原来产品销价为 2 000 元/台,今后如果要继续保持 10 万台的销售量,产品售价需降至 1 900 元/台,即每台产品损失毛利 100 元。经估测,该生产线还可以继续使用 3 年,若折现率为 10%。

要求:根据以上材料,计算设备的经济性贬值额。

解析:

$$经济性贬值额＝(100×100\,000)×(1-25\%)×(P/A，10\%，3)＝7\,500\,000×2.486\,9$$
$$＝18\,651\,750(元)$$

（三）估算机器设备的经济性贬值应注意的问题

(1) 注意被评估设备是否是能够单独计算获利能力的生产线、成套设备。一般来说,**不能单独计算获利能力的单台(件)设备不计算经济性贬值。**

(2) 需对评估基准日后,即未来的影响设备利用率或收益额的因素进行预测,进而判断是否存在经济性贬值的问题。

第三节　市场法和收益法在机器设备评估中的应用

一、市场法在机器设备评估中的应用

应用市场法评估机器设备的技术路线,首先明确鉴定评估对象,选择参照物,然后选择适当的方法估测对比,最后分析确定设备评估值。其中,与参照物的比较和评估方法的选择是很重要的环节。

（一）影响机器设备评估的比较因素

比较因素是指可能影响机器设备市场价值的因素。使用市场比较法评估的过程中，很重要的一项工作是将参照物与评估对象进行比较。在比较之前,资产评估专业人员首先要确定哪些因素可能影响机器设备的价值,哪些因素对价值没有影响。比较因素是一个指标体系,它要能够全面反映影响价值的因素。不全面的或仅使用个别指标所做出的价值评估是不准确的。一般来讲,机器设备的比较因素可分为四大类,即个别因素、交易因素、地域因素和时间因素。

1. 个别因素

机器设备的个别因素一般指反映设备在结构、形状、尺寸、性能、生产能力、安装、质量、经济性等方面差异的因素。不同的设备,差异因素也不同。在评估中,常用于描述机器设备的指标包括名称、型号规格、生产能力、制造厂家、技术指标、附件、设备的出厂日期、役龄、安装方式、实体状态。

2. 交易因素

设备的交易因素是指交易动机、背景对价格的影响。不同的交易动机和交易背景都会对设备的出售价格产生影响。如以清偿、快速变现或带有一定优惠条件的出售,其售价往往低于正常交易的价格。另外,交易数量也是影响设备售价的一个重要因素,大批购买价格一般要低于单台购买。

3. 地域因素

由于不同地区市场供求条件等因素不同,设备的交易价格也受到影响,评估参照物应尽可能与评估对象在同一地区。如评估对象与参照物存在地区差异,则需要做出调整。

4. 时间因素

不同交易时间的市场供求关系、物价水平等都会不同,资产评估专业人员应选择与评估基准日最接近的交易案例,并对参照物的时间影响因素做出调整。

（二）具体技术方法

1. 直接比较法

直接比较法是根据与评估对象基本相同的市场参照物,通过直接比较来确定评估对象的价值。例如评估一辆汽车时,如果二手汽车交易市场能够发现与评估对象基本相同的汽车,它们的制造商、型号、年代、附件都相同,只有行驶里程和实体状态方面有些差异,在这种情况下,资产评估专业人员一般直接将评估对象与市场上正在销售的同样的汽车比较,确定评估对象的价格。直接比较法相对比较简单,但它对市场的反映最为客观,能最精确地反映设备的市场价值。用公式表示为:

$$V = V' \pm \Delta i$$

式中：V——评估值；V'——参照物的市场价值；Δi——差异调整。

2. 因素调整法

因素调整法是通过比较分析相似的市场参照物与被评估设备的可比因素差异，并对这些因素逐项做出调整，由此确定被评估设备价值的方法。这种方法是在无法获得基本相同的市场参照物的情况下，以相似的参照物作为分析调整的基础。例如，当评估一台由A厂制造的车床，评估师发现在市场上没有A公司生产的相似的车床，但是有B和C公司生产的相似的车床。这种方法与直接比较法相比更主观，在对比较因素进行分析的基础上，需要做更多的调整。

为了减少调整时因主观因素产生的误差，所选择参照物应尽可能与评估对象相似。从时间上来讲，参照物的交易时间应尽可能接近评估基准日；在地域上，尽可能与评估对象在同一地区。另外，评估对象与参照物应具有较强的可比性，实体状态方面比较接近。

【例6-14】 对某企业一台1515型纺织机进行评估，资产评估专业人员经过市场调查，选择本地区近几个月已经成交的1515型纺织机的3个交易实例作为比较参照物，评估对象及参照物的有关情况如表6-5所示。

要求：确立该纺织机的评估值。

解析：

表6-5　评估对象及参照物有关情况表

项　目	参照物A	参照物B	参照物C	评估对象
交易价格	10 000元	6 000元	9 500元	
交易状况	公开市场	公开市场	公开市场	公开市场
生产厂家	上海	济南	上海	沈阳
交易时间	6个月前	5个月前	1个月前	
成新率	80%	60%	75%	70%

资产评估专业人员经过对市场信息进行分析得知，3个交易实例都是在公开市场条件下销售的，不存在受交易状况影响使价格偏高或偏低的现象，影响售价的因素主要是生产厂家（品牌）、交易时间和成新率。

（1）生产厂家（品牌）因素分析和修正。经分析参照物A和参照物C是上海一家纺织机械厂生产的名牌产品，其价格同一般厂家生产的纺织机相比高25%左右。则参照物A、B、C的修正系数分别为：100/125，100/100，100/125。

（2）交易时间因素的分析和修正。经分析近几个月纺织机械的销售价格每月上升3%左右。则参照物A、B、C的修正系数分别为：118/100，115/100，103/100。

（3）成新率因素分析和修正。根据公式，成新率修正系数＝评估对象成新率/参照物成新率,参照物 A、B、C 成新率修正系数分别为:70/80,70/60,70/75。

(4) 计算参照物 A、B、C 的因素修正后价格,得出初评结果。

参照物 A 修正后的价格为:

$$10\,000 \times \frac{100}{125} \times \frac{118}{100} \times \frac{70}{80} = 8\,260(元)$$

参照物 B 修正后的价格为:

$$6\,000 \times \frac{100}{100} \times \frac{115}{100} \times \frac{70}{60} = 8\,050(元)$$

参照物 C 修正后的价格为:

$$9\,500 \times \frac{100}{125} \times \frac{103}{100} \times \frac{70}{75} = 7\,306(元)$$

(5) 确定评估值。对参照物 A、B、C 修正后的价格进行简单算术平均,求得:

$$被评估设备的评估值 = (8\,260 + 8\,050 + 7\,306) \div 3 = 7\,872(元)$$

使用市场法应该注意的是,市场法评估的仅是机器设备的购买价格,如需评估其在用、续用价值,则必须再加上相关的其他费用。

二、收益法在机器设备评估中的应用

收益法是通过预测机器设备的获利能力,将净利润或净现金流通过一定折现率折现为现值确定机器设备价值的评估方法。

(一) 适用范围

使用收益法评估机器设备,需要具备一定的前提条件。单项设备大部分不具有独立获利能力,一般不采用收益法;自成体系的成套设备、生产线、单独作业的车辆,特别是租赁的设备可采用收益法。

(二) 基本公式

每年收益额不相等时:

$$p = \sum_{t=1}^{n} \frac{R_t}{(1+r)^t}$$

每年收益额相等时:

$$P = A \times [1 - (1+r)^{-n}]/r = A \times 年金现值系数$$

值得注意的是,公式中的收益额只是机器设备所获得的全部收益的一部分,而不是全部收益。因为机器设备要获得收益,还必须具备其他条件,这些条件理应取得回报。

【例 6-15】 根据市场调查,某机器设备的年租金净收入为 19 200 元。根据机器设备现状,该机器设备预期还能使用 9 年。通过对类似机器设备交易市场和租赁市场的调查,得到该机器设备的折现率为 22.45%。用收益法评估该租赁机器设备的价值。

解析:

$$P = A \times [1 - (1+r)^{-n}]/r = 19\,200 \times [1 - (1+22.45\%)^{-9}]/22.45\%$$
$$= 71\,705.05(元)$$

（三）优缺点

应用收益法评估机器设备能充分考虑其各种贬值,评估结果易于被投资者接受。但是,由于机器设备评估是以单台设备为评估对象的,很难量化单台设备的收益,加之折现率很难确定,所以,单台设备的评估不适于应用收益法。

本章小结

机器设备是企业固定资产的重要组成部分,机器设备评估也是资产评估的重要内容。机器设备具有以下特点:单位价值大,使用年限长,流动性差;工程技术性强,专业门类多,分布广;价值补偿和实物补偿不同时进行;价值和使用价值并非一成不变,贬值和增值具有同发性等。对于机器设备评估应该分步骤、分阶段进行,合理选择评估方法。

成本法是机器设备评估中主要的应用方法。影响机器设备评估值的因素主要包括重置成本、成新率、功能性贬值和经济性贬值。市场法作为机器设备评估的重要方法,在其运用时应首先明确鉴定评估对象,选择参照物,然后选择适当的方法估测对比,最后分析确定设备评估值。收益法作为机器设备评估的补充方法,具有独立获利能力的机器设备可以考虑采用。

思 考 题

1. 机器设备的特点以及机器设备评估的特点是什么?

2. 机器设备评估的基本程序是什么?

3. 在利用成本法对机器设备进行评估时会涉及哪几种贬值? 它们之间有何关系?

4. 如何计算机器设备的加权投资年限及成新率?

5. 造成机器设备功能性贬值的因素有哪些?

练 习 题

一、单项选择题

1. 采用物价指数法评估进口设备所适用的价格指数是(　　)。

A. 设备进口国零售商品价格指数　　　　B. 设备出口国综合价格指数

C. 设备进口国综合价格指数　　　　D. 设备出口国分类价格指数

2. 运用修复费用法估测成新率适用于(　　)。

A. 所有机器设备

B. 具有特殊结构及可补偿性有形损耗的设备

C. 具有特殊结构及在技术上可修复的有形损耗的设备

D. 具有特殊结构及不可补偿有形损耗的设备

3. 运用物价指数法评估机器设备的重置成本仅仅考虑了(　　)。

A. 技术因素　　　　B. 功能因素　　　　C. 地域因素　　　　D. 时间因素

4. 对被评估的机器设备进行模拟重置,按现行技术条件下的设计、工艺、材料、标准、价格和费用水平进行核算,这样求得的成本称为(　　)。

A. 更新重置成本　　　　B. 复原重置成本

C. 完全重置成本　　　　D. 实际重置成本

5. 设备的(　　)是计算设备重置成本的基础,评估人员应注意审查其真实性。

A. 原始成本　　　　B. 账面价值

C. 市场价格　　　　D. 净值

6. 计算重置成本时,不应计入成本的费用是(　　)。

A. 购建费用　　　　B. 维修费用　　　　C. 安装费用　　　　D. 调试费用

7. 离岸价加上国外运杂费和国外保险费的价格是(　　)。

A. FOB 价　　　　B. CIF 价　　　　C. C&F 价　　　　D. FAS 价

8. 设备的加权投资年限是(　　)。

A. 设备已使用年限×更新成本

B. 设备更新成本合计

C. 设备加权更新成本合计÷更新成本合计

D. 设备加权更新成本合计

9. 某被评估生产线由于市场原因在未来 5 年内每年收益的损失额为 2 万元,假定折现率为 10%,所得税税率为 25%,则该生产线的经济性贬值最接近于(　　)万元。

A. 10　　　　B. 5.69　　　　C. 7.58　　　　D. 1.5

10. 复原重置成本与更新重置成本之差表现为(　　)。

A. 超额运营成本形成的贬值　　　　B. 经济性贬值

C. 超额投资成本形成的贬值　　　　D. 实体性贬值

11. 某机器设备 2014 年购入,2019 年对其进行评估,该机器设备法定利用时间为每天工作 8 小时,实际由于某种原因开工不足,每天实际利用时间仅为 6 小时,则该设备的实际使用年限为(   )。

    A. 0.6 年   B. 0.75 年   C. 1.33 年   D. 无法确定

12. 自制非标准设备的市场价格资料较难收集到,因此常用的方法是(   )。

    A. 综合估价法   B. 物价指数法   C. 重置核算法   D. 功能价值法

13. 某被评估设备目前已不再生产。该设备与更新后的新设备相比,在完成相同任务的前提下,多使用 3 名操作工人,每年多耗电 100 万度。如果每名操作工人的工资及其他费用为每年 1.8 万元,每度电的价格为 0.45 元,自评估基准日起该设备尚可使用 8 年,折现率为 10%,企业的所得税率为 25%。不考虑其他因素,则该设备的功能性贬值最接近于(   )万元。

    A. 130   B. 202   C. 310   D. 338

14. 采用收益法评估机器设备需要具备的前提条件是(   )。

    A. 设备的获利能力和折现率能够确定

    B. 符合公开市场条件

    C. 评估对象与市场参照物是相似的或可比的

    D. 市场有效

二、多项选择题

1. 进口设备的重置成本包括(   )。

    A. 设备购置价格   B. 设备运杂费用   C. 设备进口关税   D. 银行手续费用

    E. 设备安装调试费用

2. 运用使用年限法估测设备的成新率涉及的基本参数为(   )。

    A. 设备总经济使用寿命   B. 设备的技术水平

    C. 设备的实际已使用时间   D. 设备的负荷程度

    E. 设备的剩余经济使用年限

3. 设备成新率的估测通常采用(   )进行。

    A. 使用年限法   B. 修复费用法   C. 观察法   D. 功能价值法

    E. 统计分析法

4. 设备的功能性贬值通常表现为(   )。

    A. 超额重置成本   B. 超额投资成本   C. 超额运营成本   D. 超额更新成本

5. 运用市场法评估设备价值,选择参照物时应注意(   )。

    A. 时间性   B. 地域性   C. 市场性   D. 可比性

6. 机器设备按照其取得方式分为(   )。

    A. 外购设备   B. 自制设备   C. 单台设备   D. 成套设备

7. 进口设备的增值税的计税基数包括(   )。

    A. 关税完税价   B. 关税   C. 国内安装费   D. 国内运杂费

三、计算题

1. 某被评估的生产控制装置购建于 2009 年,原始价值 100 万元,2014 年和 2017 年分别投资 5 万元和 2 万元进行了更新改造,2019 年对该资产进行评估。调查表明,该类设备及相关零部件的定基价格指数在 2009 年、2014 年、2017 年、2019 年分别为 110%、125%、130%、150%。该设备尚可使用年限为 6 年。另外,该生产控制装置正常运行需要 5 名技术操作员,而目前的新式同类控制装置仅需 4 名操作员。假定待评估装置与新装置的运营成本在其他方面相同,操作人员的人均年工资福利费为 12 000 元,所得税税率为 25%,适用折现率为 10%。

要求:根据上述调查资料,计算待评估资产的价值。

2. 某被评估设备购建于 2009 年,账面价值为 100 000 元,2014 年进行了技术改造,追加技改投资 50 000 元。2019 年对该设备进行了评估,根据评估人员的调查、检查、对比分析,得到以下数据:(1)2009 年至 2019 年每年的设备价格上升率为 10%;(2)该设备的月人工成本比其替代设备高 1 000 元;(3)被评估设备所在企业的正常投资报酬率为 10%,规模效益指数为 0.7,所得税税率为 25%;(4)该设备在评估前使用期间的实际利用率仅为正常利用率的 50%,经技术检测,该设备尚可使用 5 年,在未来 5 年中,设备利用率能够达到设计要求。

要求:根据上述条件,估测该设备的有关参数和评估值。

3. 被评估设备购建于 2009 年,账面价值 30 000 元,2014 年和 2017 年进行两次技术改造,主要是添置了一些自动控制装置,当年投资分别为 3 000 元和 2 000 元。2019 年对设备进行评估,假设从 2009 年至 2019 年每年的价格上升率为 10%,该设备的尚可使用年限为 8 年。

要求:根据所给条件估测该设备的成新率。

4. 甲企业拥有一台数控折边机。其基本情况如下:

(1)该机器重置成本为 220 万元,已使用 6 年,其经济使用寿命约为 15 年。

(2)现该机器数控系统损坏,估计修复费用约 25 万元,其他部分工作正常。

(3)随着新技术发展,该机器技术现已落后,预计未来每年净超额运营成本为 6 万元。

在上述资料的基础上,不再考虑其他因素,假设企业所得税税率为 25%,折现率为 10%。

要求:计算该机器的评估值。

5. 某进口设备离岸价(FOB)为 1 200 万美元,海运费率为 4%,国外保险费率为 0.4%,关税税率为 10%,增值税税率为 13%,银行财务费率为 0.4%,外贸手续费率为 1%,国内运杂费率为 1%,安装费率为 0.6%。由于该设备安装周期较短,故没有考虑利息因素,基准日美元对人民币的汇率为 6.89。

要求:计算该设备的重置成本。

第七章 不动产评估

 学习目标与要求

学习内容	学习目标	重要程度	学习难度
1. 不动产的概念、特征	了解	☆	☆
2. 不动产价格的分类，不动产评估的原则	理解	☆☆	☆☆
3. 影响不动产价格的因素	熟悉	☆☆☆	☆☆
4. 不动产评估的收益法	掌握	☆☆☆☆☆	☆☆☆☆☆
5. 不动产评估的市场法	掌握	☆☆☆☆	☆☆☆
6. 不动产评估的成本法	掌握	☆☆☆☆	☆☆☆
7. 不动产评估的剩余法	掌握	☆☆☆☆	☆☆☆☆
8. 不动产评估的基准地价修正法	理解	☆☆	☆☆
9. 不动产评估的路线价法	了解	☆	☆
10. 在建工程评估	了解	☆	☆

第一节 不动产评估概述

一、不动产的概念和评估对象

　　根据 **2017 年 10 月 1 日起实施的《资产评估执业准则——不动产》，不动产是指土地、建筑物及其他附着于土地上的定着物，包括物质实体及其相关权益，**不包含海域、林木等。但是，这并不意味着只有土地和建筑物的合成体才是不动产。

　　本章不动产的评估对象有**三种**：单纯的土地的评估，即地产评估；单纯的建筑物的评估，即房产评估；土地和建筑物合成体的评估，即不动产评估。

> **【提示】**
>
> 　　在不动产评估实务中，单纯的建筑物评估比较少见。这里以土地的评估和不动产评估为重点内容。

（一）土地

土地一般是指地球表层的陆地部分,包括内陆水域和滩涂。广义地看,土地是指陆地及其空间的全部环境因素,是由土壤、气候、地址、地貌、生物和水文、水文地质等因素构成的自然综合体。土地具有两重性,因为它不仅是资源,也是资产。尤其是城市土地,是人类改造自然、经过加工的改良物,凝注了人类大量的物化劳动,投入了各种基础设施,它是由人类开发和再开发形成的。

1. 土地供给

土地的供给可以分为土地的自然供给和经济供给两个方面。

地球提供给人类可利用的土地数量,被称为土地的自然供给。 它反映了土地供人类使用的天然特性,其数量包括已利用的土地和未来可供利用的土地。土地的自然供给是相对稳定的,几乎不受任何人为的因素或社会经济因素的影响,因此,它是无弹性的。一般来说,自然供给的土地有 5 个特征:①具有适宜于人类生存和工作的气候条件;②具有适宜于植物生长的土壤质地和气候条件;③具有可以利用的淡水资源;④具有可供人类利用的生产资源;⑤具有一定的交通条件。

土地的经济供给, 是指在土地的自然供给的范围内,对土地进行了开发、规划和整治,以满足人类不同需求的土地供给。因此可以说,土地的经济供给是通过人类开发利用而形成的土地供给。因而土地经济供给的数量会受人类社会活动的影响。比如,开发新土地、调整用地结构、提高土地集约率等活动都影响土地的经济供给量。由此可见,土地的经济供给是有弹性的。土地经济供给的变化可以是直接变化,也可以是间接变化。直接变化是指土地经济供给的绝对土地面积的变化或某种用途土地数量绝对面积的变化;间接变化是指单位土地面积上集约率的变化。

2. 土地的特性

土地的特性可以分为土地的自然特性和经济特性两个方面。

（1）土地的自然特性。

① **位置的固定性。** 土地具有位置的固定性,不能随土地产权流动而改变其空间的位置。地产交易,不是土地实体本身的空间移动,而是土地产权的转移。土地位置的固定性决定了土地价格具有明显的地域性特征。

② **质量的差异性。** 土地的位置不同,造成了土地之间存在自然差异,这个差异导致土地级差地租的产生。

③ **不可再生性。** 土地是自然的产物,是不可再生资源,土地资源的利用只有科学合理,才能供人类永续利用。

④ **效用永续性和相对性。** 只要土地使用得当,土地的效用即利用价值会一直延续下去。但相对于具体企业、单位与个人来说,其拥有土地的使用年限是有限的,土地效用是相对的。

（2）土地的经济特性。

① **土地经济供给的稀缺性。**土地经济供给的稀缺性，主要是指某一地区的某种用途的土地供不应求，形成稀缺的经济资源。土地经济供给的稀缺性，与土地总量的有限性、土地位置的固定性、土地质量的差异性有关。土地经济供给的稀缺性客观上要求人们集约用地。

② **可垄断性。**土地的所有权和使用权都可以垄断。由于土地具有可垄断性，因此，土地所有权或使用权在让渡时，就必然要求在经济上有所表现。

③ **土地利用的多方向性。**土地具有养育功能、承载功能、仓储功能、景观功能。因此，从经济角度，土地具有多种用途。一般情况下，土地用途的优先顺序是商业、办公、居住、工业、耕地、牧场、森林、不毛荒地。土地利用的多方向性客观上要求在地产估价中确定土地的最佳用途。

④ **效益级差性。**由于土地质量的差异性而使不同土地的生产力不同，从而在经济效益上具有级差性。

3. 土地使用权

在我国，城市土地的所有权属于国家，农村和城市郊区的土地，除由法律规定属于国家所有的以外，属于农民集体所有，宅基地和自留地、自留山属于农民集体所有。集体土地不能进入不动产市场流转，国有土地所有权也不能进入不动产市场流转，因此地价一般指的是土地使用权的价格。

（1）**土地使用权出让。**土地使用权出让是指**国家以土地所有者的身份将国有土地使用权在一定年限内让与土地使用者，并由土地使用者向国家支付土地使用权出让金的行为。**土地使用权最高出让年限由国务院按下列用途确定：①居住用地 70 年；②工业用地 50 年；③教育、科技、文化、卫生、体育用地 50 年；④商业、旅游、娱乐用地 40 年；⑤综合或者其他用地 50 年。

（2）**土地使用权转让。**土地使用权转让是指**土地使用者将土地使用权再转移的行为，包括出售、交换、赠与。**但要注意，土地使用权转让时，土地使用权出让合同和登记文件中所载明的**权利与义务要随之转移，**而且**未按出让合同规定的期限和条件开发、利用土地的不得转让。**

（3）**土地使用权出租。**土地使用权出租是指**土地使用者作为出租人将土地使用权随同地上建筑物和附着物租赁给承租人使用，由承租人向出租人支付租金的行为。**未按出让合同规定的期限和条件开发、利用土地的不得出租。

（4）**土地使用权抵押。**土地使用权抵押是债务人或第三人向债权人提供土地使用权作为清偿债务的担保，而不转移占有的行为。土地使用权抵押时，抵押人与抵押权人应当签订抵押合同。抵押合同不得违背国家法律法规和土地使用权出让合同的规定。同时，还应当办理抵押登记和过户登记。

【提示】

　　土地使用权的使用年限届满,土地使用者需要继续使用土地的,应当最迟于届满前一年申请续期,除非有社会公共利益需要,一般应该予以批准。土地使用权使用年限届满未申请续期或虽申请但未被批准续期的,土地使用权由国家无偿收回。

（二）建筑物

建筑物与土地不同,建筑物是劳动的产物,是一种社会资源,具有不同于土地的自身特点。

1. 建筑物不能脱离土地而独立存在

土地是可以独立存在的一种自然资源和社会资源,而建筑物必须建立在土地之上,与土地具有不可分割性,离开土地的空中楼阁是不存在的。

2. 建筑物的使用寿命是有限的

尽管建筑物的使用寿命很长,一般可以达到十几年、数十年,甚至更长,但相对于土地来说,建筑物的寿命是相当有限的,也就是说建筑物的使用价值是有时间限制的。随着时间的推移,不管使用还是不使用,建筑物的主体和功能都会不断贬值,在一定年限后,建筑物就会失去其使用价值。

3. 建筑物属于可再生性社会资源

建筑物的使用寿命尽管是有限的,但可以通过重建恢复其使用价值,扩展其功能,或通过局部翻修改造等手段延长其使用寿命。

（三）不动产

不动产是土地和房屋及其权属的总称。土地是房屋不可缺少的物质载体,任何房屋都不能离开土地而独立存在。我国《城市房地产管理法》第32条规定:"房地产转让、抵押时,房屋的所有权和该房屋占用范围内的土地使用权同时转让、抵押。"同时,土地的区位决定了房屋的位置,直接影响不动产的价格,因此,在不动产评估中,通常评估不动产的整体价值。不动产一般具有如下特性:

1. 位置固定性

由于房屋固着在土地上,因此不动产的相对位置是固定不变的。可以说,地球上没有完全相同的不动产,即使有两宗不动产的地上建筑物设计、结构和功能等完全相同,因土地位置的差异,也会造成价格的差异。

2. 供求区域性

由于土地位置的固定性,不动产还具有区域性的特点。一个城市不动产的供给过剩并不能解决另一个城市供给不足的问题。例如,海南省大量空置的不动产并不能解决上海市不动产需求不足的问题。不动产供求关系的区域差异又造成区域之间不动产价格的差异性。

3. 长期使用性

由于土地可以永续利用,建筑物也是可以再生的,使用年限可达数十年甚至长达上百年,使用期间即使房屋变旧或受损,也可以通过不断的翻修,延长其使用期限。

4. 大量投资性

不动产生产和经营管理要经过一系列过程:取得土地使用权、土地开发和再开发、建筑设计和施工、不动产销售等环节,都要投入大量的资金。如大城市地价和房屋的建筑成本都相当高,无论开发者还是消费者,一般都难以依靠自身的资金进行不动产投资,因此,金融业的支持和介入,是发展不动产必不可少的条件。

5. 保值增值性

一般物品在使用过程中由于老化、变旧、耗损、毁坏等原因,其价值会逐渐减少。与此相反,在正常的市场条件下,从长期来看,土地的价值呈上升走势。土地资源的有限性和固定性,制约了对不动产不断膨胀的需求,特别是对良好地段物业的需求,导致价格上涨。同时,对土地的改良和城市基础设施的不断完善,使土地原有的区位条件改善,导致土地增值。

6. 投资风险性

不动产使用的长期性和保值增值性使之成为投资回报率较高的行业,同时不动产投资风险也比较大。不动产投资的风险主要来自三个方面:(1)不动产无法移动,建成后又不易改变用途,如果市场销售不对路,容易造成长期的空置、积压。(2)不动产的生产周期较长,从取得土地到房屋建成销售,通常要3~5年的时间,在此期间影响不动产发展的各种因素发生变化,都会对不动产的投资效果产生影响。(3)自然灾害、战争、社会动荡等,都会对不动产投资产生无法预见的影响。

7. 相对不易变现性

由于不动产位置固定性、用途不易改变等,不动产不像股票和外汇那样,可以迅速变现,其变现性较差。但是,随着不动产市场不断成熟和完善,不动产的交易日益频繁。

8. 政策限制性

不动产市场受国家和地区政策影响较大。城市规划、土地利用规划、土地用途管制、住房政策、不动产信贷政策、不动产税收政策都会对不动产的价格产生直接或间接的影响。

9. 权益受限性

不动产权益是指基于不动产实物衍生的权利、利益和益处。不动产的权利、利益是由许多权利构成的权利束，不同的权利束还可以变动和组合。在我国，不动产相关权利包括土地所有权、土地使用权、房屋所有权、共享权、租赁权、承包经营权、抵押权、担保权等。不同的资产所对应的具体权益是不同的，需要具体考虑。

二、不动产价格的种类和特点

（一）不动产价格的种类

不动产价格种类有各种表现形式，可根据其权益、价格形成方式、物质实体形态和计价单位等加以分类。

1. 按权益不同，可分为使用权价格、抵押权价格、租赁权价格等

不动产发生交易行为时，所针对的不动产权益不同，其价格就不同，如不动产使用权价格、不动产抵押权价格、不动产租赁权价格。**不动产的使用权价格**，是指不动产使用权的交易价格。一般情况下，不动产所有权价格高于不动产使用权价格。**抵押权价格**是为不动产抵押而评估的不动产价格。抵押权价格由于要考虑抵押贷款清偿的安全性，一般要比市场交易价格低。**租赁权价格**是承租方为取得不动产租赁权而向出租方支付的价格。

2. 按价格形成方式不同，可分为市场交易价格、评估价格和理论价格

市场交易价格是不动产在市场交易中实际成交价格。在正常的市场条件下，买卖双方均能迅速获得交易信息，买方能自由地在市场上选择其需要，卖方亦能自由地出售不动产，买卖双方均以自身利益为前提，在彼此自愿的条件下，以某一价格完成不动产交易。由于交易的具体环境不同，市场交易价格经常波动，可能是公平交易价格，也可能是非公平交易价格。拍卖价格、协议价格、招标价格、转让价格等都属于市场交易价格。市场交易价格一般具有如下作用：它是交易双方收支价款的依据、交纳契税和管理费的依据等。

评估价格是对市场交易价格的模拟。由于评估人员的经验、对不动产价格影响因素理解不同，同一宗不动产可能得出不同的评估价格，评估结果也可能不同，但在正常的情况下，不论运用何种方法，评估结果不应有太大的差距。不动产评估价格根据使用目的及其作用可分为基准地价、标定地价、房屋重置价格、交易底价、课税价格等几种。其中基准地价、标定地价、房屋重置价格由政府确定，且由政府定期公布。交易底价则不一定由政府确定，由交易有关方面确定。房屋重置价格，是指在重置时的建筑技术、工艺水平、建筑材料价格、工资水平及运输费用等条件下，重新建造与原有房屋相仿的结构、式样、设备和装修的新房时所需的费用。课税价格，是政府为课征有关房地产税而由估价人员评估的作为课税基础的价格。

理论价格是经济学理论中认为的不动产"公开市场价格"，即如果不动产在合理市场

进行交易,它应该实现的价格。

3. 按物质实体形态不同,可分为土地价格、建筑物价格和不动产价格

土地价格包括基准地价、标定地价和出让底价等。基准地价是按照城市土地级别或均质地域分别评估的商业、住宅、工业等各类用地和综合土地级别的土地使用权的平均价格。基准地价评估以城市为单位进行。标定地价是市、县政府根据需要评估的正常地产市场中,在正常经营管理条件和政策作用下,具体宗地在一定使用年期内的价格。标定地价,可以以基准地价为依据,根据土地使用年限、地块大小、土地形状、容积率、微观区域等条件,通过系数修正进行评估得到,也可以通过市场交易资料,直接进行评估得到。出让底价是政府出让土地使用权(招标或拍卖)时确定的最低价格,也称起叫价格,若低于这个价格则不出让。出让底价是政府根据土地出让的年限、用途、地产市场行情等因素确定的待出让宗地或成片土地在某时点的价格。**建筑物价格**是指纯建筑物部分的价格,不包含其占用的土地价格。在现实生活中,很少有单纯建筑物的买卖,因此建筑物价格很少见。**不动产价格**,是指建筑物连同其占用的土地的价格。

4. 按计价单位不同,可分为总价格、单位价格

不动产总价格,是指一宗不动产的整体价格。不动产**单位价格**,有三种情况:对土地而言,是指单位土地面积的土地价格;对建筑物而言,是指单位建筑面积的建筑物价格;对不动产而言,是指单位建筑面积的房地价格。不动产单位价格的高低能反映不动产单位价格水平的高低,而不动产总价格一般不能说明不动产价格水平的高低。

土地有两种单位价格形式:土地单价和楼面地价。楼面地价,又称单位建筑面积地价,是指平均到每单位建筑面积上的土地价格。

$$楼面地价 = 土地总价格 \div 建筑总面积$$
$$\because 建筑总面积 \div 土地总面积 = 容积率$$
$$\therefore 楼面地价 = 土地单价 \div 容积率$$

(二)不动产价格的特点

1. 不动产价格是权益价格

由于不动产位置不可移动,因此不动产买卖、抵押等并不是转移不动产的物质实体本身,而是转移与不动产有关的各种权益。不动产的权益有多种表现形式,如所有权、使用权、抵押权、租赁权等,因此,发生经济行为的不动产转移方式不同,形成的不动产权益不同,其权益价格也不相同,评估时必须对此仔细考虑。

2. 不动产价格与用途有关

一般商品的价格由其生产成本、供给和需求等因素决定,其价格一般并不因使用状况不同而产生差别。但是,同样一宗不动产在不同的用途下产生的收益是不一样的。特别是土地,在不同的规划用途下,其使用价值是不一样的,土地价格与其用途相关性极大。

例如,在市场经济条件下,一宗土地如果合法地用于经营商业比用于住宅更有利,其价格必然由商业用途所决定。

3. 不动产价格具有个别性

由于不动产的个别性,没有两宗不动产条件完全一致。同时不动产价格形成中,交易主体之间的个别因素也很容易起作用。因此,不动产价格形成具有个别性。由于不动产位置的固定性,其交易往往是单个进行的,因此形成的不动产市场是一个不完全竞争市场。

4. 不动产价格具有可比性

不动产价格尽管具有与一般商品不同的许多特性,但并不意味着其价格之间互不联系。事实上,人们可以根据不动产价格的形成规律,对影响不动产价格的因素进行比较,从而能够比较不动产价格。

三、不动产评估的原则

在进行不动产评估时,除了需要遵循供需原则、替代原则、贡献原则和预期收益原则以外,还特别需要注意遵循最有效使用原则和合法原则等。

(一) 最有效使用原则

土地及其建筑物可以有商业、工业、住宅等多种用途。但同一不动产在不同用途状况下,其收益并不相同。不动产权利人为了获得最大收益总是希望不动产达到最佳使用。但是不动产的最佳使用必须在法律、法规允许的范围内,必须受城市规划的制约。在市场经济条件下,不动产用途可以通过竞争决定,使不动产达到最有效使用。因此评估不动产价值时,不能仅仅考虑不动产现时的用途和利用方式,而要结合预期原则考虑何种情况下不动产才能达到最佳使用及实现的可能,以最佳使用所能带来的收益评估不动产的价值。

(二) 合法原则

合法原则是指不动产评估应以评估对象的合法产权、合法使用和合法处分等为前提进行。在分析不动产的最有效使用时,必须根据城市规划及有关法律的规定,依据规定用途、容积率、建筑高度与建筑风格等确定该不动产的最有效使用。测算不动产的净收益时,其经营用途应为合法用途,比如不能用作赌场。城市规划为居住用地的,评估该地块价值时,必须以居住用地作为其用途,不能用作工业用地或商业用地。测算不动产的净收益时,不能以临时建筑或违章建筑的净收益作为测算依据。

四、不动产评估程序中的实务要点

(一) 明确评估基本事项

在不动产评估时,必须了解评估对象的基本情况,这是拟订不动产评估方案、选择评估方法的前提。评估事项包括以下内容：

1. 明确评估目的

不同的评估目的，其所评估的价值的内涵也不完全相同。不动产评估的评估目的主要有**土地使用权出让评估、不动产转让价值评估、企业改制行为涉及的不动产评估、企业股权转让行为涉及的不动产评估、不动产租赁价值评估、不动产抵押评估、不动产保险评估、不动产课税评估、征地和房屋拆迁补偿评估等**。因此在受理评估业务时，通常由委托方提出评估目的，资产评估专业人员需要**将评估目的明确地写在评估报告上**。

2. 了解评估对象

资产评估专业人员执行不动产评估业务，应当全面了解不动产的**实物状况和权益状况**，掌握评估对象的主要特征。**对不动产的实体了解包括**：土地面积、土地形状、临路状态、土地开发程度、地质、地形及水文状况，建筑物的类型、结构、面积、层数、朝向、平面布置、工程质量、新旧程度、装修和室内外的设施等。**对不动产的权益状态了解包括**：土地的权属、土地使用权年限、建筑物的权属、评估对象设定的其他权利状况等。

3. 确定评估基准日

确定评估基准日，就是确定待估对象的评估时点，通常以年、月、日表示。由于不动产价格经常处于变化之中，而且不动产价格随其价格影响因素变化而变动，因此，必须事先确定所评估的是某一具体时点的价值。

（二）实地勘察与收集资料

虽然受理评估业务时评估师已通过对方提供的资料大体了解了评估对象的基本状况，但此时评估师仍须亲临现场勘察。因为评估需要的资料和数据十分广泛，委托方提供的资料有限，并不能完全满足评估工作的需要。**实地勘察是不动产评估工作的一项重要步骤**。资产评估专业人员执行不动产评估业务，一般情况下，应当对所评估的不动产进行现场调查，明确不动产存在状态并关注其权属状况。特殊情况下，如果采用抽样等方法对不动产进行现场调查，资产评估专业人员应当选择合理的抽样方法，并**充分考虑抽样风险。对不动产处于隐蔽状况或者因客观原因无法进行实地勘察的部分，应当采取适当措施加以判断并予以恰当披露**。不动产市场是地域性很强的市场，交易都是个别交易，非经**实地勘察难以对不动产进行评估**。实地勘察就是评估人员亲临不动产所在地，对被估房产实地调查，以充分了解不动产的特性和所处区域环境。实地勘察要做记录，形成工作底稿。

评估资料的收集在评估过程中是一项耗时较长、艰苦细致的工作。其内容涉及选用评估方法和撰写评估报告所需的资料数据，包括：①评估对象的基本情况；②有关评估对象所在地段的环境和区域因素资料；③与评估对象有关的不动产市场资料，如市场供需状况、建造成本等；④国家和地方涉及不动产评估的政策、法规和定额指标。上述资料除了由委托方提供外,主要通过现场的勘测和必要的调查访问获得。

（三）测算被估不动产价值

资产评估专业人员执行不动产评估业务,应当根据评估对象特点、价值类型、资料收集情况等相关条件,分析市场法、收益法和成本法三种资产评估基本方法以及假设开发法、基准地价修正法等衍生方法的适用性,恰当选择评估方法。

(1) **采用市场法评估不动产时**,应当收集的交易实例信息一般包括:①交易实例的基本状况,主要有名称、坐落、四至、面积、用途、产权状况、土地形状、土地使用期限、建筑物建成日期、建筑结构、周围环境等;②成交日期;③成交价格,包括总价、单价及计价方式;④付款方式;⑤交易情况,主要有交易目的、交易方式、交易税费负担方式、交易人之间的特殊利害关系、特殊交易动机等。

用作参照物的交易实例应当具备的条件包括:①在区位、用途、规模、建筑结构、档次、权利性质等方面与评估对象类似;②成交日期与评估基准日接近;③交易类型与评估目的吻合;④成交价格为正常价格或者可修正为正常价格。采用市场法评估不动产时,应当进行交易情况修正、交易日期修正和不动产状况修正。交易情况修正是将参照物实际交易情况下的价格修正为正常交易情况下的价值。交易日期修正是将参照物成交日期的价格修正为评估基准日的价值。不动产状况修正是将参照物状况下的价格修正为评估对象状况下的价值,可以分为区位状况修正、权益状况修正和实物状况修正。

(2) **采用收益法评估不动产时**,应当了解:①不动产应当具有经济收益或者潜在经济收益;②不动产未来收益及风险能够较准确地预测与量化;③不动产未来收益应当是不动产本身带来的收益;④不动产未来收益包含有形收益和无形收益。

应当合理确定收益期限、净收益与折现率:①收益期限应当根据建筑物剩余经济寿命年限与土地使用权剩余使用年限等参数,并根据有关法律、法规的规定,合理确定;②确定净收益时应当考虑未来收益和风险的合理预期;③折现率与不动产的收益方式、收益预测方法、风险状况有关,也因不动产的组成部分不同而存在差异。折现率的口径应当与预期收益口径保持一致。

(3) **采用成本法评估不动产**,估算重置成本时,应当了解:①重置成本采用客观成本;②不动产重置成本采取土地使用权与建筑物分别估算然后加总的评估方式时,重置成本的相关成本构成应当在两者之间合理划分或者分摊,避免重复计算或者漏算;③不动产的重置成本通常采用更新重置成本。当评估对象为具有特定历史文化价值的不动产时,应当尽量采用复原重置成本。应当对不动产所涉及的土地使用权剩余年限、建筑物经济寿命年限及设施设备的经济寿命年限进行分析判断,合理确定不动产的经济寿命年限。应当全面考虑可能引起不动产贬值的主要因素,合理估算实体性贬值、功能性贬值和经济性贬值。确定住宅用途建筑物实体性贬值时,需要考虑土地使用权自动续期的影响。当土地使用权自动续期时,可以根据建筑物的经济寿命年限确定其贬值额。

运用假设开发法评估不动产时,应当了解:①假设开发法适用于具有开发和再开发潜力,并且其开发完成后的价值可以合理确定的不动产;②开发完成后的不动产价值是开发完成后不动产状况所对应的价值;③后续开发建设的必要支出和应得利润包括后续开发成本、管理费用、销售费用、投资利息、销售税费、开发利润和取得待开发不动产的税费等;④假设开发方式应当是满足规划条件下的最佳开发利用方式。

运用基准地价修正法评估土地使用权价值时,应当根据评估对象的价值内涵与基准地价内涵的差异,合理确定调整内容。在土地级别、用途、权益性质等要素一致的情况下,调整内容一般包括交易日期修正、区域因素修正、个别因素修正、使用年期修正和开发程度修正等。

（四）综合分析确定评估结果

同一宗不动产运用不同评估方法评估出来的价值往往不一致,需要进行综合分析。综合分析是对所选用的评估方法、资料及评估程序的各阶段做客观的分析和检查。此时应特别注意以下几点:所选用的资料是否适当;评估原则的运用是否适当;对资料分析是否准确,特别是对影响因素权重的赋值是否恰当。

（五）撰写评估报告

资产评估专业人员执行不动产评估业务,应当在履行必要的评估程序后,根据《资产评估执业准则——资产评估报告》编制评估报告,无论单独出具不动产评估报告,还是将不动产评估作为企业价值评估的组成部分,资产评估专业人员都应当在评估报告中披露必要信息,使评估报告使用者能够合理理解评估结论。评估报告是评估过程和评估成果的综合反映,通过评估报告,不仅可以得到不动产评估的最后结果,还能了解整个评估过程的技术思路、评估方法和评估依据。

第二节　不动产价格的影响因素

按照与不动产的关系,影响不动产价格的因素可分为一般因素、区域因素和个别因素三个层次。

一、一般因素

一般因素是指影响不动产价格的一般、普遍、共同的因素。它通常会对整个不动产市场产生全面的影响,从而成为影响不动产价格的基本因素。

（一）社会因素

社会因素包括人口数量、人口素质、家庭规模、政治安定状况、社会治安状况、城市化程度及公共设施的建设状况等。人口因素与不动产价格的关系非常紧密,呈正相关关系。

人口增多,对不动产的需求就增加,在供给相对匮乏的情况下,不动产价格水平趋高。人口素质,包括人们的受教育程度、文明程度等,也可能引起不动产价格的变化。例如,地区居民的素质低、组成复杂,社会秩序欠佳,则该地区不动产价格必然低落。家庭规模是指社会或某一地区家庭平均人口数。家庭人口数有变化,即使人口总数不变,也将影响居住单位数的变动,从而影响需用住宅使用面积数额的变动,导致不动产需求的变化,最终影响不动产价格。政治安定状况是指现有政权的稳定程度、不同政治观点的党派和团体的冲突情况、民族的团结情况等。一般来说,政局稳定、民族团结、人们安居乐业,不动产价格就会呈上升趋势。社会治安状况对不动产价格的影响主要指不同区域的治安状况对该区域不动产价格的影响。城市化意味着人口向城市地区集中,造成城市不动产需求不断扩大,带动城市不动产价格上涨。另一方面,公共设施的建设又从成本方面推动不动产价格,从而导致不动产价格上扬。

（二）经济因素

经济因素包括经济发展状况、储蓄及投资水平、财政收支及金融状况、物价、工资及就业水平、利率水平等。经济发展状况对不动产价格的影响巨大。经济发展速度快,各行各业对不动产的需求也就相应增大,不动产价格看涨;在经济发展速度放慢甚至萧条时,不动产价格就会出现徘徊甚至回落的情况。因此,不动产价格的变化也可以反映经济发展的状况。储蓄及投资水平对不动产价格的影响较为复杂。不动产是消费资料和生产资料的综合体,一般来说,随着储蓄水平和投资水平的提高,对不动产的需求就会增加。财政收支及金融状况对不动产价格的影响表现为:财政、金融状况的恶化会导致银根紧缩,从而造成一方面对不动产的需求减退,另一方面因开发资金不足,使不动产的供给量急剧下降。物价波动对不动产价格的影响较为明显。通常来说,当通货膨胀严重时,人们为减少货币贬值带来的损失,往往转向不动产投资,以求保值增值,从而刺激不动产价格猛涨。在工资及就业水平较高时期,由于人们货币购买力较强,就可能推动不动产价格;反之,失业率上升,问津不动产的人就会减少。利率水平对不动产价格的影响也较为复杂,但一般来讲,利率提高一方面增加不动产的开发成本,另一方面会减少对不动产的投资需求;反之亦然。

（三）政策因素

政策因素是指影响不动产价格的制度、政策、法规、行政措施等方面的因素。主要有土地制度、住房制度、城市规划、土地利用规划、不动产价格政策、不动产税收政策等。土地制度对土地价格的影响很大。例如,在我国传统的土地无偿使用的制度下,地租、地价等根本不存在。在市场经济条件下,制定科学合理的土地制度和政策,不仅使国家作为土地所有者的权益得到体现,而且通过市场形成合理的土地使用权价格,可以大大促进土地的有效使用。住房制度与土地制度一样,对不动产价格的影响也是很大的。实行福利型的住房制度,必然造成住宅不动产价格的低水平,无法促进供给的有效增加,难以形成真正的不动产市场。城市规划、土地利用规划等,对不动产价格都有很大的影响,特别是城市规划中规定用途、容积率、覆盖率、建筑高度等指标。就规定用途来说,城市规划把土地规划为住宅区、商业区、工业区等,这就相当于大体上规定了某地区的土地价格。不动产价格政策对不动产价格的影响是通过具体的政策措施来实现的,如果政府试图抑制过高的房价,就会采取一系列有助于降低房价的措施。如降低税收、降低贷款利率、规定收费标准等。不动产税收政策对不动产价格的影响是比较明确的,税收的变化必然会直接影响不动产价格。

(四)心理因素

心理因素对不动产的影响很微妙,在评估时也必须注意考虑。在评估时,主要考虑门牌号码、时尚风气等因素对不动产价值的影响。

影响不动产价格的一般因素影响所有不动产,在所有不动产的价格上体现出来,因而对具体的评估对象而言,一般因素并不是评估中所重点考虑的因素。

二、区域因素

区域因素是指不动产所在区域的自然、社会、经济、政策等因素相结合所产生的区域性特性对不动产价格水平产生影响的因素。这些因素可细分为商业服务繁华度、道路通达度、交通便捷度、设施完备度和环境质量状况等。当然,不同性质的区域,如住宅区、商业区、工业区等,其影响不动产价格的区域因素是不同的,即使同一种因素,其对不同性质区域的影响程度也是不同的。

(一)商业服务业繁华度

商业服务业繁华度是指所在区域的商业、服务业繁华状况及各级商业、服务中心的位置关系。一般来说,商业服务繁华度高,则该地区的不动产价格也高。

(二)道路通达度

道路通达度是指所在区域道路系统的通畅程度。道路的级别(一般分为主干道、次干道、支路)越高,则该区域的不动产价格也越高。

(三)交通便捷度

交通便捷度是指区域交通的便捷程度,包括公共交通系统的完善程度和便利程度。交通越是便捷,不动产价格就越高。

(四)设施完备度

设施完备度是指城市的基础设施、生活设施、文化娱乐设施等的完备程度。基础设施主要包括供水、排水、供电、供气、供热、通信等设施;生活设施主要包括学校、医院、农贸市场、银行、邮电局等设施;文化娱乐设施主要包括电影院、图书馆、博物馆、俱乐部、文化馆、公园、体育场馆等设施。这些设施的完备程度对不动产价格有较大的影响,设施越是完备,不动产价格越高。

（五）环境质量状况

环境质量状况是指区域景观环境、人文环境、社区环境等状况,包括景观、绿化、空气质量、区域居民素质、社区文化、污染等状况。一般来说,优美的环境、清新的空气、没有污染,则该区域的不动产价格水平会较高。

当然,在进行不动产评估时,应注意评估对象的用途。因为,不同用途的不动产,所考虑的区域因素是不同的,且同一种因素对不同用途的不动产来说,其影响的方向、影响的程度均会有所不同,如车水马龙、人来人往对临街的住宅来说是一个不利因素,但对商铺来说却是个有利因素。

三、个别因素

个别因素是指不动产的个别性对不动产个别价格的影响因素。它是决定相同区域不动产出现差异价格的因素,包括土地个别因素和房屋建筑物个别因素两个方面。

（一）土地个别因素

不同用途的土地个别因素并不完全一致,对土地价格影响较大的个别因素主要有如下几个方面。

1. 位置、面积、地势、地质

位置的差异可带来收益上的差异、生活环境的差异,要获得位置好的地段土地,必然要支付较高的代价。土地面积大小对土地的利用有一定的制约作用,土地面积对土地价格的影响主要取决于它与土地利用性质的匹配程度。如果土地面积过小,其可利用的范围就会缩小,从而影响地价。地势即与相邻地块的高低关系,一般来说,地势高的土地价格要高于地势低的土地价格。地质条件与地价的关系是正相关的,即地质条件越好,地价越高,地质条件越低劣,地价越低。

2. 形状、宽度、深度

土地的形状可能是矩形、三角形或不规则形,对建筑物的规模产生不同的影响。通常,地块形状使用的效用大,则价格就高。临街宽度与深度对商业地块的价格影响很大,在宽度一定的条件下,一般来说,宽度增大,土地的价格也增加,如宽度与深度适当,则可使地块充分发挥面积的效用。

3. 临街状况

地块的临街状况对地价的影响很大,街角地处于两条街道交叉或拐角处,具有两面正面长度,对商用不动产最能发挥效用,从而使地价提高。但对居住用不动产来说,街角地对地价的影响则相反。临街地,一面临街,其商用价值低于街角地。袋地深入街区的腹地,通过巷道与街道相连,位置条件不佳,其商用价值较低,但袋地用于住宅建设时,地价可能高于商用,这要看袋地的采光、通风、视野、防火等因素情况。盲地一般指未接公共道路的宗地,其价格一般较低。

4. 规划用途、容积率、使用年限

土地的用途对地价的影响很大,同样一块土地规划为不同的用途,则地价不同。一般来说,对于同一宗土地,商业用途、住宅用途、工业用途的地价是递减的。容积率是影响地价的一个主要因素,容积率越大,地价就越高,反之亦然。使用年限对地价影响也较大,土地使用年限越长,则地价越高。

5. 生熟程度

生熟程度是指被开发的程度,土地被开发程度越高,地价也越高。通常,土地有生地、毛地、熟地之分,熟地的价格要高于生地和毛地的价格。

(二) 房屋建筑物个别因素

从房屋建筑物个别性看,影响不动产价格的个别因素主要有以下几个。

1. 面积、构造、材料等

房屋建筑物的高度、建筑面积不同,建造成本就有差异;构造及使用材料品质不同,也影响着建造成本。

2. 设计、设备

房屋建筑物的设计是否合理,设备档次、质量对建筑物的价格有重大影响。一般来说,房屋的布局、造型及使用功能合理,房价就高;设备的性能、质量好,房价也高。

3. 施工质量

施工质量指房屋建筑物在抗震、防渗漏、隔音、抗变形地、抗磨损及安全性等方面的质量。在其他条件相同的情况下,房屋的施工质量将直接影响不动产的价格。

4. 楼层、朝向

楼层的高低影响房屋的使用功能和使用的方便性、舒适性,进而影响房价。房屋的朝向影响房屋的通风、采光及视野等。楼层、朝向一般共同影响房屋使用的舒适性。

5. 政府各种法规的限制

如政府对住宅区绿地面积的规定、对房屋间距的规定、对建筑消防的要求以及建筑高度限制等,都会影响房价。

6. 新旧程度

新的房屋价格一般要高,旧的房屋价格一般要低。

此外,权益因素对不动产价格也有一定的影响。不动产权属越完善,价值越高;不动产权属瑕疵越多,价值越低。不动产(土地)规划、用途管制的限制越多,价值越低。设定了他项权利的不动产价值低于未设定他项权利的不动产。

第三节　收益法在不动产评估中的应用

一、基本思路

收益法又称收益现值法、收入资本化法、收益还原法,是不动产评估最常用的方法之一。收益法是将被评估不动产未来预期收益折现以确定其评估值的方法。不动产在交易时,随着不动产所有者权利的让渡,不动产的收益转归为不动产购买者。不动产所有者让渡出去的权利必然要在经济上得以实现,不动产购买者必须一次性支付一定的金额,补偿不动产所有者失去的收益。这一货币额每年给不动产所有者带来的利息收入必须等于其每年能从不动产获得的净收益。这个金额就是该收益性不动产的理论价格,用公式表示为:

$$不动产价值 = \frac{净收益}{资本化率}$$

这种理论包含着三个假设前提:①净收益每年不变;②资本化率固定;③收益为无限年期。运用收益法评估不动产价值,首先要确定净收益,通过总收益减总费用求得;然后确定资本化率;最后选择适当的计算公式求得待估不动产的价值。

收益为有限年期的不动产价值计算公式为:

$$P = \frac{A}{r}\left[1 - \frac{1}{(1+r)^n}\right]$$

这是一个在评估实务中经常运用的计算公式,成立条件为:①净收益(A)每年不变;②资本化率(r)固定且大于零;③收益年期(n)有限。

二、适用范围

应用收益法评估不动产的前提是被评估不动产在未来时期能够形成收益。所以,收益现值法适用于有未来收益的不动产价格评估,如写字楼、商场、旅馆、公寓用地等,而不适用于政府机关、学校、公园等公共建设设施不动产价格的评估。

三、计算公式

在评估实践中,可以单独评估土地的价值,也可以单独评估建筑物的价值,还可以评估房地合在一起的不动产价值。不同情形的具体计算公式如下。

（一）评估房地合在一起的不动产价值

不动产价值＝不动产净收益/综合资本化率

式中：

$$不动产净收益＝不动产总收益－不动产总费用$$

$$不动产总费用＝管理费＋维修费＋保险费＋税金$$

（二）单独评估土地的价值

1. 由土地收益评估土地价值

$$土地价值＝土地净收益/土地资本化率$$

式中：

$$土地净收益＝土地总收益－土地总费用$$

$$土地总费用＝管理费＋维护费＋税金$$

2. 由不动产收益评估土地价值

$$土地价值＝不动产价值－建筑物现值$$

式中：

$$建筑物现值＝建筑物重置价－年贬值额×已使用年数$$

$$年贬值额＝\frac{建筑物重置价－残值}{耐用年限}＝\frac{建筑物重置价×（1－残值率）}{耐用年限}$$

此时，建筑物的现值必须采用收益法以外的方法，可以是成本法和市场法，但一般采用成本法。

$$土地价值＝\frac{不动产净收益－建筑物净收益}{土地资本化率}$$

式中：

$$建筑物净收益＝建筑物现值×建筑物资本化率。$$

$$不动产价值和不动产净收益的求法和前面相同。$$

（三）单独评估建筑物的价值

（1）如果已知不动产价值和土地价值，则建筑物价值可以通过下式计算：

$$建筑物价值＝不动产价值－土地价值$$

此时，土地的现值必须采用收益法以外的方法，可以是成本法和市场法，但一般采用市场法。

（2）如果不知道不动产价值和土地价值，但知道其收益情况，建筑物价值也可通过下式计算：

$$建筑物价值＝\frac{不动产净收益－土地净收益}{建筑物资本化率}$$

值得注意的是,用来求取不动产净收益的不动产总费用并不包含不动产折旧费。同时,以上所列计算公式均假设土地使用年限为无限年期,但在评估实务中应注意土地使用的有限年期。

四、净收益的估算

(一)概念

净收益是指归属于不动产的、除去各种费用后的收益,一般以年为计算区间。在确定净收益时,必须注意不动产的实际净收益和客观净收益的区别。**实际净收益是指在现实状态下被估不动产实际取得的净收益。**实际收益由于受到多种因素的影响,通常不能直接用于评估。例如,当前收益权利人在法律上、行政上享有某种特权或受到特殊的限制,致使不动产的收益偏高或偏低,而这些权利或限制又不能随同转让;当前不动产并未处于最佳利用状态,收益偏低;收益权利人经营不善,导致亏损,净收益为零甚至为负值;土地处于待开发状态,无当前收益,同时还必须支付有关税、费,净收益为负值。**由于评估的结果是用来作为正常市场交易的参考,因此,必须对存在上述偏差的实际净收益进行修正,剔除其中特殊的、偶然的因素,取得不动产在正常的市场条件下用于法律上允许的最佳利用方向上的净收益值,其中还应包含对未来收益和风险的合理预期。我们把这个收益称为客观净收益,只有客观净收益才能作为评估的依据。客观净收益由总收益扣除总费用求得。**

(二)客观总收益

总收益是指以收益为目的的不动产和与之有关的各种设施、劳动力及经营管理者要素结合产生的收益。也就是指被估不动产在一年内所能得到的所有收益。求取总收益时,是以客观收益即正常收益为基础的,而不能以实际收益计算。

在计算以客观收益为基础的总收益时,不动产所产生的正常收益必须是其处于最佳利用状态下的结果。最佳利用状态是指该不动产处于最佳利用方向和最佳利用程度。在现实经济中,应为正常使用下的正常收益。

由于现实经济过程的复杂性,呈现在资产评估专业人员面前的收益状况也非常复杂,因而收益的确定较困难。如某种经营能带来的收益虽较丰厚,但在未来存在激烈竞争或存在潜在的风险,使现实收益具有下降趋势,则不能用现实收益估价,而必须对其加以修正。为此,在确定收益值时,一是需与类似小动产的收益比较,二是需对市场走势作准确的预测,三是必须考虑收益的风险性和可实现性。

(三)客观总费用

总费用是指取得该收益所必需的各项支出,如维修费、管理费。也就是为创造总收益所必须投入的正常支出。总费用也应该是客观费用。总费用所应包含的项目随被评估不动产的状态不同而有所区别。费用支出,有些是正常支出,有些是非正常支出。作为从总收益中扣除的总费用,要做认真分析,剔除不正常的费用支出。

五、折现率或资本化率的估测

折现率或资本化率是决定不动产价格的最关键因素。评估价格对折现率或资本化率最为敏感,折现率或资本化率的每个微小变动,都会导致评估价格的显著变化。因此,要求确定一个很精确的折现率或资本化率。

(一)求取方法

1. 收益与售价比率法

这种方法是从市场上收集若干与待评估不动产相类似的交易案例,分析其内涵资本化,然后加以加权平均或简单平均求出折现率或资本化率的方法。适用于市场比较成熟、交易案例较多的情况。由于这种方法的数据来自市场,能直接反映市场供求状况,因而是一种比较客观的方法。

【例 7-1】 在不动产市场中收集到 5 个与待估不动产类似的交易实例,具体情况如表 7-1 所示。

表 7-1 交易实例具体情况

可比实例	纯收益	价 格	资本化率
1	418.9 元/年·m²	5 900 元/m²	7.1%
2	450.0 元/年·m²	6 000 元/m²	7.5%
3	393.3 元/年·m²	5 700 元/m²	6.9%
4	459.9 元/年·m²	6 300 元/m²	7.3%
5	507.0 元/年·m²	6 500 元/m²	7.8%

要求:计算不动产市场的资本化率。

解析:

对以上 5 个可比实例的资本化率进行简单算术平均就可以得到资本化率为:

$$r=(7.1\%+7.5\%+6.9\%+7.3\%+7.8\%)\div5=7.32\%$$

2. 无风险报酬率加风险报酬率法

无风险报酬率一般可选用国债利率或银行中长期利率,然后根据影响待评估不动产的社会经济环境,预计其风险程度,确定风险报酬率,以这两者之和为资本化率。这种方法简便易行,对市场要求不高,应用比较广泛,但是风险报酬率的确定主观性较强,不容易掌握。

3. 各投资风险、收益率排序插入法

这种方法的基本思路是：收集社会上各种类型投资及其收益率的资料，按收益率大小进行排序，并制成图表，资产评估专业人员再根据经验判断待估不动产的资本化率应在哪个范围内，从而确定出所要求取的资本化率。

（二）折现率或资本化率的种类

1. 综合折现率或资本化率

综合折现率或资本化率是将土地和附着于其上的建筑物看作一个整体评估所采用的折现率或资本化率。此时评估的是不动产整体的价格，采用的净收益也是房地合一的净收益。

2. 建筑物折现率或资本化率

建筑物折现率或资本化率用于评估建筑物的自身价格。这时采用的净收益是建筑物自身所产生的净收益，把不动产整体收益中的土地净收益排除在外。

3. 土地折现率或资本化率

土地折现率或资本化率用于求取土地自身的价格。这时采用的净收益是土地自身的净收益，把不动产整体收益中的建筑物净收益排除在外。

综合资本化率、建筑物资本化率和土地资本化率的关系，可用公式表示如下：

$$r = \frac{r_1 L + r_2 B}{L + B}$$

或：

$$r_1 = \frac{r(L + B) - r_2 B}{L}$$

式中：r——综合资本化率；r_1——土地资本化率；r_2——建筑物资本化率；L——土地价格；B——建筑物价格。

六、收益期限的确定

不动产收益期限要根据具体的评估对象、评估对象的寿命及评估时采用的假设条件等来确定。

（1）以单独的土地和单纯的建筑物为评估对象的，应分别根据土地使用权年限和建筑物经济寿命，扣减不动产开发建设及装修等期限，确定未来可获收益的期限。

（2）以土地与建筑物合成体为评估对象的，如果建筑物的经济寿命长于或等于土地使用权年限，则根据土地使用权年限确定未来可获收益的期限；如果建筑物的经济寿命短于土地使用权年限，则可以先根据建筑物的经济寿命，扣减不动产开发建设及装修等期

限,确定未来可获收益的期限,然后再加上土地使用权年限超出建筑物经济寿命的土地剩余使用年限确定未来可获收益的期限。

七、应用举例

【例7-2】 某房地产公司于 2015 年 2 月以出让方式取得一块土地 50 年使用权,并于 2017 年 2 月在此地块上建成一座钢混结构的写字楼,当时造价为每平方米 3 800 元,经济耐用年限为 60 年。目前,该类型建筑的重置价格为每平方米 4 200 元。该大楼总建筑面积为 5 000 平方米,全部用于出租。据调查,当地同类型写字楼的租金一般为每天每平方米 2 元,空置率在 10% 左右,每年需支付的管理费用一般为年租金的 3.5%,维修费为建筑物重置价的 1.5%,房产税为租金收入的 12%,其他税为租金收入的 6%,保险费为建筑物重置价的 0.2%,折现率确定为 8%。

要求:根据以上资料评估该写字楼在 2020 年 2 月的价格。

解析:

(1) 估算年有效毛收入。

$$年有效毛收入 = 2 \times 365 \times 5\,000 \times (1 - 10\%) = 3\,285\,000(元)$$

(2) 估算年营运费用。

$$年管理费 = 3\,285\,000 \times 3.5\% = 114\,975(元)$$
$$年维修费 = 4\,200 \times 5\,000 \times 1.5\% = 315\,000(元)$$
$$年保险费 = 4\,200 \times 5\,000 \times 0.2\% = 42\,000(元)$$
$$年税金 = 3\,285\,000 \times (12\% + 6\%) = 591\,300(元)$$
$$年营运费用 = 114\,975 + 315\,000 + 42\,000 + 591\,300 = 1\,063\,275(元)$$

(3) 估算净收益。

年净收益等于年有效毛收入减去年营运费用,即:

$$年净收益 = 3\,285\,000 - 1\,063\,275 = 2\,221\,725(元)$$

(4) 计算不动产价格。

不动产的剩余收益期为 45 年,则:

$$不动产价格 = 2\,221\,725 \times [1 - 1/(1 + 8\%)^{45}]/8\% = 26\,901\,538.33(元)$$
$$单价 = 26\,901\,538.33 \div 5\,000 = 5\,380.31(元/平方米)$$

(5) 评估结果。

经评估,该写字楼在 2020 年 2 月的价格为 26 901 538 元,单价为每平方米 5 380.31 元。

【例7-3】 某房地产公司于 2016 年 11 月以有偿出让方式取得一块土地 50 年的使用权,并于 2018 年 11 月在此地块上建成一座砖混结构的写字楼,当时造价为每平方米

$2\,000$ 元,经济耐用年限为 55 年,残值率为 2%。目前,该类建筑重置价格为每平方米 $2\,500$ 元。该建筑物占地面积 500 平方米,建筑物面积为 900 平方米。目前,用于出租,每月平均实收租金为 3 万元。另据调查,当地同类写字楼出租租金一般为每月每建筑平方米 50 元,空置率为 10%,每年需支付的管理费为年租金的 3.5%,维修费为重置价的 1.5%,土地使用税及房产税为每建筑平方米 20 元,保险费为重置价的 0.2%,土地资本化率 7%,建筑物资本化率 8%。

要求:根据以上资料评估该宗地 2020 年 11 月的土地使用权价格。

解析:

(1) 选定评估方法。该宗不动产有经济收益,适宜采用收益法。

(2) 计算总收益。总收益应该为客观收益而不是实际收益。

$$年总收益 = 50 \times 12 \times 900 \times (1 - 10\%) = 486\,000(元)$$

(3) 计算总费用。

$$年管理费 = 486\,000 \times 3.5\% = 17\,010(元)$$
$$年维修费 = 2\,500 \times 900 \times 1.5\% = 33\,750(元)$$
$$年税金 = 20 \times 900 = 18\,000(元)$$
$$年保险费 = 2\,500 \times 900 \times 0.2\% = 4\,500(元)$$
$$年总费用 = 17\,010 + 33\,750 + 18\,000 + 4\,500 = 73\,260(元)$$

(4) 计算不动产纯收益。

$$不动产纯收益 = 年总收益 - 年总费用 = 486\,000 - 73\,260 = 412\,740(元)$$

(5) 计算房屋纯收益。

① 计算年贬值额。年贬值额本来是应该根据房屋的耐用年限而确定的,但是,在本例中,土地使用年限小于房屋耐用年限,根据《城市房地产管理法》的规定,土地使用权出让年限届满,土地使用权由国家无偿收回。这样,房屋重置价必须在可使用期限内全部收回。本例中,不动产使用者可使用的年限为 48 年 $(50-2)$,并且不计残值,视为土地使用权年期届满,一并由政府无偿收回。(注:如计算残值,也可以。)

$$年贬值额 = 建筑物重置价 \div 使用年限 = 2\,500 \times 900 \div 48 = 46\,875(元)$$

② 计算房屋现值。

$$房屋现值 = 房屋重置价 - 年贬值额 \times 已使用年数$$
$$= 2\,500 \times 900 - 46\,875 \times 2 = 2\,156\,250(元)$$

③ 计算房屋纯收益。

$$房屋年纯收益 = 房屋现值 \div 房屋年金现值系数$$
$$= 2\,156\,250 \times 8\% \div [1 - 1 \div (1 + 8\%)^{46}] = 177\,653(元)$$

（6）计算土地纯收益。

土地年纯收益＝不动产年纯收益－房屋年纯收益＝412 740－177 653＝235 087（元）

（7）计算土地使用权价格。土地使用权在 2020 年 11 月的剩余使用年期为 50－4＝46（年）。

$$V＝235\ 087\times[1－1\div(1＋7\%)^{46}]\div7\%＝3\ 208\ 942.29（元）$$
$$单价＝3\ 208\ 942.29\div500＝6\ 417.88（元/m^2）$$

（8）评估结果。

本宗土地使用权在 2020 年 11 月的土地使用权价格为 3 208 942.29 元，单价为每平方米 6 417.88 元。

第四节　市场法在不动产评估中的应用

一、基本思路

市场法又称市场比较法、交易实例比较法或现行市价比较法等，是不动产评估最常用的方法之一。市场法是在求取一宗待评估不动产价格时，依据替代原理，将待评估不动产与类似不动产的近期交易价格进行对照比较，通过修正交易情况、交易日期、区域因素和个别因素等，得出待评估不动产在评估基准日的价格。

二、适用范围

只要有类似不动产的适合的交易实例都可应用市场法。因此在不动产市场比较发达的情况下，市场法得到广泛应用。在同一地区或同一供求范围内的类似地区中，与待估不动产相类似的不动产交易越多，市场法应用越有效。而在下列情况下，市场法往往难以适用：

（1）没有发生过不动产交易或在不动产交易发生较少的地区。

（2）对某些类型很少见的不动产或交易实例很少见的不动产，如古建筑等。

（3）对那些很难成为交易对象的不动产，如教堂、寺庙等。

（4）风景名胜区土地。

（5）图书馆、体育馆、学校用地等。

三、计算公式

市场法的计算公式如下：

$$P＝P'\times\begin{matrix}交易情况\\修正系数\end{matrix}\times\begin{matrix}交易日期\\修正系数\end{matrix}\times\begin{matrix}区域因素\\修正系数\end{matrix}\times\begin{matrix}个别因素\\修正系数\end{matrix}\times\begin{matrix}容积率\\修正系数\end{matrix}\times\begin{matrix}土地使用年限\\修正系数\end{matrix}$$

式中:P——待评估不动产评估价格;P'——可比交易实例价格。

其中,交易情况修正系数公式如下:

$$交易情况修正系数 = \frac{100}{(\quad)} = \frac{正常交易情况指数}{参照物交易情况指数}$$

正常交易情况指数定为100,通过参照物实际交易与正常交易比较确定参照物交易的定量值。

交易日期修正系数公式如下:

$$交易日期修正系数 = \frac{(\quad)}{100} = \frac{评估基准日价格指数}{参照物交易时价格指数}$$

参照物交易时价格指数定为100,通过比较评估对象评估基准日物价指数与参照物交易日物价指数之比确定评估对象价格指数。

区域因素修正系数公式如下:

$$区域因素修正系数 = \frac{100}{(\quad)} = \frac{待评估对象区域因素指数}{参照物区域因素指数}$$

区域因素一般采用打分法进行评价。评估对象区域因素定为100,通过评估对象区域因素与参照物区域因素评分比确定参照物区域因素值。

个别因素修正系数公式如下:

$$个别因素修正系数 = \frac{100}{(\quad)} = \frac{待评估对象个别因素指数}{参照物个别因素指数}$$

个别因素一般包括容积率因素、土地使用年限因素与其他个别因素。其他个别因素一般采用打分法进行评价。其他个别因素修正系数为待评估不动产其他个别因素评价值与参照物其他个别因素评价值之比。

上述公式中,各个因素比较均为待估不动产的可比特征与参照物可比特征之比,即都是以评估对象为标准的。

一般情况下,地价指数与容积率相关,根据容积率与地价指数的对应关系,确定不同的容积率对应的地价指数,将容积率的对比转化为地价指数的比较。也可将容积率与修正系数直接联系进行比较。一般情况下,容积率修正系数公式为:

$$容积率修正系数 = \frac{100}{(\quad)} = \frac{待评估对象容积率对应价格指数}{参照物容积率对应价格指数}$$

我国实行有限年期的土地使用权有偿使用制度,土地使用年期的长短,直接影响土地收益的多少。土地的年收益确定以后,土地的使用期限越长,土地的总收益就越多,土地利用效益也越高,土地的价格也会因此提高。通过使用年期修正,可以消除由于使用期限不同而对不动产价格造成的影响。

土地使用年限修正系数按下式计算:

$$K = (P/A, r, m)/(P/A, r, n)$$
$$= [1-(1+r)^{-m}]/[1-(1+r)^{-n}]$$

式中:K——将可比实例年期修正到待评估对象使用年期的年期修正系数;r——还原利率;m——待评估对象的使用年期;n——可比参照物的使用年期。

综上,市场法评估不动产公式可以具体化为:

$$P = P^1 \times \frac{100}{(\ )} \times \frac{(\ )}{100} \times \frac{100}{(\ )} \times \frac{100}{(\ )} \times \frac{100}{(\ )} \times [1-(1+r)^{-m}]/[1-(1+r)^{-n}]$$

每个参照物与待评估不动产各个可比因素按上述方法比较均可得一个评估值,有几个参照物就可得出几个评估值。最后,根据执业经验,分析取舍评估值,并采用适当的方法最终确定一个评估值。

四、操作步骤

(一)收集交易资料

运用市场法评估不动产,必须以大量的交易资料为基础,如果资料太少,则评估结果难免失真,因此,资产评估专业人员要经常性地收集并积累尽可能多的交易资料,而不要等到需要采用市场法估价时才临时去做。所收集的交易资料一般包括不动产的坐落位置、用途、交易价格、交易日期、交易双方的基本情况、建筑物结构、设备及装修情况、周围环境以及市场状况等。收集到的每一个交易实例、每一个内容,都需要查证,做到准确无误。另外,所选取的交易案例资料不应该超过1年。

(二)确定可比交易案例

资产评估专业人员应对从各个渠道收集的交易实例进行筛选,选择其中符合本次评估要求的交易对象作为供比较参照的交易实例。为确保估价精度,参照物交易实例的选取要注意以下几点:①应为在邻近地区或同一个供需圈内的类似地区中的交易实例;②与待估不动产属于同一交易类型,且用途相同;③参照物的交易应属于正常交易或可修正为正常交易;④与待估不动产的估价日期接近;⑤与待估不动产的区域特征、个别特征相近。

(三)建立比较基础

选取参照物交易实例后,应对其成交价格进行处理,建立价格可比基础,统一其表达方式和内涵。

1.统一财产范围

确定参照物交易实例的成交价是否包含债权债务,是否包含不动产以外的其他资产和权益,是房地合一还是房地分离等,如存在差异要折算为一致。

2. 统一付款方式

确定参照物交易实例成交价的付款方式是否存在分期,确定分期长短、分期次数,通常以一次性全额付款为标准进行折算。

3. 统一税费负担

按照相关规定,不动产交易的税费应由交易双方负担,但实际交易中常有一方负担的情况,应予确定并折算为一致。

4. 统一计价单位

确定是采用单价还是总价,币种一般采用人民币,确定面积的内涵及计量单位并折算为一致。

(四)因素修正

1. 交易情况修正

交易情况修正就是**剔除交易行为中的一些特殊因素所造成的交易价格偏差**,使所选择的参照物交易实例的交易价格成为正常价格。特殊因素对交易情况的影响主要表现在以下几个方面:①有特别利害关系人之间的交易,如亲友之间、有利害关系的单位之间的交易,通常价格偏低;②有特殊动机的交易,如急于脱手的价格往往偏低,急于购买的价格往往偏高;③有意为逃避交易税,签订的是虚假交易合同,造成交易价格偏低;④买方和卖方不了解市场行情,盲目购买或出售,使交易价格偏高或偏低。上述情况对交易价格的影响主要由资产评估专业人员靠经验加以判断和修正。

2. 交易日期修正

由于参照物交易实例与待估不动产的交易时间不同,价格会发生变化,因此必须进行适当的交易日期修正。**交易日期修正一般是利用价格指数,将交易实例当时的交易价格,修正为评估基准日价格。**利用价格指数进行交易日期修正的公式为:

$$\text{评估基准日的}\atop\text{交易实例价格} = \text{交易实例当}\atop\text{时成交价格} \times \text{评估基准日}\atop\text{价格指数} \div \text{交易日}\atop\text{价格指数}$$

值得注意的是,所选用的价格指数应该是本地区的不动产价格指数,当缺乏这样的资料时,可以调查本地区过去不同时间的数宗类似不动产的交易价格,并测算出这些不动产价格随时间变化的变动率,以此代替不动产价格指数。

3. 区域因素修正

区域因素修正主要内容包括参照物交易实例所在区域与待估不动产所在区域在繁华程度、交通状况、环境质量、城市规划等方面的差异。进行区域因素修正时,主要有两种方法:

（1）**直接比较法**，即把待估不动产区域因素具体化、分值化。如把待估不动产区域因素具体细化为繁华程度、交通通达状况、基础设施完备程度、公共设施完备程度等，并给出分值，再以此为基准，将所选择的参照物的各因素与它逐项比较打分，求得各个参照物的区域因素修正比率。

（2）**间接比较法**，即假想一块标准不动产，以其具体区域因素状况及其分值为基准，参照物不动产与待估不动产的具体区域因素均与其他因素逐项比较打分，求得参照物和待估不动产的区域因素值以及区域因素修正比率。

4. 个别因素修正

个别因素修正主要内容包括**参照物的交易实例与待估不动产在面积、形状、临街状态、位置、地势、土地使用年限、建筑物结构、朝向、装修、设备、已使用年限等方面的差异**。个别因素修正的方法与区域因素修正的方法大致相同。

5. 容积率修正

容积率与地价指数相关，可以根据容积率与地价指数的对应关系，确定不同的容积率对应的地价指数，然后将容积率的对比转化为地价指数的比较；也可将容积率与修正系数直接联系进行比较。

6. 使用年限修正

土地使用年限修正系数的数学表达式为：

$$K = [1-(1+r)^{-m}]/[1-(1+r)^{-n}]$$

式中：K——将可比实例年期修正到待评估对象使用年期的年期修正系数；r——还原利率；m——待评估对象的剩余使用年期；n——可比实例的剩余使用年期。

（五）确定不动产价格

按照要求，采用市场法评估不动产**至少应选择三个参照物交易实例**，通过上述各种因素修正后，至少应**得到三个初步评估结果**，最后需要**综合求出一个评估值**，作为最终的评估结论。在具体操作中，可考虑采用以下几种方法：①**简单算术平均法**，将多个参照物交易实例修正后的初步评估结果简单算术平均后，作为待估不动产的最终评估结果；②**加权算术平均法**，判定各个初步评估结果与待估不动产的接近程度，并根据接近程度赋予每个初步评估结果相应的权重，然后将加权平均后的结果作为待估不动产的评估价值；③**中位数法**，以多个初步评估结果的中间一个价格作为待估不动产的评估价值。

五、应用举例

【例7-4】 有一待估宗地 G 需评估，现收集到与待估宗地条件类似的 A、B、C、D、E、F 6宗地，基本情况如表 7-2 所示。

表 7-2　待估宗地及与之条件类似的 6 宗地的基本信息

宗地	成交单价	交易时间	交易情况	容积率	区域因素	个别因素
A	6 800 元/m²	2017	+1%	1.3	0	+1%
B	6 100 元/m²	2017	0	1.1	0	−1%
C	7 000 元/m²	2016	+5%	1.4	0	−2%
D	6 800 元/m²	2018	0	1.0	−1%	−1%
E	7 500 元/m²	2019	−1%	1.6	0	+2%
F	7 000 元/m²	2020	0	1.3	+1%	0
G		2020	0	1.1	0	0

该城市地价指数表如表 7-3 所示。

表 7-3　该城市地价指数表

时间	2014 年	2015 年	2016 年	2017 年	2018 年	2019 年	2020 年
指数	100	103	107	110	108	107	112

　　另根据调查,该市此类用地容积率与地价的关系为:当容积率在 1～1.5 时,容积率每增加 0.1,宗地单位地价比容积率为 1 时的单位地价增加 5%;超过 1.5 时,超出部分的容积率每增长 0.1,单位地价比容积率为 1.5 时的单位地价增加 3%。对交易情况、区域因素、个别因素的修正,都是案例宗地与待估宗地比较,表中负号表示案例条件比待估宗地差,正号表示案例宗地条件优于待估宗地,数值大小代表对宗地地价的修正幅度。

　　要求:根据以上条件,评估该宗土地 2020 年的价格。

　　解析:

　　(1) 建立容积率地价指数表(见表 7-4)。

表 7-4　容积率地价指数表

容积率	1.0	1.1	1.2	1.3	1.4	1.5	1.6
地价指数	100	105	110	115	120	125	128

　　(2) 各宗地成交单价修正计算。

$$A \text{ 宗地修正后成交单价} = 6\,800 \times \frac{112}{110} \times \frac{100}{101} \times \frac{105}{115} \times \frac{100}{100} \times \frac{100}{101} = 6\,200(\text{元}/m^2)$$

$$B \text{ 宗地修正后成交单价} = 6\,100 \times \frac{112}{110} \times \frac{100}{100} \times \frac{105}{105} \times \frac{100}{100} \times \frac{100}{99} = 6\,270(\text{元}/m^2)$$

$$C \text{ 宗地修正后成交单价} = 7\,000 \times \frac{112}{107} \times \frac{100}{105} \times \frac{105}{120} \times \frac{100}{100} \times \frac{100}{98} = 6\,230(\text{元}/m^2)$$

第四节　市场法在不动产评估中的应用 | 151

$$D\text{ 宗地修正后成交单价}=6\,800\times\frac{112}{108}\times\frac{100}{100}\times\frac{105}{100}\times\frac{100}{99}\times\frac{100}{99}=7\,550(\text{元}/\text{m}^2)$$

$$E\text{ 宗地修正后成交单价}=7\,500\times\frac{112}{107}\times\frac{100}{99}\times\frac{105}{128}\times\frac{100}{100}\times\frac{100}{102}=6\,380(\text{元}/\text{m}^2)$$

$$F\text{ 宗地修正后成交单价}=7\,000\times\frac{112}{112}\times\frac{100}{100}\times\frac{105}{115}\times\frac{100}{101}\times\frac{100}{100}=6\,330(\text{元}/\text{m}^2)$$

（3）评估结果。

宗地 D 的值为异常值，应予剔除。其他结果较为接近，取其平均值作为评估结果。因此：

$$\text{待估宗地 G 的评估结果}=(6\,200+6\,270+6\,230+6\,380+6\,330)\div5=6\,282(\text{元}/\text{m}^2)$$

第五节　成本法在不动产评估中的应用

一、基本思路

成本法是不动产估价方法之一。重置一宗与待估不动产可以产生同等效用的不动产，以所需投入的各项费用之和为依据，再加上合理的利润和税金来确定不动产价格。不动产评估的成本法和一般意义上的成本法是不同的，评估结果不是不动产的成本价，而是从再取得不动产的角度评判其交换价值。成本法的评估对象可以具体划分为以下三类：一是新开发的土地；二是新建的不动产；三是旧的建筑物。

二、适用范围

成本法的适用范围很广泛，只要是新开发建造、计划建造或可以假设重新开发建造的不动产，都可以用成本法评估。成本法特别适用于那些既无收益又很少发生交易的不动产的评估，如政府的办公楼、学校、图书馆、医院、军队、公园等公用、公益性不动产，以及化工厂、钢铁厂、发电厂、码头、机场等有独特设计或只针对个别用户的特殊需要而开发建造的不动产。

三、土地评估中成本法操作步骤

土地评估中成本法的计算公式为：

**土地使用权价格＝土地取得费＋土地开发成本＋投资利息＋投资利润＋税费
＋土地增值收益**

（一）土地取得费

土地取得费，是为取得土地而向原土地使用者支付的费用，分为两种情况：

（1）**国家征用集体土地而支付给农村集体经济组织的费用，包括土地补偿费、地上附着物和青苗补偿费及安置补助费等。**

一般认为，土地补偿费中包含一定的级差地租。地上附着物和青苗补偿费是对被征地单位已投入土地而未回收的资金的补偿，类似地租中所包含的投资补偿部分。安置补助费是为保证被征地农业人口在失去其生产资料后的生活水平不致降低而设立的，因而可以看成从被征土地未来产生的增值收益中提取的部分作为补偿。

按照《土地管理法》的有关规定，征用耕地的补偿费用包括土地补偿费、安置补助费以及地上附着物和青苗的补偿费。征用耕地的土地补偿费，为该耕地被征用前 3 年平均产值的 6～10 倍；征用耕地的安置补助费，按照需要安置的农业人口数计算，需要安置的农业人口数，按照被征用的耕地数量除以征地前被征用单位平均每人占有耕地的数量计算。每一个需要安置的农业人口的安置补偿费标准，为该耕地被征前 3 年平均年产值的 4～6 倍。但是，每公顷被征用耕地的安置补助费，最高不得超过被征用前 3 年平均年产值的 15 倍。征用其他土地的土地补偿费和安置补助费标准，由各省、自治区、直辖市参照征用耕地的土地补偿费和安置补助费的标准规定。被征用土地上的附着物和青苗的补偿标准，由省、自治区、直辖市规定。征用城市郊区的菜地，用地单位应当按照国家有关规定缴纳新菜地开发建设基金。另外，按照以上规定支付土地补偿费和安置补助费，尚不能使需要安置的农民保持原有生活水平的，经省、自治区、直辖市人民政府批准，可以增加安置补助费。但是，土地补偿费和安置补助费标准的总和不得超过土地被征用前 3 年平均年产值的 30 倍。在特殊情况下，国务院根据社会经济发展水平，可以提高被征用耕地的土地补偿费和安置补助费标准。

（2）**为取得已利用城市土地而向原土地使用者支付的拆迁费用。**这是对原城市土地使用者在土地投资未收回部分的补偿，补偿标准各地均有具体规定。

（二）土地开发成本

土地开发成本是达到设定开发程度投入的各项费用。一般来说，达到设定开发程度需要满足"三通一平"和"七通一平"。其中，"三通一平"是指通水、通路、通电和平整地面；"七通一平"是指通上水、通下水、通电、通信、通气、通热、通路和平整地面。

（三）投资利息

投资利息就是资金的时间价值。在用成本法评估土地价格时，投资包括土地取得费和土地开发成本两人部分。这两部分资金的投入时间和占用时间个同，因此要分别考虑其计息期。土地取得费在土地开发开工前即要全部付清，在开发完成销售后方能收回，因此，计息期应为整个开发期和销售期。而土地开发成本在开发过程中逐步投入，销售后收回，若土地开发成本是均匀投入，则计息期为开发期的一半。

（四）投资利润

投资的目的是获取相应的利润，作为投资的回报，对土地投资，当然也要获取相应的利润。该利润计算的关键是确定销售利润率或投资回报率。利润率计算的基数可以是土地取得费和土地开发成本,也可以是开发后土地的地价。计算时,要注意所用利润率的内涵。

（五）税费

税费是指整个开发过程中涉及的税金和费用。可以按照国家税收政策和法规来确定。

（六）土地增值收益

土地增值收益主要是由于土地的用途改变或对土地开发而产生的价值增加额,具体根据土地所在区域确定。成本价格乘以土地增值收益率即为土地增值收益。目前,土地增值收益率**通常为10%~25%**。成本价格计算公式如下:

成本价格＝土地取得费＋土地开发成本＋投资利息＋投资利润＋税费

四、新建不动产评估中成本法操作步骤

新建不动产评估中成本法的计算公式如下:

新建不动产价格＝土地取得费用＋开发成本＋管理费用＋销售费用＋投资利息
＋开发利润＋销售税费

（一）土地取得费用

土地取得的途径有征用、拆迁改造和购买等。根据取得土地的不同途径,分别测算取得土地的费用,包括有关土地取得的手续费及税金。

（二）开发成本

开发成本包括勘察设计和前期工程费、基础设施建设费、建筑安装工程费、公共配套设施费和开发过程中的税费及其他间接费用。

(1) **勘察设计和前期工程费。**包括临时用地、水、电、路、场地平整费,工程勘察测量及工程设计费,城市规划设计、咨询、可行性研究费,建设工程许可证执照费等。

(2) **基础设施建设费。**包括由开发商承担的红线内外的自来水、雨水、污水、煤气、热力、供电、电信、道路、绿化、环境卫生、照明等建设费用。

(3) **建筑安装工程费。**可设想为开发商取得土地后将建筑工程全部委托给建筑商施工,开发商应当付给建筑商的全部费用。包括建筑安装工程费、招投标费、预算审查费、质量监督费、竣工图费、三材差价、定额调整系数、建材发展基金等。

(4) **公共配套设施费。**包括由开发商支付的非经营性用房,如居委会、派出所、托幼所、自行车棚、信报箱、公厕等;附属工程,如锅炉房、热力点、变电室、开闭所、煤气调压站的费用和电贴费等;文教卫生,如中小学、文化站、门诊部、卫生所用房的建设费用。而商业网点如粮店、副食店、菜店、小百货店等经营性用房的建设费用应由经营者负担,按规定

不计入商品房价格。

（5）**开发过程中的税费及其他间接费用。**

（三）管理费用

管理费用主要是指开办费和开发过程中管理人员的工资等。管理费用以土地取得费用和开发成本之和作为计算的基数。

（四）销售费用

销售费用是销售开发完成后不动产所需的费用。一般包括广告宣传费用、展销费、销售人员的工资、办公费用、委托销售代理费及其他在销售过程中发生的费用。销售费用一般按照不动产市场价值的一定比例计算。

（五）投资利息

投资利息是指不动产开发完成之前或完成销售之前发生的支出产生的利息。一般以土地取得费用、开发成本、管理费用、销售费用作为计算利息的基数。计息期的确定同上文。

（六）开发利润

开发利润是开发该类项目所能获得的行业平均利润率。一般以土地取得费用、开发成本、管理费用、销售费用之和作为利润计算的基数。利润率应根据开发类似不动产的平均利润率来确定。

（七）销售税费

销售税费是应由开发商缴纳的税费。销售税费可根据税法和政府的有关收费标准来测算。销售税费具体包括：

1. 销售税金及附加

销售税金及附加包括应缴纳的增值税、城市维护建设税和教育费附加等。

2. 其他销售税费

其他销售税费包括应由开发商负担的印花税、土地增值税、交易手续费、空房看管费、保修期内的维修费等。

五、旧建筑物评估中成本法操作步骤

应用成本法评估旧建筑物，应该以旧建筑物的重新建造成本为基础，结合建筑物的贬值来确定。具体公式有两种：

$$旧建筑物价格＝重置成本一年贬值额×已使用年数$$
$$旧建筑物价格＝重置成本×成新率$$

（一）重置成本

建筑物的重置成本是假设旧建筑物所在的土地已取得，且为空地，除了旧建筑物不存在之外，其他状况均维持不变，然后在此空地上重新建造与旧建筑物完全相同或具有相同效用的新建筑物所需的一切合理、必要的费用、税金和正常利润的和。

建筑物的重置成本一般可采用成本法估算，也可在估算出房地合一的价格后，再扣除其中包含的土地价格后求得，还可采用市场比较法来估算。

（二）年贬值额

贬值额是指建筑物的价值减损。这里所指的贬值与会计上的折旧的内涵是不一样的。建筑物的价值减损，一般由两方面因素引起：一方面是物理化学因素，即因建筑物使用而使建筑物磨损、建筑物自然老化、自然灾害引起的建筑物结构缺损和功能减弱，所有这些因素均导致建筑物价值减损，故这种减损又被称为有形损耗。另一方面是社会经济因素，即由于技术革新、建筑工艺改进或人们观念的变化，引起建筑设备陈旧落后、设计风格落后，由此引起建筑物陈旧、落后，致使其价值降低，这种减损称为无形损耗。所以，从建筑物重置成本中扣除建筑物损耗，即为建筑物现值。因此，确定建筑物贬值额就成为房产评估中的关键一环。

计算年贬值额的方法很多，常用的方法是直线法，又称定额法，即假设建筑物的价值损耗是均匀的，在耐用年限内每年的贬值额相等。则建筑物每年的贬值额为：

$$D = (C-S) \div N = C \times (1-R) \div N$$

式中：D——年贬值额；C——建筑物的重新建造成本；S——建筑物的净残值，即建筑物在达到耐用年限后的剩余价值扣除旧建筑物拆除、清理等处理费用后所剩余的价值；N——建筑物的耐用年限；R——建筑物的残值率，即建筑物的净残值与重新建造成本的比率。

根据《房地产估价规范》，各种结构的房屋的经济耐用年限参考值如表7-5所示：

表7-5　各种结构的房屋的经济耐用年限参考值

结构等级	使用年限	
	生产用房	非生产用房
钢结构	70 年	80 年
钢筋混凝土结构	50 年	60 年
砖混结构一等	40 年	50 年
砖混结构二等	40 年	50 年
砖木结构一等	30 年	40 年
砖木结构二等	30 年	40 年
砖木结构三等	30 年	40 年
简易结构	10 年	

耐用年限可用下式计算更为准确：

耐用年限＝建筑物实际已使用年限＋建筑物尚可使用年限

（三）成新率

建筑物的成新率测算主要采用使用年限法和打分法两种方法。

1. 使用年限法

$$\text{建筑物成新率} = \text{建筑物尚可使用年限} \div \left(\text{建筑物实际已使用年限} + \text{建筑物尚可使用年限} \right) \times 100\%$$

2. 打分法

打分法是指资产评估专业人员借助建筑物成新率的评分标准，包括建筑物整体成新率评分标准，以及按不同构成部分的评分标准进行对照打分，得出或汇总得出建筑物的成新率。具体操作时可按评分标准对建筑物的结构、装修、设备三个部分分别打分，然后再对三个部分的得分进行修正，最后得出建筑物的成新率。可参照下列公式进行：

$$\text{成新率} = \left(G \times \frac{\text{结构部分合计得分}}{} + S \times \frac{\text{装修部分合计得分}}{} + B \times \frac{\text{设备部分合计得分}}{} \right) \div 100 \times 100\%$$

式中：G——结构部分的评分修正系数；S——装修部分的评分修正系数；B——设备部分的评分修正系数。

不同结构类型房屋成新率评分修正系数表如表 7-6 所示。

表 7-6　不同结构类型房屋成新率评分修正系数表

层次	钢筋混凝土结构			砖混结构			砖木结构			其他结构		
	结构部分 G	装修部分 S	设备部分 B	结构部分 G	装修部分 S	设备部分 B	结构部分 G	装修部分 S	设备部分 B	结构部分 G	装修部分 S	设备部分 B
单层	0.85	0.05	0.1	0.7	0.2	0.1	0.8	0.15	0.05	0.87	0.1	0.03
2～3 层	0.8	0.1	0.1	0.6	0.2	0.2	0.7	0.2	0.1			
4～6 层	0.75	0.12	0.13	0.55	0.15	0.3						
7 层以上	0.8	0.1	0.1									

【例 7-5】　某市经济技术开发区内有一块土地面积为 15 000 m²，该地块的土地征地费用（含安置、拆迁、青苗补偿费和耕地占用税）为每亩 10 万元，土地开发费为每平方千米 2 亿元，土地开发周期为两年，第一年投入资金占总开发费用的 35%，开发商要求的投资回报率为 10%，当地土地增值收益率为 15%，银行贷款年利率为 6%。

要求：评估该土地的价值。

解析：

该土地的各项投入成本均已知，可用成本法评估。

（1）计算土地取得费。

$$土地取得费＝150 元/m^2$$

（2）计算土地开发费。

$$土地开发费＝200 元/m^2$$

（3）计算投资利息。

土地取得费的计息期为两年，土地开发费为分段均匀投入，则：

$$土地取得费利息＝150×[(1+6\%)^2-1]=18.54(元/m^2)$$

$$土地开发费利息＝200×35\%×[(1+6\%)^{1.5}-1]+200×65\%×[(1+6\%)^{0.5}-1]$$
$$＝6.39+3.84=10.23(元/m^2)$$

（4）计算开发利润。

$$开发利润＝(150+200)×10\%＝35(元/m^2)$$

（5）计算土地增值收益。

$$土地增值收益＝(150+200+18.54+10.23+35)×15\%＝62.07(元/m^2)$$

（6）计算土地价值。

$$土地单价＝150+200+18.54+10.23+35+62.07$$
$$＝475.84(元/m^2)$$
$$土地总计＝475.84×15\,000＝7\,137\,600(元)$$

所以，该宗地单价为 475.84 元/m²，总价为 7 137 600 元。

第六节　剩余法在不动产评估中的应用

一、基本思路

剩余法又称假设开发法、倒算法，是将待估不动产预期开发价值，扣除正常投入费用、税金和利润后的剩余值来推算确定待评估不动产价格的评估方法。

二、适用范围

剩余法比较适用于成片待开发土地转让价格的确定。具体来说，主要适用于下列不动产的评估：

（1）待开发土地的估价。

（2）将生地开发成熟地的土地估价。用开发完成后的熟地价减去土地开发费用。

（3）待拆迁改造的再开发地产的估价。注意这里的建筑费还应包括拆迁费用。

三、应用前提

应用剩余法需要遵循的前提包括：

（1）不动产开发必须有明确的规划，且规划得到相关规划部门的批准，并在有效期内。

（2）假设不动产的利用方式为最佳开发利用方式。

（3）售价的预测和成本的测算必须符合合法原则，并在正确分析不动产市场行情，掌握不动产市场中有关数据信息的基础上合理测算。

四、计算公式

剩余法的计算公式较多，各个国家或地区的具体形式不同，但基本的思路都可以用以下公式表示：

$$V = A - (B + C + D + E)$$

式中：V——评估对象价值；A——开发完成后不动产价值；B——开发成本；C——投资利息；D——合理利润；E——正常税费。

目前，在具体的评估实务中，我国常用的计算公式为：

$$地价＝预期楼价－建筑费－专业费用－销售费用－利息－税费－利润$$

五、操作步骤

（一）调查待估对象的基本情况

（1）调查土地的**限制条件**，如土地政策的限制，城市规划、土地利用规划的制约。

（2）调查土地**位置**，掌握土地所在城市的性质及其在城市中的具体坐落，以及周围土地条件和利用现状。

（3）调查土地**面积大小和土地形状、地质状况、地形地貌、基础设施状况和生活设施状况以及公用设施状况**等。

（4）调查**不动产利用要求**，掌握城市规划对此宗地的规划用途、容积率、覆盖率、建筑物高度限制等。

（5）调查土地的**权利状况**，包括权利性质、使用年限、能否续期、是否已设定抵押权等。这些权利状况与确定开发完成后的不动产价值、售价及租金水平有非常密切的关系。

（二）确定最佳开发利用方式

根据调查得到的土地状况和不动产市场条件等，在城市规划及法律法规等所允许的范围内，确定地块的最佳利用方式，包括确定用途、建筑容积率、土地覆盖率、建筑高度、建筑装修档次等。

（三）预测楼价

对于出售的不动产,如居住用商品房、工业厂房,可采用市场比较法确定开发完成后的不动产总价。对于出租的不动产,如写字楼和商业楼宇,其开发完成后不动产总价的确定,首先采用市场法确定所开发不动产出租的净收益,然后再采用收益还原法将出租净收益转化为不动产总价。

（四）估算各项成本费用

各项成本费用包括:估算开发建筑成本费用;估算专业费用;确定开发建设工期,估算预付资本利息;估算税金;估算开发完成后的不动产租售费用。

1. 估算开发建筑成本费用

开发建筑成本费用包括直接工程费、间接工程费、建筑承包商利润及由发包商负担的建筑附带费用等,可采用比较法来测算,既可通过当地同类建筑物当前平均或一般建造费用来测算,也可通过建筑工程概预算的方法来估算。

2. 估算专业费用

专业费用包括建筑设计费、工程概预算费用等,一般采用建造费用的一定比率估算。

3. 确定开发建设工期,估算预付资本利息

开发建设工期是指从取得土地所有权一直到不动产全部销售或出租完毕的这一个时期。根据等量资本要获取等量利润的原理,利息应为开发全部预付资本的融资成本,不仅是建造工程费用的利息,还应包括土地资本的利息。不动产开发的预付资本包括地价款、开发建造费、专业费和不可预见费等,即使这些费用是自有资金,也要计算利息。这些费用在不动产开发建设过程中投入的时间是不同的。在确定利息额时,必须根据地价款、建筑费用、专业费用等的投入额、各自在开发过程中所占用的时间长短和当时的贷款利率高低进行计算。例如,预付地价款的利息额应以全部预付的价款按整个开发建设工期计算,建筑费、专业费假设在建造期内均匀投入,则利息以全部建筑费和专业费为基数,按建造期的一半计算。若有分年度投入数据,则可进一步细化。如建造期两年,第一年投入部分计息期为一年半,第二年投入部分计息期为半年等。建筑费、专业费在建筑竣工后的空置及销售期内应按全额全期计息。

4. 估算税金

税金主要指建成后不动产销售涉及税金等,应根据当前政府的税收政策估算,一般以建成后不动产总价的一定比例计算。

5. 估算开发完成后的不动产租售费用

租售费用主要指用于建成后不动产销售或出租的中介代理费、市场营销广告费、买卖

手续费等，一般以不动产总价或租金的一定比例计算。

（五）确定开发商合理利润

开发商合理利润一般以不动产总价或预付总资本的一定比例计算。投资回报利润率的计算基数一般为地价、建筑费和专业费三项，销售利润率的计算基数一般为不动产售价。

（六）估算不动产价格

根据计算公式和确定的各项指标的具体金额，估算不动产价格。

【例 7-6】 有一宗"七通一平"的待开发建筑用地，土地面积为 2 000 m²，建筑容积率为 2.5，拟开发建设写字楼，建设期为两年，建筑费为 3 000 元/m²，专业费为建筑费的 10%，建筑费和专业费在建设期内均匀投入。该写字楼建成后即出售，预计售价为 9 000 元/m²，销售费用为楼价的 2.5%，销售税费为楼价的 6.5%，当地银行年贷款利率为 6%，开发商要求的投资利润率为 10%。

解析：

要求：估算该宗土地目前的单位地价。

（1）确定评估方法。现已知楼价的预测值和各项开发成本及费用，可用假设开发法评估。计算公式为：

$$地价＝楼价－建筑费－专业费－利息－销售税费－利润$$

（2）计算楼价。

$$楼价＝2\,000×2.5×9\,000＝45\,000\,000（元）$$

（3）计算建筑费和专业费。

$$建筑费＝3\,000×2\,000×2.5＝15\,000\,000（元）$$
$$专业费＝建筑费×10\%＝15\,000\,000×10\%＝1\,500\,000（元）$$

（4）计算销售费用和税费。

$$销售费用＝45\,000\,000×2.5\%＝1\,125\,000（元）$$
$$销售税费＝45\,000\,000×6.5\%＝2\,925\,000（元）$$

（5）计算利润。

$$利润＝（地价＋建筑费＋专业费）×10\%$$
$$＝（地价＋16\,500\,000）×10\%$$

（6）计算利息。

$$利息＝地价×[(1+6\%)^2-1]+(15\,000\,000+1\,500\,000)×[(1+6\%)-1]$$
$$＝地价×0.123\,6+990\,000$$

（7）求取地价。

$$地价＝45\ 000\ 000－16\ 500\ 000－1\ 125\ 000－2\ 925\ 000－0.1×地价－1\ 650\ 000$$
$$－0.123\ 6×地价－990\ 000$$

$$地价＝21\ 810\ 000÷1.223\ 6$$
$$＝17\ 824\ 452（元）$$

$$单位地价＝17\ 824\ 452÷2\ 000＝8\ 912（元/m^2）$$

以上方法是通过计算利息确定不动产价格的方法。此外，我们还可以通过折现的方法来确定不动产的价格。

【例7-7】 待估土地为一块已完成"七通一平"的待开发空地，土地使用权年限为50年，土地面积为2 000 m²，拟建设商业居住混合楼，容积率为10，建筑层数为20层，各层建筑面积为1 000m²，地上1—2层为商业用房（建筑面积2 000 m²），3—20层为住宅（建筑面积18 000 m²），建设周期3年，假设各年建筑费的投入集中在年中。总建筑费预计为2 000万元，专业费为建筑费的6%，成本利润率20%，贷款年利率6%，销售税费为楼价的4%。在未来3年的建设周期中，开发费投入情况如下：第1年投入50%的建筑费和专业费，第2年投入30%，第3年投入余下的20%。该楼完成后，全部商业用房和30%的住宅部分可售出，住宅部分的50%在半年后售出，其余20%在年后售出，预计商业用房平均售价为5 000 元/m²，住宅的平均售价为3 500 元/m²。

要求：计算该土地目前的单位价格（折现率10%）。

解析：

（1）确定评估方法。现已知楼价的预测值和各项开发成本及费用，可用假设开发法评估。计算公式为：

地价＝楼价－建筑费－专业费－利息－销售税费－利润

（2）计算楼价。

$$楼价＝\frac{5\ 000×2\ 000}{(1＋10\%)^3}＋\frac{3\ 500×18\ 000×30\%}{(1＋10\%)^3}＋\frac{3\ 500×18\ 000×50\%}{(1＋10\%)^{3.5}}$$
$$＋\frac{3\ 500×18\ 000×20\%}{(1＋10\%)^4}$$
$$＝5\ 288.4（万元）$$

（3）计算建筑费和专业费。

$$建筑费＝\frac{2\ 000×50\%}{(1＋10\%)^{0.5}}＋\frac{2\ 000×30\%}{(1＋10\%)^{1.5}}＋\frac{2\ 000×20\%}{(1＋10\%)^{2.5}}＝1\ 788.73（万元）$$

$$专业费＝1\ 788.73×6\%＝107.3（万元）$$

（4）计算销售税费。

$$销售税费＝5\ 288.4×4\%＝211.54（万元）$$

（5）计算利润。

$$利润＝（地价＋建筑费＋专业费）×20\%＝地价×20\%＋379.21$$

（6）求取地价。

$$地价＝5\ 288.4－1\ 788.73－107.3－211.54－地价×20\%－379.21$$

$$地价＝\frac{5\ 288.4－1\ 788.73－107.3－211.54－379.21}{1＋20\%}＝2\ 334.68（万元）$$

$$单位地价＝2\ 334.68÷2\ 000＝1.167（万元/m^2）$$

该方法在估算总建筑费用、专业费用以及宗地价时均考虑了货币的时间价值，都表现为现值。这说明，计算中已经包含了投资利息的因素。因此，不再重复计算投资利息。

第七节　基准地价修正法在不动产评估中的应用

一、基准地价的概念

基准地价是按照城镇土地级别或均质地域分别评估的商业、住宅、工业等各类用地和综合土地级别的土地使用权的平均价格。基准地价评估以城镇为单位进行，由政府统一公布。

基准地价评估有两个环节：一是基准地价评估区域的确定；二是基准地价的确定。

二、基准地价的特点和作用

（一）基准地价的特点

基准地价一般具有下列特点：

（1）基准地价是区域性价格。这个区域可以是级别区域，也可以是区段，因而基准地价的表现形式通常为区片价和路段价，或两者结合起来共同反映某种用途的土地使用权价格。

（2）基准地价是土地使用权价格。

（3）基准地价是平均价格。

（4）基准地价一般都要覆盖整个城市建成区。

（5）基准地价是单位土地面积的地价。

（6）基准地价具有现时性，是政府公布的价格。

（二）基准地价的作用

基准地价的作用如下：

（1）具有政府公告作用。

（2）是宏观调控地价水平的依据。

（3）是进一步评估宗地地价的基础。

（4）是政府参与土地有偿使用收益分配的依据。

三、基准地价修正法

（一）基本思路

基准地价修正法，是利用城镇基准地价和基准地价修正系数表等评估成果，按照替代原则，将被估宗地的区域条件和个别条件等与其所处区域的平均条件相比较，并对照修正系数表选取相应的修正系数对基准地价进行修正，从而求取被估宗地在评估基准日价格的方法。基准地价修正法的基本原理是替代原理，即在正常的市场条件下，具有相似土地条件和使用功能的土地，在正常的不动产市场中，应当具有相似的价格。基准地价修正法的本质是市场法。

（二）适用范围

在我国许多城市，尤其是地产市场不太发达的城市，基准地价修正法也是常用的方法。其主要适用于完成基准地价评估的城镇的土地评估，即该城市具备基准地价成果图和相应修正体系成果。

基准地价修正法可在短时间内大批量进行宗地地价评估，可快速方便地进行大面积、数量众多的土地价格评估。但其精度取决于基准地价及其修正系数的精度。因此，该方法一般在宗地地价评估中不作为主要的评估方法，而作为一种辅助方法。

（三）估价程序

1. 收集、整理估价成果资料

定级估价资料是采用基准地价修正法评估宗地地价必不可少的基础性资料。因此在评估前必须收集当地定级评估的成果资料，主要包括土地级别图、基准地价图、样点地价分布图、基准地价表、基准地价修正系数表和相应的因素条件说明表等，并归纳、整理和分析，作为宗地评估的基础资料。

2. 确定修正系数表

根据被估宗地的位置、用途、所处的土地级别、所对应的基准地价，确定相应的因素条件说明表和因素修正系数表，以确定地价修正的基础和需要调查的影响因素项目。

3. 调查影响宗地价格因素

按照与被估宗地所处级别和用途的对应的基准地价修正系数表和因素条件说明表中所要求的因素条件，确定宗地条件的调查项目，调查项目应与修订系数表中的因素一致。

宗地因素指标的调查，应充分利用已收集的资料和土地登记资料及有关图件，不能满足需要的,应进行实地调查采样,在调查基础上,整理归纳宗地地价因素指标数据。

4. 确定待估宗地因素修正系数

根据每个因素的指标值,查对相对应用途土地的基准地价影响因素指标说明表,确定因素指标对应的优劣状况;按优劣状况再查对基准地价修正系数表,得到该因素的修正系数。对所有影响宗地地价的因素都同样处理,即得到宗地的全部因素修正系数。

5. 确定待估宗地使用年限修正系数

基准地价对应的使用年期,是各用途土地使用权的最高出让年期,而具体宗地的使用年期可能各不相同,因此必须进行年期修正。土地使用的年期修正系数按下式计算:

$$K = (P/A, r, m)/(P/A, r, n) = [1-(1+r)^{-m}]/[1-(1+r)^{-n}]$$

式中:

K——年期修正系数;r——还原利率;m——待估宗地的可使用年期;n——该类土地最高出让年期。

6. 确定待估宗地日期修正系数

基准地价对应的是基准地价评估基准日的地价水平,随时间前移,土地市场的地价水平会有所变化,因此必须进行日期修正,把基准地价对应的地价水平修正到宗地地价评估基准日时的地价水平。一般可根据地价指数变动幅度进行。

7. 确定待估宗地容积率修正系数

待估宗地容积率修正系数是一个非常重要的修正系数。基准地价对应的是该用途土地在该级别或均质地域内的平均容积率,各宗地的容积率可能各不相同,同时容积率对地价的影响也非常大,并且在同一个级别区域的,各宗地的容积率的差异甚至很大,因此一定要重视容积率的修正。也就是说,必须将区域平均容积率下的地价水平修正到宗地实际容积率水平下的地价。

8. 评估宗地地价

依据前面的分析和所计算得到的修正系数,按下列公式求算待估宗地的地价水平。

$$待估宗地地价 = 待估宗地所处地段的基准地价 \times 年期修正系数 \times 期日修正系数 \times 容积率修正系数 \times 其他因素修正系数$$

四、应用举例

【例 7-8】 估价对象为 A 市某宗地,根据该市土地级别图确定的土地级别为住宅一级,对应的基准地价为 3 544 元/平方米,拟采用基准地价修正法确定 2020 年 9 月 30 日评估值。

解析：

（1）确定待估宗地期日修正系数。该市基准地价基准日期为 2016 年 6 月 30 日,与评估基准日相差 3.25 年,需要进行期日因素修正。根据中国城市地价动态监测网数据整理,期日因素修正系数为 1.27。

（2）确定待估宗地使用年限修正系数。本次测算待估宗地 70 年使用年期的出让地价,该市基准地价中住宅用地设定的使用年限为法定的最高使用年限 70 年,因此,不需要进行修正。

（3）确定待估宗地容积率修正系数。待估宗地容积率设定为 2.2,该市基准地价住宅用地平均容积率为 2.2,因此容积率修正系数为 1。

（4）确定待估宗地其他因素修正系数。根据《A 市区土地级别与基准地价更新技术报告》,住宅用地宗地面积修正系数和形状修正系数,如表 7-7 和表 7-8 所示。待估宗地面积较小,对土地利用有一定影响,因此面积修正系数为 0.97。待估宗地形状为梯形,地形较优,因此形状修正系数为 1.03。

表 7-7　住宅用地宗地面积修正系数表

指标标准	指标标准说明	修正系数
优	面积适中,对土地利用极为有利	1.06
较优	面积对土地利用较为有利	1.03
一般	面积对土地利用无不良影响	1
较劣	面积较小,对土地利用有一定影响	0.97
劣	面积过小,对土地利用产生严重影响	0.94

表 7-8　住宅用地宗地形状修正系数表

指标标准	指标标准说明	修正系数
优	正方形、长方形	1.06
较优	梯形	1.03
一般	较规整	1
较劣	较不规整	0.97
劣	畸零地	0.94

（5）确定待估宗地评估值。根据以上分析,确定待估宗地的评估值：

$$宗地价 = 3\,544 \times 1.27 \times 1 \times 1 \times 0.97 \times 1.03 = 4\,496.83(元/平方米)$$

第八节　路线价法在不动产评估中的应用

一、路线价法的概念和理论依据

（一）概念

路线价法是根据土地价值高低随与街道距离增大而递减的原理,在特定街道上设定单价,依此单价配合深度百分率表及其他修正率表来估算临接同一街道的其他宗地地价的估价方法。

路线价,是指面临特定街道而接近距离相等的市街土地,设定标准深度,求取的该标准深度若干宗地的平均单价。

（二）理论依据

路线价法认为土地价值与其临街深度大小的关系很大,土地价值随临街深度而递减,一宗地越接近道路部分价值越高,离开街道愈远价值愈低。路线价法的本质也是一种市场法,理论基础也是替代原理。

二、计算公式

路线价法的计算公式有不同的表现形式,常用的公式是:

宗地总价＝路线价×深度百分率×临街宽度

如果宗地条件特殊,如不规则地,还要在上述公式的基础上进行其他因素的修正。公式为:

宗地总价＝路线价×深度百分率×临街宽度×修正率

三、适用范围

前边所讲收益现值法、现行市价法一般只适用于单宗地的估价,路线价法则尤其适用于同时对大片土地的评估,特别是土地课税、土地重划、征地拆迁等场合。当然,这种方法仅适用于城市土地特别是商业用地的估价。

四、基本程序

（一）路线价区段划分

地价相等、地段相连的地段一般划分为同一路线价区段,路线价区段为带状地段。街道两侧接近性基本相等的地段长度称为路线段长度。路线价区段一般以路线价显著增减的地点为界。原则上街道不同的路段,路线价也不相同,如果街道一侧的繁华状况与对侧有显著差异,同一路段也可划分为两种不同的路线价。繁华街道有时需要附设不同的路线价,住宅区用地区位差异较小,所以住宅区的路线段较长,甚至几个街道路线段都相同。

（二）确定标准宗地

路线价是标准宗地的单位价格,路线价的设定必须先确定标准宗地面积。标准宗地是指从城市一定区域中沿主要街道的宗地中选定的深度、宽度和形状标准的宗地。标准深度是指标准宗地的临街深度。临街深度是指宗地离开街道的垂直距离。目前标准宗地的形状为矩形,而标准宗地的深度、宽度各国不尽相同。以美国为例,是把临街宽度为 1 英尺,深度为 100 英尺的细长地块作为标准宗地,其路线价的含义就是该标准宗地的价格。在实际评估中的标准深度,通常是以路线价区段内临街各宗土地深度的众数为准。

（三）确定路线价

路线价的确定,主要采取两种方法:第一种是由熟练的评估人员依买卖实例用市场法等基本评估方法确定。第二种是采用评分方式,将形成土地价格的各种因素分成几种项目加以评分,然后合计,换算成附设于路线价上的点数。

（四）制作深度百分率表

深度百分率又称深度指数;深度百分率表,又称深度指数表。深度百分率,是地价随临街深度长短变化的比率。美国归纳出了许多地价与临街深度变化的规律（法则）,著名的有四三二一法则、苏慕斯法则、霍夫曼法则、哈柏法则等。

（五）计算宗地价格

依据路线价和深度百分率及其他条件修正率表,运用路线价法计算公式,则可以计算得到宗地价值。

五、几个路线价法则

（一）四三二一法则

四三二一法则(4-3-2-1 Rule)是将标准深度 100 英尺(30.48 米)的普通临街地,与街道平行区分为四等份,即由临街面算起,第 1 个 25 英尺(7.62 米)的价值占路线价的 40%,第 2 个 25 英尺(7.62 米)的价值占路线价的 30%,第 3 个 25 英尺(7.62 米)的价值占 20%,第 4 个 25 英尺(7.62 米)的价值为 10%。如果超过 100 英尺(30.48 米),则需九八七六法则来补充。即超过 100 英尺(30.48 米)的第 1 个 25 英尺(7.62 米)价值为路线价的 9%,第 2 个 25 英尺(7.62 米)为 8%,第 3 个 25 英尺(7.62 米)为 7%,第 4 个 25 英尺(7.62 米)为 6%。应用四三二一法则评估,简明易记,但因深度划分过分粗略,可能出现评估不够精细的问题。

（二）苏慕斯法则

苏慕斯法则(Somers Rule)是由苏慕斯(Willam A.Somers)根据其多年实践经验并经

对众多的买卖实例价格调查比较后创立的。苏慕斯经过调查证明,100 英尺(30.48 米)深的土地价值,前半临街 50 英尺(15.24 米)部分占全宗地总价 72.5%,后半 50 英尺(15.24 米)部分占 27.5%,若再深 50 英尺(15.24 米),该则宗地所增的价值仅为 15%。其深度百分率即在这种价值分配原则下拟订。由于苏慕斯法则在美国俄亥俄州克利夫兰市应用最著名,因此一般将其称为克利夫兰法则(Cleveland Rule)。

（三）霍夫曼法则

霍夫曼法则(Hoffman Rule)是 1866 年由纽约市法官霍夫曼所创造的,是最先被承认对于各种深度的宗地评估的法则。霍夫曼法则认为:深度 100 英尺(30.48 米)的宗地,在最初 50 英尺(15.24 米)的价值应占全宗地价值的 2/3。在此基础上,则深度 100 英尺(30.48 米)的宗地,最初的 25 英尺(7.62 米)等于 37.5%,最初的一半,即 50 英尺(15.24 米)等于 67%,75 英尺(22.86 米)等于 87.7%,全体的 100 英尺(30.48 米)等于 100%。

（四）哈柏法则

哈柏法则(Harper Rule)创设于英国。该法则认为一宗土地的价值与其深度的平方根成正比。即深度百分率为其深度的平方根的 10 倍。即深度百分率=$10 \times \sqrt{深度}$%,例如一宗 50 英尺(15.24 米)深土地价值,即相当于 100 英尺(30.48 米)深土地价值的 70%。因为深度百分率=$10 \times \sqrt{50}$%,约等于 70%。但标准深度不一定为 100 英尺(30.48 米),所以经修订的哈柏法为:

$$深度百分率＝\sqrt{所给深度}÷\sqrt{标准深度}×100\%$$

【例 7-9】 现有临街宗地 A、B、C、D、E、F(临街分布图如图 7-1 所示)深度分别为 25 米、50 米、75 米、100 米、125 米和 150 米,宽度分别为 10 米、10 米、20 米、20 米、30 米和 30 米。路线价为 2 000 元/米,设标准深度为 100 米。

要求:运用四三二一法则,计算各宗土地的价值。

解析:

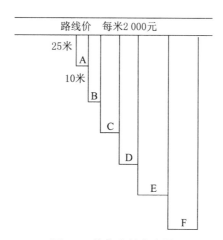

图 7-1 临街宗地分布图

A 宗地价值＝2 000×0.4×10＝8 000(元)

B 宗地价值＝2 000×0.7×10＝14 000(元)

C 宗地价值＝2 000×0.9×20＝36 000(元)

D 宗地价值＝2 000×1.0×20＝40 000(元)

E 宗地价值＝2 000×(1.0＋0.09)×30＝65 400(元)

F 宗地价值＝2 000×(1.0＋0.09＋0.08)×30＝70 200(元)

第九节　在建工程评估

一、在建工程的概念和特点

（一）概念

在建工程指在评估时未完工或虽然已经完工,但尚未竣工验收、交付使用的建设项目,以及为建设项目备用的材料、设备等资产。在建工程的表现形式很多,既有处于建设过程中的项目,也有多年停建的烂尾工程。但是,只有那些经国家法定机关或有权部门在其职权范围内依照法律规定的程序进行审批后取得相关批文的合法工程,以及能够在市场上变价的在建工程,才能作为评估的对象。

（二）特点

1. 范围广、情况复杂

在建工程的范围很广,情况复杂。以建筑工程为例,它包括建设中的各种房屋建筑物,而且建筑工程又包含各种设备安装,范围涉及各个行业,情况比较复杂,具有较强的专业技术和专业特点。

2. 各在建工程之间可比性差

在建工程的工程进度差异很大,有的是刚刚投资兴建,有的已经完工但尚未交付使用。这些工程进度上的差异就会造成在建工程资产功能上的差异。因此在建工程之间的可比性较差,评估时直接可比案例较少。

3. 投资不能完全体现在建工程的形象进度

由于在建工程的投资方式和会计核算要求,其账面价值往往包括预付材料款和预付设备款,同时也记录在建工程中的应付材料款及应付设备款等,如出包工程的付款方式是由合同规定的,可能有时预付很多而工程进度未跟上,有时预付较少而进度超出。因此,在建工程的投资并不能完全体现在建工程的形象进度。

4. 建设工期长短差别大

有些在建工程如厂区内的道路、设备基础等,一般工期较短;有些在建工程如高速公路、港口码头等的建设工期就很长。

5. 工程的价格受后续工程影响较大

对于建设工期较长的在建工程,建造期间的材料、工费价格、设计等都可能发生变化,使在建工程的成本以及建成后发挥的效益都具有很多不确定性,因此在建工程的价格与后续工程的进度和质量有着非常密切的关系。

二、资料的收集和分析

通过收集与在建工程评估有关的资料,确定被估在建工程的合法性,分析在建工程有关技术和经济指标。

(1)收集与被估在建工程有关的政府批准文件和工程其他详细资料。政府批准文件如土地使用权出让合同、建设用地许可证、施工许可证、开工许可证、预售许可证等。其他资料如工程图纸、工程预算书、施工合同、有关账簿及原始记录等。从上述资料中明确项目名称、建筑面积、工程结构、工程预算、实际用款和完工程度,以及需要安装的设备名称、规格、型号、数量、合同金额、实际预付额、到货和工程安装情况等。

(2)资产评估专业人员到工程现场查勘工程进度和工程形象进度,明确工程竣工、达到交付使用的日期以及评估基准日工程形象进度是否与总工程进度计划相符。

(3)了解开发商有关情况,检查工程质量。要了解开发商的资质、财务状况、工程监管等情况。同时检查在建工程质量和建筑材料质量,明确建筑工程各组成部分是否存在缺陷及待修理的因素,在建工程整体布局是否合理。

(4)收集有关法定参数。如有关部门规定或制定的当地建筑工程预算定额、建筑工程间接费用标准、地方建筑材料价差指数、建筑工程预备费用及其他费用标准等。

三、评估方法

(一)形象进度法

形象进度法是选择足够的可比销售资料,根据在建工程建造完成后的不动产市场价格,结合工程形象进度评估在建工程价值的方法。计算公式为:

$$在建工程价格=建成后不动产市场价值×工程形象进度百分比$$

其中,建成后不动产市场价值,一般可采用市场法或收益法评估。

$$工程形象进度百分比=\left(实际完成建筑工程量+实际完成安装工程量\right)÷总工程量×100\%$$

如果考虑营销支出、广告费和风险等因素,具体应用形象进度法时,还可以考虑一定的折扣率。

（二）成本法

成本法评估在建工程是按在建工程客观投入的成本评估，即以开发或建造被估在建工程已经耗费的各项必要费用之和，再加上正常的利润和应纳税金来确定被估在建工程的价值的方法。计算公式为：

在建工程价格＝土地取得费＋专业费用＋建筑物建造费用＋正常利税

其中，土地取得费是指为获得土地而发生的费用，包括相关手续费和税金。专业费用包括咨询、规划、设计等费用。建筑物建造费用是指在评估基准日在建工程已经耗费的各项必要建造费用之和。正常利税包括建造商的正常利润和税金。

（三）假设开发法

用假设开发法评估在建工程，是在求取被估在建工程的价值时，将被估在建工程预期开发完成后的价值，扣除后续的正常的开发费用、销售费用、销售税金及开发利润，以确定被估在建工程价值的一种评估方法。应用假设开发法评估在建工程的公式如下：

在建工程价格＝预期楼价－（后续工程成本＋后续工程费用＋正常利税）

四、评估方法的选择

根据在建工程的上述特点，在建工程评估一般根据工程形象进度，选用适用的方法进行。

（1）整个建设工程已经完成或接近完成，只是尚未交付使用的在建工程，可采用工程形象进度法进行评估，按在建工程建成后不动产市场价值结合工程形象进度作适当扣减作为其评估值。

（2）实际完成工程量较少的在建工程，可采用成本法或假设开发法进行评估。

（3）属于停建的在建工程，要查明停建的原因，确因工程的产、供、销及工程技术等原因停建的，要考虑在建工程的功能性及经济性贬值，进行风险系数调整。

 本 章 小 结

不动产是土地、建筑物和其他地上定着物及其权属的总称。不动产具有位置固定性、区域性、长期使用性、大量投资性、保值增值性、政策限定性和投资风险性、权益受限性等特征。不动产评估要遵循合法原则、最佳使用原则、替代原则和估价时点原则。

不动产价格的影响因素包括一般因素、区域因素和个别因素等。其中，一般因素是影响所有不动产价格的因素，不是评估中重点考虑的；区域因素和个别因素需要重点考虑。

不动产评估的三种基本方法是成本法、市场法和收益法。不动产评估的成本法是求取被评估不动产在评估基准日的重新构建价格,然后扣除损耗,以此估算不动产的价值的方法。不动产评估的市场法是指在求取待估不动产价格时,将待估不动产与近期市场上已经发生交易的类似不动产比较,对已发生交易的类似不动产的价格进行调整修正,得出待估不动产合理价格的一种方法。不动产评估的收益法是预测估价对象的未来收益,然后将其折现为现值,以此求取估价对象的客观合理价值的方法。

不动产评估中常见的方法,还有剩余法、基准地价修正法以及路线价法等。剩余法又称假设开发法,是将被估不动产开发后的预期价值,扣除正常投入费用、正常税金及正常开发利润后的剩余值作为不动产的价格。假设开发法广泛用于评估待开发土地的价值。基准地价修正法是利用城镇基准地价和基准地价修正系数等成果,按照替代原理,将待估宗地的区域条件和个别条件等与所处区域的平均条件相比较,并对照修正系数表选取相应的修正系数对基准价进行修正,从而求得待估宗地在估价基准日价格的一种估价方法。而路线价法是根据土地价格高低随着街道距离增加而递减的原理,在特定街道上设定单价,依此单价配合深度百分率表及其他修正率表来估算临近同一街道的其他宗地地价的估价方法。

思 考 题

1. 用成本法评估不动产时,重置成本的估算方法有哪些?分别适用什么情况?
2. 是否可以将在建工程实际已完成的开发建造费用作为在建工程的评估价值?
3. 运用市场法评估要进行哪些因素修正?如何进行修正?
4. 什么是建筑物的重新购建价格?它有哪些含义?
5. 什么是基准地价?如何根据基准地价修正法评估土地使用权的价格?

练 习 题

一、单项选择题

1. 待估建筑物为砖混结构单层住宅,宅基地 300 m²,建筑面积 200 m²,月租金 3 000元,土地还原利率为 7%,建筑物还原利率为 8%,评估时,建筑物的剩余使用年限为 25年,取得租金收入的总成本为 7 600 元,评估人员另用市场法求得土地使用权价格每平方米 1 000 元,运用收益法所得到建筑物的价值最有可能是( )元。

A. 61 667   B. 925 000   C. 789 950   D. 58 041

2. 若反映宗地地价水平,( )指标更具说服力。

A. 建筑总价格÷土地总面积   B. 土地总价格÷土地总面积
C. 房地总价格÷土地总面积   D. 土地总价格÷建筑总面积

3. 某宗地的规划容积率为 3,可建 6 000 平方米商住楼,经评估总地价为 180 万元,该宗地的土地单价为(   )万元。

    A. 100   B. 300   C. 600   D. 900

4. 某评估机构采用市场法对一房地产进行评估,评估中共选择了三个参照物,并分别得到 127 万元、142 万元、151 万元三个评估结果,权重依次为 25%、40%、35%,则被评估不动产的价值最接近(   )万元。

    A. 140   B. 157   C. 141   D. 148

5. 某一宗土地用于住宅开发时的价值为 300 万元,用于商业大楼开发时的价值为 500 万元,用于工业厂房开发时的价值为 280 万元。城市规划确认该土地可用于住宅。该宗土地的价值应评估为 300 万元,这体现了不动产评估的(   )。

    A. 供求原则   B. 替代原则   C. 最佳使用原则   D. 贡献原则

6. 待估建筑物账面原值 100 万元,竣工于 2010 年年底,假定 2010 年的价格指数为 100%,从 2011 年到 2015 年的价格指数每年增长幅度分别是 11.7%、17%、30.5%、6.9%、4.8%,则 2015 年年底该建筑物的重置成本最有可能是(   )元。

    A. 1 048 000   B. 1910 000   C. 1 480 000   D. 19 100 000

7. 某地产未来第一年纯收益为 30 万元,假设该地产的使用年限为无限年期,预计未来每年土地纯收益将在上一年的基础上增加 1 万元。资本化率为 7%,则该地产的评估值最接近(   )万元。

    A. 205   B. 429   C. 633   D. 690

8. 待估地产年总收入 18 万元,年总费用 10 万元,剩余使用年限 10 年,折现率为 10%,则其评估价值最接近于(   )万元。

    A. 110   B. 61   C. 80   D. 49

9. 已知某临街深度 30.48 米(100 英尺)、临街宽度 15 米的矩形土地,总价为 100 万元。相邻有一块临街深度 45.72 米(150 英尺)、临街宽度 15 米的矩形土地,根据九八七六法则,其总价为(   )万元。

    A. 109   B. 117   C. 124   D. 130

二、多项选择题

1. 影响地价的一般因素有(   )。

    A. 行政因素   B. 区域因素   C. 社会因素   D. 经济因素

    E. 人口因素

2. 不动产评估遵循的原则有(   )。

    A. 最有效使用原则   B. 合法原则

    C. 替代原则   D. 供求原则

    E. 贡献原则

3. 我国不动产评估的标的物一般包括(   )。

    A. 土地使用权   B. 土地所有权

C. 建筑物及其权益

D. 建筑物中的水暖设施

E. 建筑物中的办公设施

4. 假设开发法中的投资利润是以（　　　　）为计算基础的。

A. 专业费用　　　　B. 投资利息　　　　C. 楼价　　　　D. 地价

E. 建筑费用

5. 运用市场比较法评估地产，在选择参照物时应注意在（　　　　）方面与评估对象保持一致。

A. 交易类型　　　　B. 用地性质　　　　C. 交易价格　　　　D. 供需圈

E. 交易时间

6. 影响商业用地土地价格的区域因素有（　　　　）。

A. 商业繁华程度　　B. 环境优劣度　　C. 规划限制　　D. 公有设施完善度

E. 交通便捷度

三、计算题

1. 某房地产公司于 2017 年 1 月以有偿出让方式取得一块土地 50 年使用权，并于 2019 年 1 月在此地块上建成一座框架结构的写字楼，经济耐用年限为 60 年，残值率为 0。该类建筑重置价格为每平方米 2 500 元。该建筑物占地面积 1 000 平方米，建筑面积为 1 800 平方米，现用于出租，每年实收租金为 72 万元。另据调查，当地同类写字楼租金一般为每月每建筑平方米 50 元，空置率为 10%，每年需支付的管理费为年租金的 3%，维修费为重置价的 1.5%，土地使用税及房产税为每建筑平方米 25 元，保险费为重置价的 0.2%，土地资本化率 6%，建筑物资本化率 8%。

要求：根据以上资料评估该宗地 2020 年 1 月土地使用权的收益价格。

2. 假定某市政府将于当年 2 月 1 日公开拍卖一宗土地，规划用途为住宅，土地面积 5 000 m²，容积率限定为 4，土地使用权 70 年。某开发商欲购买此地，他准备取得土地后即投资开发，施工期为 2 年，建筑投资均匀投入。建筑成本为 1 500 元/m²，专业费为建筑成本的 6%，开发商的目标利润为成本的 15%，有关税费为楼价的 5%，折现率为 10%，工程完工后每平方米售价 5 500 元，估计一年内售完。

要求：计算分析该宗土地价格。

3. 有一待估宗地，总面积为 40 000 平方米，使用年限为 50 年，土地还原利率为 6%，现收集到 A、B、C 三个宗地交易实例。具体情况如表 7-9 所示。

表 7-9　宗地交易实例与待估地具体情况

宗　地	成交价格	交易时间	交易情况	容积率	区域因素	个别因素	剩余时间
A	5 150 元/m²	2018 年 2 月	0	1.6	0	−1%	45 年
B	6 700 元/m²	2018 年 8 月	0	1.9	+2%	0	50 年
C	5 550 元/m²	2018 年 12 月	−2%	1.6	0	−1%	45 年
待估地		2019 年 2 月	0	1.7	0	0	50 年

表 7-9 中交易情况、区域因素和个别因素都是交易实例与待估宗地相比较,以待估宗地为基准确定的数值。经了解,宗地所在城市容积率每增加 0.1,宗地地价比容积率为 1 时增加 9%,从 2018 年 2 月到 2019 年 2 月,地价每月环比上涨 1%。

要求:试根据上述条件评估待估宗地在 2019 年 2 月的价格。(计算结果以元为单位)

4. 某商场的土地使用年限从 2017 年 5 月 31 日起 40 年,商场共有两层,每层建筑面积为 2 000 m²,可出租面积占建筑面积的 60%。一层已经于 2019 年 5 月 31 日出租,租期 5 年,月租金为 180 元/m²。二层暂时空置。附近类似商场一、二层可出租面积的正常月租金分别为 200 元/m²、120 元/m²,出租费用为租金的 20%。折现率为 10%。

要求:估算该房地产 2021 年 5 月 31 日出售时的总价格。

5. 某房地产的土地面积 1 000 m²,建筑面积 2 000 m²。土地于 2015 年 10 月 1 日通过有偿出让方式以 1 000 元/m² 的价格取得,使用权年限为 50 年。建筑物为钢筋混凝土结构,于 2016 年 10 月 1 日建成使用,建筑造价为 800 元/建筑平方米。2020 年 10 月 1 日与该房地产地段及用途相似、使用权年限为 50 年的土地的价格为 1 100 元/m²,该类房屋的重置成本为 900 元/建筑平方米。假定该类建筑物的残值为零,土地资本化率为 6%。

要求:估算该房地产 2020 年 10 月 1 日的总价格。

6. 待估宗地为待开发建设的"七通一平"空地,面积 2 000 平方米,允许用途为住宅建设,允许容积率为 6,土地使用权年限为 70 年。有关数据如下:预计建设期为 2 年,第一年投入 60% 的总建设费,第二年投入 40% 的总建设费,总建设费预计为 1 000 万元。专业费用为总建设费用的 6%,利息率为 10%。利润率为 20%,售楼费用及税金等综合费率为售楼价的 5%,假设住宅楼建成后即可全部售出,楼价预计为 3 000 元/m²,折现率 10%。

要求:按假设开发法估测该宗地公平市场价值。

7. 有一待估宗地,现收集到 4 个可比较参照交易案例,资本化率为 7%。具体情况如表 7-10 所示。

表 7-10 待估宗地及可比较参照交易案例资料表

宗地	成交价格	交易时间	交易情况	容积率	剩余使用年限	区域因素	个别因素
1	800 元/m²	2017 年 1 月	2%	1.3	50 年	1%	0
2	850 元/m²	2018 年 1 月	1%	1.4	50 年	0	1%
3	760 元/m²	2017 年 1 月	0	1.1	40 年	0	−2%
4	780 元/m²	2017 年 1 月	0	1.0	45 年	−1%	1%
待估地		2019 年 1 月	0	1.2	45 年	0	0

表 7-10 中的交易情况、区域因素及个别因素值,都是参照物宗地与待估宗地的比较,负号表示参照物宗地条件比待估宗地条件差,正号表示参照物宗地条件比待估宗地条件优,数值大小代表对宗地地价的修正幅度。容积率与低价的关系为:容积率在 1~1.5 时,容积率每增加 0.1,宗地单位地价比容积率为 1 时增加 3%。该城市地价指数见表 7-11。

表 7-11 城市地价指数

年份	2014	2015	2016	2017	2018	2019
指数	100	105	108	110	111	115

要求:根据以上条件评估待估宗地 2019 年 1 月 20 日的价格。

8. 有一宗已"七通一平"的待开发建设的空地,土地面积为 3 200 m²,建筑容积率为 2.5,拟开发建设为公寓。土地使用权年期为 50 年。据市场调查和项目可行性分析,该项目建设开发周期为 3 年,取得土地使用权后即可动工,建成后即可对外出租,出租率估计为 90%,每建筑平方米的年租金预计为 300 元,年出租费用为年租金的 25%。建筑费预计每建筑平方米 1 000 元,专业费为建筑费的 10%,建筑费和专业费在建设期内均匀投入。假设当地银行贷款利率为 7%,不动产综合还原利率为 8%,开发商要求的总利润为所开发不动产总价的 15%。

要求:评估该宗土地的地价。

第八章　无形资产评估

学习目标与要求

学习内容	学习目标	重要程度	学习难度
1. 无形资产的概念、特点、分类	了解	☆	☆
2. 无形资产评估的目的和前提	理解	☆☆	☆☆
3. 无形资产价值影响因素	熟悉	☆☆☆	☆☆☆
4. 无形资产评估的收益法	掌握	☆☆☆☆☆	☆☆☆☆☆
5. 无形资产评估的成本法	掌握	☆☆☆☆	☆☆☆☆
6. 无形资产评估的市场法	了解	☆	☆
7. 商标资产价值评估	熟悉	☆☆☆	☆☆☆
8. 专利资产和非专利技术价值评估	熟悉	☆☆☆	☆☆☆
9. 著作权资产和特许权价值评估	理解	☆☆	☆☆
10. 商誉价值评估	掌握	☆☆☆☆☆	☆☆☆☆

第一节　无形资产评估概述

一、无形资产的概念

【法规链接】

中评协关于印发《资产评估执业准则——无形资产》的通知

　　2017年10月1日起施行的《资产评估执业准则——无形资产》指出，**无形资产是指特定主体所拥有或者控制的，不具有实物形态，能持续发挥作用且能带来经济利益的资源。**正确理解无形资产的概念，应注意以下几个方面：

　　(1) **无形资产没有实物形态，又往往依托一定的载体。**无形资产与厂房、机器、设备等有形资产相比，其最显著的区别就是没有实物形态。但是，无形资产又具有另一方面的特征，即它往往依托于一定的载体而存在，直接载体如专利证书、许可证书、图纸、磁盘和商标标识等；间接载体如土地使用权依托于土地，商誉内含于企业的整体资产，生产新产品的专利、专有技术要通过工艺、配方、生产线等来实现。因此，无形资产的评估，必须考虑其所依托的载体来进行。

　　(2) **无形资产往往由特定主体排他地占有。**凡不能排他或者不需要任何代价即能获得的,都不是无形资产。无形资产的这种排他性有的是通过企业自身保护取得,有的则是以适当公开其内容作为代价来取得广泛而普遍的法律保护,有的则是借助法律保护并以长期生产经营服务中的信誉取得社会的公认。

(3)**无形资产必须能为企业的生产经营持续地产生效益**。这种效益很大程度上属于超额收益,能为企业带来超过一般企业的收益水平。这也把无形资产同一些偶然对生产经营发挥作用,但不具有持续性的经济资源,以及虽能持续发挥作用,却没有效益的经济资源相区别,如普通技术、政府发布的经济信息就不是无形资产。

二、无形资产的范围和分类

(一)无形资产的范围

关于无形资产的范围,目前还没有统一界定,各国之间存在一定的差异。《资产评估执业准则——无形资产》采用列举的方式指出,我国无形资产的范围包括可辨认无形资产和不可辨认无形资产。可辨认无形资产包括专利权、商标权、著作权、专有技术、特许权、销售网络、客户关系、合同权益、域名等;不可辨认无形资产是指商誉[①]。涉及土地使用权、矿业权、水域使用权等的评估另行规范。

(1)**专利权**是指依法批准的发明人或其权利受让人对其发明成果在一定年限内享有的独占权或专用权。专利权是一种专有权,一旦超过法律规定的保护期限,就不再受法律保护。而其他任何人如需要利用该项专利进行生产经营活动或出售使用该项专利制造的产品,须事先征得专利权所有者的许可,并付给报酬。

(2)**商标权**是商品生产者或经营者依照法定程序向国家有关部门申请注册并取得对该商标的占有、使用、收益和处分的权利,注册商标受法律保护。

(3)**著作权**也称版权,是指公民、法人或者非法人单位按照法律规定对自己的科学或文学、艺术等作品所享有的专有权利。

(4)**专有技术又称非专利技术**,是指未经公开也未申请专利,但在生产经营活动中已采用了的、不享有法律保护,但为发明人所垄断,具有实用价值的各种技术和经验,如设计图纸、资料、数据、技术规范、工艺流程、材料配方、管理制度和方法等。

(5)**特许权又称经营特许权**,是指政府所授予的允许在一定地区经营或销售某种特定商品的权利,以及根据有关协议获得的使用其他特定主体所拥有的某些权利的特权。

(6)**商誉**是指企业在一定条件下,能获取高于正常投资报酬率的回报所形成的价值。这是由于企业所处地理位置的优势,或由于经营效率高、管理基础好、历史悠久、信誉高、人员素质高等多种原因,与同行业企业相比较,该企业的获利能力超过一般企业的获利能力,即可以获得超额收益。

---

① 商誉因企业合并而产生,是合并方支付的超出被合并方账面价值的对价,在会计中,一般不列入无形资产核算,单独列作商誉核算。

（二）无形资产的分类

1. 根据取得方式不同，可以分为自创无形资产和外购无形资产

自创无形资产是企业自行研制开发的或者在生产经营活动中形成的，如自创专利权、专有技术、商标权和商誉等。外购无形资产是企业花费一定代价从外部购入或接受投资形成的，如外购专利权、商标权等。

2. 根据有无专门法律保护，可以分为有专门法律保护的无形资产和无法律保护的无形资产

专利权和商标权是有专门法律保护的无形资产，分别受《专利法》和《商标法》的保护，而非专利技术就属于无法律保护的无形资产。

3. 根据能否独立存在，可以分为可辨认无形资产和不可辨认无形资产

可辨认无形资产指可以单独取得、转让或出售的，有专门名称，可个别取得或作为组成资产的一部分取得的无形资产；不可辨认无形资产指那些不可辨认，不能单独取得，离开企业就不复存在的无形资产。除商誉外，其余的无形资产都是可辨认无形资产。

4. 根据性质和属性不同，可以分为知识型无形资产、权利型无形资产、关系型无形资产和组合型无形资产

知识型无形资产是指主要依靠投入的知识、智力、技术创造的知识密集型无形资产，如专利权、专有技术、著作权等。权利型无形资产是通过法律行为创设的非知识型无形资产，如特许经营权、商标权等。关系型无形资产是指可以获得盈利条件的特殊关系，如客户关系、销售网络等。组合型无形资产是指由多种因素综合形成的无形资产，如商誉。

5. 根据技术含量不同，可以分为技术型无形资产和非技术型无形资产

技术型无形资产是指依赖于一定的技术载体展现的，直接反映科技成果的无形资产。如专利技术、专有技术等是技术型无形资产。非技术型无形资产是指依靠特许或取得特定盈利条件而形成的，非直接反映科技成果的无形资产，如商标权、商誉、特许经营权等是非技术型无形资产。

三、无形资产的功能特性

无形资产发挥作用的方式明显区别于有形资产，因而在评估时需牢牢把握其固有的特性。

（一）附着性

附着性是指无形资产附着于有形资产而发挥其固有功能。有形资产是无形资产的载体，无形资产渗透面越大，对有形资产的附着性越强。例如，专利权和专有技术是通过特定的机器、生产线和工艺技术、厂房等有形资产得以体现，并使这些有形资产的营运更有效益。这些专利权、专有技术一旦离开实体性设施,便只是抽象的存在,不能成为无形资产而发挥实际作用。因此,评估中确定无形资产的收益时,一方面要考虑与无形资产共同发挥作用的有形资产的范围,另一方面要辨识、区别有形资产和无形资产带来的收益。

(二)共益性

无形资产区别于有形资产的一个重要特点,是它可以作为共同财富,由不同的主体同时共享。通过合法的程序,一项无形资产可以为不同的权利主体所共同享用,也可以在其所有者继续使用的前提下,多次转让其使用权。例如,一项先进技术可以使一系列企业提高产品质量、降低产品成本;一项技术专利在一个企业使用的同时,并不影响转让给其他企业使用。但是,无形资产的共益性也受市场有限性和竞争性的制约。例如,由于追求自身利益的需要,各主体对无形资产的使用还必须受相关合约的限制。因而,评估无形资产必须考虑无形资产的保密程度和作用环境。即使在转让方继续使用该项无形资产的情形下,也要考虑由于无形资产的转让形成竞争对手,从而增加竞争压力的机会成本。因此,考虑无形资产的共益性,就是要求在资产评估时考虑机会成本的补偿问题。

(三)积累性

无形资产的积累性体现在两个方面:一是无形资产的形成是基于其他无形资产的发展的。二是无形资产自身的发展也是一个不断积累和演进的过程。因此,一方面无形资产总是在生产经营的一定范围内发挥特定的作用,另一方面无形资产的成熟程度、影响范围和获利能力处在变化之中。

(四)替代性

在承认无形资产具有积累性的同时,还要考虑到它的替代性。例如,一种技术取代另一种技术,一种工艺替代另一种工艺等,其特性不是共存或积累,而是替代、更新。一种无形资产总会被更新的无形资产所取代,因而必须在无形资产评估中考虑它的作用期间,尤其是尚可使用年限。这要取决于该领域内技术进步的速度,取决于无形资产面临的竞争。

四、影响无形资产评估值的因素

从上述无形资产的功能特性可以看出,与有形资产相比,无形资产评估的难度更大。要想准确地评估无形资产的价值,首先要明确影响无形资产评估价值的因素。一般说来,影响无形资产评估价值的因素主要有以下几个。

(一)取得成本

与有形资产一样,无形资产取得也有成本。只是相对有形资产而言,其成本的确定不是十分明晰和易于计量。对企业无形资产来说,外购无形资产较易确定成本,自创无形资产的成本计量较为困难。同时,无形资产的创造与其投入、失败等密切相关,但这部分成本确定是很困难的。一般来说,这些成本项目包括创造发明成本、法律保护成本、发行推广成本等。

（二）机会成本

无形资产的机会成本是指因将无形资产用于某一确定用途后所导致的将无形资产用于其他用途所获收益的最大损失。如果某项无形资产是转让方正在使用的资产，转让该无形资产就意味着转让方将失去部分市场并为自己制造了竞争对手，从而减少转让方的利润。

（三）收益能力

成本是从对无形资产补偿角度考虑的，但无形资产更重要的特征是其创造收益的能力。一项无形资产，在环境、制度允许的条件下，获利能力越强，其评估值越高；获利能力越弱，评估值越低。有的无形资产，尽管其创造成本很高，但不为市场所需求，或收益能力低微，其评估值就很低。

（四）使用期限

每一项无形资产，一般都有一定的使用期限。无形资产的使用期限，除了应考虑法律保护期限外，更主要的是考虑其具有实际超额收益的期限。比如，某项发明专利保护期20年，但由于无形损耗较大，拥有该项专利实际能获超额收益的期限为10年，则这10年即为评估该项专利时所应考虑的期限。

（五）技术成熟程度

一般科技成果都有一个发展—成熟—衰退的过程，这是竞争规律作用的结果。科技成果的成熟程度如何，直接影响评估值高低。其开发程度越高，技术越成熟，运用该技术成果的风险性越小，评估值就会越高。如果某项技术处于发展阶段，评估时就需要充分估计其在运用过程中的风险，相应对评估值做一些调整。

（六）转让内容

从转让内容看，无形资产转让有完全产权转让和部分产权转让。在转让过程中有关条款的规定，会直接关系到转让方和受让方的权利和利益，从而影响无形资产的评估值。一般来说，受让方获得的权益越大，无形资产的评估值就越高。在技术贸易中，同是使用权转让，由于许可程度和范围不同，评估值也应不同。

（七）国内外该种无形资产的发展趋势、更新换代情况和速度

无形资产的更新换代越快，无形损耗越大，其评估值越低。无形资产价值的贬值，不取决于自身的使用损耗，而取决于本身以外同类或替代无形资产变化的情况。

（八）市场供需状况

无形资产的市场供需状况，一般反映在两个方面：一是无形资产市场需求情况；二是

无形资产的适用程度。可出售、转让的无形资产的评估值随市场需求变动而变动。市场需求大,评估值就高。市场需求小,且有同类无形资产替代,则其评估值就低。同样,无形资产的适用范围越广,适用程度越高,市场需求量越大,评估值就越高;反之,其适用程度越低,市场需求量就越小,评估值就越低。

(九)同行业同类无形资产的价格水平

某些无形资产是依照其产品的信誉等级、企业知名度、销售范围、经营历史等,与国内外同行业进行比较分析,确定其价值的。因此,需要充分了解同行业同类无形资产的计价标准和依据。

(十)价格支付方式

无形资产转让时如果价格的支付方式是一次性支付,则使用过程中的风险一般由买方完全承担,此种情况下,价格就应定得低一些;如果价格的支付方式采用多次支付,并且风险是由买卖双方共同承担,则价格就应相应提高一些。

五、无形资产评估目的和前提

(一)无形资产评估的目的

无形资产评估目的是满足与无形资产有关的资产业务需要。通常表现为两种情况:一是无形资产的拥有者或控制者将无形资产的所有权或使用权转让或对外投资,表现为单项资产评估。二是在企业整体或部分产权变动时,如企业股份制改造、合资、兼并等,对企业资产中所包含的无形资产进行评估。

(二)无形资产评估的前提

无形资产之所以可以成为转让、投资的主体,是因为它可以为其控制主体带来额外收益。因此,以无形资产产权变动为目的的评估前提应该是无形资产能够带来追加收益。

只有当某些无形资产能够给买方带来追加收益时,才会对购买方具有吸引力,也才有必要根据带来的追加收益确定无形资产的价格。在这里,不采用"超额利润"而是采用"追加收益"是因为在现实经济中,被评估的无形资产能够带来超额利润只是一种理论抽象,即假设无形资产的控制主体已保持社会平均经营水平。一旦假设条件不存在,例如亏损或微利企业若拥有某项无形资产,该项无形资产只能使其控制主体不亏损或达到行业平均利润水平,即表现为特定条件下的追加利润,而难以表现为高于社会平均水平的收益。因此,应根据无形资产对利润增长的影响来评估无形资产的价格。

另外,倘若企业拥有的无形资产可以帮助其在市场中形成垄断,并通过垄断价格获得垄断利润,这时,就可以通过利润的测算评估无形资产的价值。

六、无形资产评估程序中的实务要点

无形资产评估程序是评估无形资产的操作规程。评估程序既是评估工作规律的体现,也是提高评估工作效率、确保评估结果科学有效的保证。无形资产评估按一般程序进行。在这里着重介绍明确评估目的、鉴定无形资产、收集相关资料、确定评估方法及撰写报告,得出评估结论。

（一）明确评估目的

无形资产因其评估目的不同,评估的价值类型和选择的方法也不一样,评估结果也会不同。无形资产评估目的一般包括转让、出资、保险、质押、法律诉讼、管理、财务报告、纳税等。另外,在明确目的的同时,还须了解被评估无形资产的转让内容及转让过程中的有关条款,这样资产评估专业人员才能正确确定无形资产的评估范围、基础数据及参数的选取。

（二）鉴定无形资产

鉴定无形资产是进行无形资产评估的基础工作,直接影响评估范围和评估价值的科学性。通过无形资产的鉴定可以解决三个问题:①确认无形资产存在;②鉴别无形资产种类;③确定无形资产有效期限。

1. 确认无形资产存在

（1）查询被评估无形资产的内容、国家有关规定、专业人员评价情况、法律文书,核实有关材料的真实性、可靠性和权威性。

（2）分析无形资产使用所要求的与之相适应的特定技术条件和经济条件,鉴定其应用能力。

（3）分析其是否属于委托者拥有,要考虑其存在的条件和要求,对剽窃、仿造的无形资产,要加以鉴别,对于部分特殊的无形资产要分析其历史渊源,看其是否符合国家的有关规定。

（4）分析委托评估的资产是否形成了无形资产。

2. 鉴别无形资产种类

主要是确定无形资产的种类、具体名称、存在形式。有些无形资产是由若干项无形资产综合构成的,应加以确认和分离,避免重复评估和漏估。

3. 确定无形资产有效期限

无形资产有效期限是其存在的前提。某项专利权,如超过法律保护期限,就不能作为专利权评估。有效期限对无形资产评估值具有很大影响,比如有的商标,历史越悠久,价值越高。

（三）收集相关资料

收集相关资料就是要收集影响无形资产评估值因素的资料。与有形资产相比,影响无形资产评估值的因素更为复杂,在交易过程中信息不对称的问题也更严重。因此,要想更准确地评估无形资产的价值,就需要尽可能地收集到完整真实的信息资料。

根据《资产评估执业准则——无形资产》,执行无形资产评估业务一般应当关注以下事项:

(1) 无形资产权利的法律文件、权属有效性文件或者其他证明资料。

(2) 无形资产持续的可辨识经济利益。

(3) 无形资产的性质和特点,历史取得和目前的使用状况。

(4) 无形资产的剩余经济寿命和法定寿命,无形资产的保护措施。

(5) 无形资产实施的地域范围、领域范围与获利方式。

(6) 无形资产以往的交易、质押、出资情况。

(7) 无形资产实施过程中所受到的法律、行政法规或者其他限制。

(8) 类似无形资产的市场价格信息。

(9) 宏观经济环境。

(10) 行业状况及发展前景。

(11) 企业状况及发展前景。

(12) 其他相关信息。

执行无形资产评估业务,通常关注宏观经济政策、行业政策、经营条件、生产能力、市场状况等各项因素对无形资产效能发挥的制约,关注其对无形资产价值产生的影响。无形资产与其他资产共同发挥作用时,应当分析这些资产对无形资产价值的影响。

(四) 确定评估方法

无形资产价值的评估方法包括市场法、收益法和成本法三种基本方法及其衍生方法。执行无形资产评估业务,资产评估专业人员应当根据评估目的、评估对象、价值类型、资料收集等情况,分析上述三种基本方法的适用性,选择评估方法。根据《资产评估执业准则——无形资产》的规定:

资产评估专业人员使用收益法时应当:①在获取的无形资产相关信息基础上,根据被评估无形资产或者类似无形资产的历史实施情况及未来应用前景,结合无形资产实施或者拟实施企业经营状况,重点分析无形资产经济收益的可预测性,恰当考虑收益法的适用性;②合理估算无形资产带来的预期收益,合理区分无形资产与其他资产所获收益,分析与之有关的预期变动、收益期限,与收益有关的成本费用、配套资产、现金流量、风险因素;③保持预期收益口径与折现率口径一致;④根据无形资产实施过程中的风险因素及货币时间价值等因素合理估算折现率;⑤综合分析无形资产的剩余经济寿命、法定寿命及其他相关因素,合理确定收益期限。

资产评估专业人员使用市场法时应当:①考虑被评估无形资产或者类似无形资产是否存在活跃的市场,恰当考虑市场法的适用性;②收集类似无形资产交易案例的市场交易价格、交易时间及交易条件等交易信息;③选择具有合理比较基础的可比无形资产交易案例,考虑历史交易情况,并重点分析被评估无形资产与已交易案例在资产特性、获利能力、竞争能力、技术水平、成熟程度、风险状况等方面是否具有可比性;④收集评估对象近期的交易信息;⑤根据宏观经济发展、交易条件、交易时间、行业和市场因素、无形资产实施情况的变化,对可比交易案例和被评估无形资产近期交易信息进行必要调整。

资产评估专业人员使用成本法时应当:①根据被评估无形资产形成的全部投入,充分考虑无形资产价值与成本的相关程度,恰当考虑成本法的适用性;②合理确定无形资产的重置成本,无形资产的重置成本包括合理的成本、利润和相关税费;③合理确定无形资产贬值。

基于无形资产的特征,评估无形资产价值的首选方法应该是收益法,其次是成本法,在条件允许的情况下也可以采用市场法。对同一无形资产采用多种评估方法时,应当对所获得的各种测算结果进行分析,形成评估结论。

（五）撰写报告,得出评估结论

资产评估专业人员执行无形资产评估业务,应当在履行必要的评估程序后,根据《资产评估执业准则——资产评估报告》编制评估报告,并恰当披露必要信息,使评估报告使用者能够合理理解评估结论。

根据《资产评估执业准则——无形资产》,资产评估专业人员应当在评估报告中明确说明下列内容:

(1) 无形资产的性质、权利状况及限制条件。

(2) 无形资产实施的地域限制、领域限制及法律法规限制条件。

(3) 与无形资产相关的宏观经济和行业的前景。

(4) 无形资产的历史、现实状况与发展前景。

(5) 评估依据的信息来源。

(6) 其他必要信息。

根据《资产评估执业准则——无形资产》第 28 条,资产评估专业人员应当在评估报告中明确说明有关评估方法的下列内容:

(1) 评估方法的选择及其理由。

(2) 各重要参数的来源、分析、比较与测算过程。

(3) 对测算结果进行分析,形成评估结论的过程。

(4) 评估结论成立的假设前提和限制条件。

第二节　收益法在无形资产评估中的应用

一、收益法具体应用形式

采用收益法评估无形资产的具体应用形式包括许可费节省法、增量收益法和超额收益法三种。

（一）许可费节省法

许可费节省法是基于虚拟许可使用费的预测评估无形资产价值的一种评估方法。具体思路是：测算由于拥有该项资产而节省的、向第三方定期支付的许可使用费,并对该无形资产经济寿命期内每年节省的许可费通过适当的折现率折现到评估基准日时点,以此作为该项无形资产的价值。在实务中,许可使用费可能包括一笔入门费和建立在每年经营业绩基础上的分成费。具体计算公式为：

$$无形资产评估值 = Y + \sum_{t=1}^{n} \frac{K \cdot R_t}{(1+r)^t}$$

式中:Y——入门费或最低收费额;K——无形资产分成率,即许可使用费率;R_t——第 t 年的分成基数;n——许可使用期限;r——折现率。

最低收费额,是指在无形资产转让中,视购买方实际生产和销售情况收取转让费的场合所确定的"旱涝保收"收入,并在确定比例收费时预先扣除,有时被称为"入门费"。无形资产转让的最低收费额由以下因素决定。

（1）**重置成本净值。**购买方使用无形资产,就应由购买方补偿成本费用。当购买方与转让方共同使用该项无形资产时,则由双方按运用规模、受益范围等来分摊。无形资产重置成本净值的确定见无形资产评估的成本法。

（2）**机会成本。**由于无形资产的转让可能因停业而使由该无形资产支撑的营业收益减少,也可能因为自己转让无形资产增加了竞争对手而减少利润或是增加开发支出。这些构成无形资产转让的机会成本,应由无形资产购买方来补偿。

综合考虑以上两大因素,无形资产最低收费额的计算公式为：

$$\frac{无形资产}{最低收费额} = \frac{重置成}{本净值} \times \frac{转让成本}{分摊率} + \frac{无形资产转让}{的机会成本}$$

式中：$$重置成本净值 = 重置成本 \times 尚可使用年限/总的耐用年限$$

$$\frac{转让成本}{分摊率} = \frac{购买方运用无形资产的设计能力}{运用无形资产的总设计能力} \times 100\%$$

$$\frac{无形资产转让}{的机会成本} = \frac{无形资产转让}{的净减收益} + \frac{无形资产再开}{发净增费用}$$

公式中"购买方运用无形资产的设计能力"可根据设计产量或按设计产量计算的销售收入确定,"运用无形资产的总设计能力"指运用无形资产的各方汇总的设计能力,由于是分摊无形资产的重置成本净值,因而不是按照实际运用无形资产的规模,而是按照设计规模来确定权重。当购买方独家使用该无形资产时,转让成本分摊率为1。式中"无形资产转让的净减收益"和"无形资产再开发净增费用"是运用边际分析的方法测算的。"无形资产转让的净减收益"一般指在无形资产尚能发挥作用期间减少的净现金流量。"无形资产再开发净增费用"包括保护和维持该无形资产追加的科研费用和其他费用、员工再培训费用等。这些项目经过认真细致的分析测算是可以确定的。

【例8-1】 某企业转让浮法玻璃生产全套技术,经收集和初步测算已知如下资料:

（1）该企业与购买企业共同享用浮法玻璃生产技术,双方设计能力分别为600万和400万标箱。

（2）浮法玻璃生产全套技术是从国外引进的,账面价格200万元,已使用2年,尚可使用8年,2年通货膨胀率累计为10%。

（3）该项技术转出对该企业生产经营有较大影响。由于市场竞争加剧,产品价格下降,在以后8年减少销售收入按折现值计算为80万元,增加开发费用以提高质量、保住市场的追加成本按现值计算为20万元。

要求:评估该项无形资产转让的最低收费额。

解析:

（1）两年来通货膨胀率为10%,对外购无形资产的重置成本可按物价指数法调整,并根据成新率确定净值,可得浮法玻璃生产全套技术的重置成本净值为:

$$重置成本净值 = 200 \times (1 + 10\%) \times \frac{8}{2+8} = 176(万元)$$

（2）因转让双方共同使用该无形资产,设计能力分别为600万和400万标箱,评估重置成本净值分摊率如下:

$$重置成本净值分摊率 = \frac{400}{600+400} \times 100\% = 40\%$$

（3）由于无形资产转让后加剧了市场竞争,在该无形资产的寿命期间,销售收入减少和费用增加的折现值是转让无形资产的机会成本,以上所给资料为:

$$转让无形资产的机会成本 = 80 + 20 = 100(万元)$$
$$故该无形资产转让的最低收费额 = 176 \times 40\% + 100 = 170.4(万元)$$

许可费节省法主要用于无形资产使用权转让、出租的评估。需要注意,由于无形资产许可费通常情况下只能反映无形资产的部分权利收益,即被许可部分的价值,因此许可费节省法得到的评估结果一般只反映无形资产的使用权价值,比无形资产的所有权价值低。

【例8-2】 评估对象为某一影视作品,评估目的为该影视作品进入国内院线放映的放映权价值。预计该影视作品进入国内院线放映可获得20 000万元票房收入,放映期限为40天,按照统计的电影行业许可费平均值,许可费率为40%,假设日折现率为0.03%,没有保底费,也不考虑税收的影响。

解析：

$$P = \sum_{i=1}^{40} \frac{20\,000/40 \times 40\%}{(1+0.03\%)^i} = 7\,951 \, (\text{万元})$$

（二）增量收益法

增量收益法是基于对未来增量收益的预期确定无形资产价值的一种评估方法。该增量收益来自对被评估无形资产所在的企业和另一个不具有该项无形资产的企业的财务业绩进行对比，即预测由于使用该项无形资产而使企业得到的利润或现金流量，将其与一个没有使用该项无形资产的企业所得到的利润或现金流量进行对比，并将二者的差异作为被评估无形资产所创造的增量收益。然后采用适当的折现率，将预测的每期的增量利润或现金流量转换成现值，从而得到无形资产的评估值。具体计算公式为：

$$\textbf{无形资产评估值} = \sum_{t=1}^{n} \frac{\boldsymbol{R_t}}{\boldsymbol{(1+r)^t}}$$

式中：R_t——第 t 年预期增量收益；n——收益年期；r——折现率。

增量收益法主要用于评估可以使企业产生额外的现金流量或利润的无形资产，以及可以使企业获得成本节约的无形资产。

（三）超额收益法

超额收益法是用属于无形资产所创造的收益的折现值来确定该项无形资产价值的评估方法。具体思路是：先测算无形资产与其他相关贡献资产共同创造的整体收益，在整体收益中扣除其他相关贡献资产的相应贡献，将剩余收益作为无形资产创造的超额收益，然后采用适当的折现率，将其转换成现值，从而得到无形资产的评估值。具体计算公式为：

$$\textbf{无形资产评估值} = \sum_{t=1}^{n} \frac{\boldsymbol{R_t}}{\boldsymbol{(1+r)^t}}$$

式中：R_t——第 t 年预期超额收益；n——收益年期；r——折现率。

超额收益法主要用于特许经营权、公路收费权、矿权等无形资产的评估，也常用于商誉减值测试、可辨认无形资产减值测试等以财务报告为目的的评估中。

二、收益法中各项技术指标的确定

（一）收益额的确定

收益额的测算，是采用收益法评估无形资产的关键步骤。无论采用哪种具体评估形式，都需要对无形资产的收益额进行预测。

1. 增量收益的确定

增值收益是通过直接对比分析未使用无形资产与使用无形资产的前后收益情况来确定的。从无形资产带来的经济利益看，可将无形资产分为收入增长型和费用节约型。

（1）**收入增长型**。收入增长型是指无形资产的应用,使得生产产品的销售收入增加,从而形成增量收益。具体包括两种情况:

① 生产的产品能够以高出同类产品的价格销售。在销售量不变、产品单位成本不变的情况下,具体计算公式为:

$$R = (P_2 - P_1)Q$$

式中:R——增量收益;P_2——使用被评估无形资产后单位产品价格;P_1——使用被评估无形资产前单位产品价格;Q——产品销售量。

②生产的产品采用与同类产品相同价格的情况下,销售量大幅度增加。在产品单位价格和单位成本不变的情况下,具体计算公式为:

$$R = (Q_2 - Q_1)(P - C)$$

式中:R——增量收益;Q_2——使用被评估无形资产后产品销售数量;Q_1——使用被评估无形资产前产品销售数量;P——产品单位价格;C——产品单位成本。

（2）**费用节约型**。费用节约型是指无形资产的应用,使得生产产品中的成本费用降低,从而形成增量收益。在产品销售量和产品单位价格不变的情况下,具体计算公式为:

$$R = (C_1 - C_2)Q$$

式中:R——增量收益;C_2——使用被评估无形资产后产品单位成本;C_1——使用被评估无形资产前产品单位成本;Q——产品销售量。

收入增长型无形资产和费用节约型无形资产的划分是人为地假定其他资产因素不变。而现实中,无形资产应用后其他资产因素也会发生变化。也就是说,无形资产的增量收益是各个因素共同作用的结果,评估时应根据情况具体测算。

（3）**与行业平均水平比较**。在无法将使用无形资产和没有使用无形资产的收益情况进行对比时,采用无形资产和其他类型资产在经济活动中的综合收益与行业平均水平的比较,也可以得到无形资产的增量收益。采用这种方法需要四个步骤:

首先,收集有关使用无形资产的产品生产经营活动财务资料进行盈利分析,得到经营利润和销售利润率等基本数据。

其次,对上述生产经营活动中的资金占用情况(固定资产、流动资产和已有账面价值的其他无形资产)进行统计。

再次,收集行业平均收益率等指标。

最后,计算无形资产带来的增量收益。

具体计算公式为:

无形资产增量收益＝企业收益额－净资产总额×行业平均收益率

【例 8-3】 某企业购买一项专利技术,使其生产产品的平均单位成本从 50 元降低到 30 元。假设该企业的产品销售量常年可以达到 40 000 件。不考虑税收的影响,试估算该专利技术带来的增量收益。

解析:

$$增量收益＝(50－30)×40\,000＝800\,000(元)$$

在使用这种方法时,应注意这样计算出来的增量收益,并不一定完全是由被评估无形资产带来的,往往是一种组合无形资产的增量收益。如果还存在其他无形资产,还必须分离出被评估无形资产的增量收益。

2.超额收益的确定

超额收益是通过在企业的全部收益中,扣除属于企业有形资产带来的收益。企业无形资产的超额收益的具体计算公式为:

$$R＝P－T$$

式中:R——企业无形资产的超额收益;P——企业的全部收益;T——企业有形资产的收益。

企业的全部收益可以通过计算企业的息税前利润或现金流而获得,企业有形资产的收益则是用相应有形资产价值乘以该类有形资产在经济社会中使用的投资回报率而得到。

【例8-4】 拟评估S企业无形资产价值。经审计,S企业该年剔除非正常因素的收益值为555万元。S企业拥有的流动资产、固定资产等有形资产价值合计为4 500万元,S企业有形资产回报率的加权平均值为8.5%。试估算无形资产为S企业带来的超额收益。

解析:

$$超额收益＝555－4\,500×8.5\%＝172.5(万元)$$

在使用这种方法时,也应注意这样计算出来的超额收益并不一定完全是由被评估无形资产带来的。如果还存在其他无形资产,还必须分离出被评估无形资产的超额收益。

3.分成率法

分成率法是指通过分成率来获得无形资产收益的方法。分成率法是目前国际和国内技术交易中最常用也是最实用的一种方法。具体计算公式为:

无形资产收益额＝销售收入(利润)×销售收入(利润)分成率

上述两个分成率可以相互推算,因而,确定利润分成率就可确定收入分成率。因为:

收益额＝销售收入×销售收入分成率
＝销售利润×销售利润分成率

所以有:

$$销售收入分成率＝销售利润分成率×销售利润率$$
$$销售利润分成率＝销售收入分成率÷销售利润率$$

在无形资产转让实务中，一般是确定一定的销售收入分成率，俗称"抽头"。因为销售收入的客观性较强，也易于转让方查询、掌握。例如，在国际市场上一般技术转让费不超过销售收入的1%～10%。以销售利润为基础分成，从理论上讲比较合理，但在实际实施中比较困难。因为销售利润是一种计算结果，具有一定的主观性，并且企业很少公开其有关利润方面的财务数据，从而转让方很难准确掌握受让方的利润额，故实践中一般较少用销售利润作为分成基础。由于销售收入分成率和销售利润分成率可以转换，下边主要介绍利润分成率的确定。

无形资产利润分成率的确定，主要有如下几种方法：

(1) **边际分析法**。边际分析法是选择两种不同的生产经营方式比较：一是运用普通生产技术或企业原有技术进行经营，二是运用转让的无形资产进行经营，后者的利润大于前者利润的差额，就是投资于无形资产所带来的追加利润，然后测算各年度追加利润现值占总利润现值的比重，即评估利润分成率。这种方法的关键是科学分析追加无形资产投入可以带来的净追加利润，这也是购买无形资产所必须进行决策分析的内容。边际分析法的步骤如下：

第一，对无形资产边际贡献因素进行分析：①新市场的开辟，垄断加价的因素；②消耗量的降低，成本费用降低；③产品结构优化，质量改进，功能费用降低，成本销售收入率提高。

第二，测算无形资产寿命期间的利润总额及追加利润总额，并进行折现处理。

第三，按利润总额现值和追加利润总额现值计算利润分成率。

具体计算公式为：

$$利润分成率＝\sum 各年度追加利润现值÷\sum 各年度利润总额现值$$

【例8-5】 企业转让彩电显像管新技术，购买方用于改造年产10万只彩电显像管的生产线。经对无形资产边际贡献因素的分析，测算在其寿命期间各年度分别可带来追加利润100万元、120万元、90万元和70万元，分别占当年利润总额的40%、30%、20%和15%。

要求：评估无形资产的利润分成率(折现率为10%)。

解析：

$$各年度利润总额现值之和＝\frac{100÷40\%}{1+10\%}+\frac{120÷30\%}{(1+10\%)^2}+\frac{90÷20\%}{(1+10\%)^3}+\frac{70÷15\%}{(1+10\%)^4}$$
$$＝250×0.909\,1+400×0.826\,4+450×0.751\,3+467×0.683\,0$$
$$＝227.275+330.56+338.085+318.961$$
$$＝1\,214.881(万元)$$

$$追加利润现值之和=\frac{100}{1+10\%}+\frac{120}{(1+10\%)^2}+\frac{90}{(1+10\%)^3}+\frac{70}{(1+10\%)^4}$$
$$=100\times0.909\,1+120\times0.826\,4+90\times0.751\,3+70\times0.683\,0$$
$$=90.91+99.168+67.617+47.81$$
$$=305.505(万元)$$

则：

$$无形资产利润分成率=\frac{305.505}{1\,214.881}\times100\%=25.15\%$$

（2）**约当投资分成法。**边际分析法是根据各种生产要素对提高生产率的贡献来计算，道理明了，易于被人接受。但是由于无形资产与有形资产的作用往往互为条件，在许多场合下较难确定购置的无形资产贡献率。因而，还需寻求其他途径。由于利润往往是无形资产与其他资产共同作用的结果，而无形资产通常具有较高的成本利润率，可以考虑采取在成本的基础上附加相应的成本利润率，折合成约当投资的办法，按无形资产的折合约当投资与购买方投入的资产约当投资的比例确定利润分成率。具体计算公式为：

$$无形资产利润分成率=\frac{无形资产约当投资量}{购买方约当投资量+无形资产约当投资量}\times100\%$$

式中：

无形资产约当投资量＝无形资产重置成本×（1＋适用成本利润率）
购买方约当投资量＝购买方投入的总资产的重置成本×（1＋适用成本利润率）

确定无形资产约当投资量时，适用成本利润率按转让方无形资产带来的利润与其成本之比计算。没有企业的实际数时，按社会平均水平确定。为了补偿开发过程中的损失，适用的成本利润率通常高于100%。确定购买方约当投资量时，适用的成本利润率按购买方的现有水平测算。

【例8-6】 甲企业以制造四轮驱动汽车的技术向乙企业投资，该技术的重置成本为100万元，乙企业拟投入合营的资产重置成本8 000万元，甲企业无形资产成本利润率为500%，乙企业拟合作的资产原利润率为12.5%。

要求：评估无形资产投资的利润分成率。

解析：

$$无形资产的约当投资量=100\times(1+500\%)=600(万元)$$
$$乙企业资产约当投资量=8\,000\times(1+12.5\%)=9\,000(万元)$$
$$甲企业投资无形资产的利润分成率=600/(9\,000+600)=6.25\%$$

另外，如果评估的不是全新的无形资产，还需要考虑无形资产重置成本的净值。

【例8-7】 甲企业将一项专利使用权让给乙企业，拟采用对利润分成的方法。该专利是3年前从外部购入的，账面成本为80万元，3年间物价累计上升25%。该专利的法律保护期为 10 年,已过 4 年,尚可保护 6 年。经专业人员测算,该专利成本利润率为 400%。乙企业资产的重置成本为 4 000 万元,成本利润率为 12.5%。

要求:评估无形资产投资的利润分成率。

解析:

无形资产的约当投资量 = $80 \times (1+25\%) \times 6 \div 10 \times (1+400\%) = 300$(万元)

乙企业资产约当投资量 = $4\,000 \times (1+12.5\%) = 4\,500$(万元)

甲企业投资无形资产的利润分成率 = $300/(4\,500+300) = 6.25\%$

(3) **要素贡献法。** 即考虑生产经营活动的三要素:资本、技术、管理,但三要素在不同行业的贡献是不一样的。一般来说,资本密集型行业三要素的比例分别是:50%、30%、20%;技术密集型行业三要素的比例分别是:40%、40%、20%;一般行业三要素的比例分别是:30%、40%、30%;高科技行业三要素的比例分别是:30%、50%、20%。当然,确定无形资产收益额时这些数据仅供参考。

值得注意的是,分成率不是一个固定的值,它会随着受让与使用无形资产生产的产品产量的增加而递减。资产评估专业人员在利用分成率法确定无形资产收益额时要根据实际情况具体分析,合理确定分成收益。我国某技术转让规定的分成递减率如表 8-1 所示。

表 8-1 我国某技术转让规定的分成递减率

年产量/万套	占规定分成率
1~10	100%
10~20	75%
20~50	25%

(二)折现率的确定

与有形资产相同,无形资产的风险报酬率也是由无风险报酬率与风险报酬率两部分组成的。一般地讲,与有形资产相比,投资无形资产的收益较高,风险率也较强。因此,适用于无形资产的风险报酬率往往高于有形资产。评估的时候需要根据影响无形资产获利能力的各种因素分析判断被评估无形资产获得某种程度收入的概率,科学地测算其风险报酬率,进而确定恰当的折现率。此外,需要注意折现率的口径应与收益额的口径一致。

(三)收益期限的确定

无形资产收益期限或称有效期限,是指无形资产发挥作用,并具有超额获利能力的时间。无形资产在发挥作用的过程中,其损耗是客观存在的。无形资产价值降低是由无形损耗造成的,即由于科学技术进步而引起价值减少。具体来说,主要有下列三种情况:

(1) 新的、更先进、更经济的无形资产出现,这种新的无形资产可以替代旧的无形资产,使采用原无形资产无利可图时,原有无形资产价值就丧失了。

(2) 因为无形资产传播面扩大,其他企业普遍掌握这种无形资产,获得这项无形资产已不需要任何成本,使拥有这种无形资产的企业不再具有获取超收益的能力时,它的价值也就大幅度贬低或丧失。

(3) 企业拥有的某项无形资产所决定的产品销售量骤减,需求大幅度下降时,这种无形资产价值就会减少,以至于完全丧失。

 实务链接

以上说明的是确定无形资产的有效期限的理论依据。评估实践中,确定收益期限的方法主要有:

(1) **法定年限法**。法律、合同分别规定有效期限和受益年限的,按就短原则确定;法律未规定有效期限,企业合同规定受益年限的,按受益年限确定。

(2) **更新周期法**。根据无形资产的更新周期评估其剩余经济年限,对部分专利权、版权和专有技术来说,是比较适用的方法。无形资产的更新周期有两大参照系:一是产品更新周期;二是技术更新周期。采用更新周期法,通常是根据同类无形资产的历史经验数据,运用统计模型来分析,而不是对无形资产逐一进行更新周期分析。

(3) **剩余寿命预测法**。剩余寿命预测法是直接评估无形资产的尚可使用经济年限的方法。这种方法是根据产品的市场竞争状况、可替代技术进步和更新的趋势作出的综合性预测。

第三节 成本法和市场法在无形资产评估中的应用

一、成本法在无形资产评估中的应用

(一) 无形资产的成本特性

采用成本法评估无形资产价值,首先要了解无形资产在成本上所具有的特殊属性。由于我国现行有关制度的规定以及无形资产的形成特点,无形资产成本具有不同于有形资产成本的特性。

1. 不完整性

无形资产的成本理应包括无形资产研制或取得、持有期间的全部物化劳动和活劳动的费用支出。与购建无形资产相对应的各项费用是否计入无形资产的成本,是以费用支出资本化为条件的。在企业生产经营过程中,科研费用一般都是比较均衡地发生的,并且比较稳定地为生产经营服务,因而我国财务制度一般把科研费用从当期管理费用中列支,而不是先对科研成果进行费用资本化处理,再按无形资产摊销的办法从生产经营费用中补偿。这种办法简便易行,大体上符合实际,并不影响无形资产的再生产。但这样一来,企业账簿上反映的无形资产成本就是不完整的,存在大量账外无形资产。同时,即使是按国家规定进行费用支出资本化的无形资产的成本核算一般也是不完整的。因为无形资产的创立具有特殊性,有大量的前期费用,如培训、基础开发或相关试验等费用往往不计入该无形资产的成本,而是通过其他途径进行补偿。虽然说无论是列作期间费用处理,还是进行资产化处理,都不影响无形资产的再生产,但是这种无形资产账面成本与实际发生成本不符的现象是客观存在、不容忽视的。

2. 弱对应性

无形资产的创建经历基础研究、应用研究和工艺生产开发等漫长过程,成果的出现带有较大的随机性、偶然性和关联性,其价值并不与其开发费用和时间产生某种既定的关系。如果在一系列的研究失败之后偶尔出现一些成果,由这些成果承担所有的研究费用显然不够合理。而在大量的先行研究(无论是成功,还是失败)成果的积累之上,往往可能产生一系列的无形资产,然而这些研究成果是否应该以及如何承担先行研究的费用也很难明断。

3. 虚拟性

既然无形资产的成本具有不完整性、弱对应性的特点,那么无形资产的成本往往是相对的。特别是一些无形资产的内涵已经远远超出了它的外在形式的含义,这种无形资产的成本只具有象征意义。例如商标权,其成本核算的是商标设计费、登记注册费、广告费等,而商标权的内涵是标示商品内在质量信誉。因此,商标权的成本只是象征性的或虚拟性的。

无形资产所具有的成本特性使得其实际价值与重置成本之间可能严重脱节,这些因素会导致在评估一些无形资产时成本法不适用。

(二)成本法的应用

如果采用成本法评估无形资产,其基本公式为:

无形资产评估值＝无形资产重置成本×成新率

无形资产重置成本是指现时市场条件下重新创造或购置一项全新无形资产所耗费的全部货币总额。根据企业取得无形资产的来源情况,无形资产可以划分为自创无形资产和外购无形资产。自创无形资产和外购无形资产的重置成本构成和评估方式不同,需要分别进行估算。

1. 自创无形资产重置成本的估算

自创无形资产的成本是由创制该资产所消耗的物化劳动和活劳动费用构成的。如果自创无形资产已有账面价格,由于它在全部资产中的比重一般不大,可以按照定基物价指数作相应调整,即可得到重置成本。但在实务上,自创无形资产往往无账面价格,需要进行评估。其方法主要有两种:

(1) **重置核算法。**计算公式为:

无形资产的重置成本＝直接成本＋间接成本＋资金成本＋合理利润

式中：

直接成本＝$\sum$（物质资料实耗量×现价）＋$\sum$（实耗工时×现行标准）

这里，评估无形资产直接成本不是按现行消耗量而是按实际消耗量来计算的。这主要是由于，无形资产作为一种创造性的成果，一般只能原样复制从而不能模拟在现有生产条件下再生产的消耗量。

自创无形资产重置成本计算中一般需要考虑合理利润，合理利润来源于自创无形资产的直接成本、间接成本和资金成本之和与外购同样的无形资产的平均市场价格之间的差额。

（2）**倍加系数法**。对于智力投入较多的技术型无形资产，考虑到科研劳动的复杂性和风险性，可以采用下述具体公式计算：

$$\text{无形资产重置成本} = \frac{C + \beta_1 V}{1 - \beta_2} \times (1 + L)$$

式中：C——无形资产研制开发中的物化劳动消耗；V——无形资产研制开发中活劳动消耗；β_1——科研人员创造性劳动倍加系数；β_2——科研的平均风险系数；L——无形资产投资报酬率。

【例8-8】 某被评估专有技术在研制过程中消耗的材料费用12万元，动力费用22万元，支付科研人员工资30万元。资产评估专业人员经过市场调查，确定科研人员创造性劳动倍加系数为1.5，科研的平均风险系数为0.5，该项无形资产投资报酬率为20%。

要求：采用倍加系数法测算该项专有技术的重置成本。

$$\text{该专有技术重置成本} = \frac{12 + 22 + 30 \times 1.5}{1 - 0.5} \times (1 + 20\%) = 189.6（\text{万元}）$$

2. 外购无形资产重置成本的估算

外购无形资产一般有购置成本记录，或者有可供参考的市场价格，评估起来相对较为容易。外购无形资产重置成本一般包括购买价和购置费用。计算方法有以下两种：

（1）**市价类比法**。它是在无形资产交易市场中选择参照物，再根据其功能、技术先进性和适用性进行调整以确定其现行购买价的方法。其中的购置费用可以根据现行标准或实际情况核定。

（2）**物价指数法**。它是以无形资产的账面成本为依据，再根据物价指数进行调整，进而估算其重置成本的方法。其计算公式如下：

无形资产的重置成本＝无形资产账面成本×评估基准日物价指数÷购置时物价指数

从无形资产价值构成来看，主要有两类费用：一是物质消耗费用，二是人工消耗费用。

前者与生产资料物价指数相关度较高,后者与生活资料物价指数相关度较高。不同的无形资产两类费用的比重可能有较大差别,可按两类费用的大致比例按结构分别适用生产资料物价指数与生活资料物价指数估算;当两种价格指数比较接近,且两类费用的比重有较大倾斜时,可按比重较大费用适用的物价指数来估算。物价指数法测算的重置成本仅仅考虑了价格变动因素,对于更新速度比较快的无形资产采用物价指数法测算的重置成本往往会偏高一些。

3. 成新率的估算

一般来说,无形资产不存在有形贬值,只存在功能性贬值与经济性贬值。其成新率的确定可以采用类似于有形资产的方法来确定。一般采用专家鉴定法和剩余经济寿命预测法确定。

(1) **专家鉴定法**。专家鉴定法是指从邀请的有关技术领域的专家对被评估无形资产先进性和适用性做出的判断中确定其成新率的方法。

(2) **剩余经济寿命预测法**。剩余经济寿命预测法是由资产评估专业人员通过对无形资产剩余经济寿命的预测和判断,从而确定其成新率的方法。计算公式如下:

$$成新率 = 剩余使用年限 \div (已使用年限 + 剩余使用年限) \times 100\%$$

成新率是运用成本法评估有形资产时使用的一个重要概念。无形资产不存在有形贬值,成本法评估无形资产时只是为了操作上的方便借用这一概念,因此它的运用也受到较大程度的限制。在评估实践中,一般选择综合考虑了被评估无形资产的各种无形贬值后的折算比率。

此外,在确定适用的成新率时,应注意无形资产使用效用与时间的关系。以上公式应用的前提是线性关系。但在实务中,这种关系通常是非线性的,也不一定是递减的。有的无形资产其效用是非线性递减的,如技术型无形资产;有的无形资产其效用在一定时间内是非线性递增的,如商标、商誉等。因此,资产评估专业人员应该注意这种方法的应用前提。

二、市场法在无形资产评估中的应用

虽然无形资产具有的非标准性和唯一性特征限制了市场法在无形资产评估中的使用,但这不排除在评估实践中仍有应用市场法的必要性和可能性。国外学者认为,市场法强调的是具有合理竞争能力的资产的可比性特征。如果有充分的源于市场的交易案例,可以从中取得作为比较分析的参照物,并能对评估对象与可比参照物之间的差异做出合适的调整,就可应用市场法。

如果需要使用市场法评估无形资产,资产评估专业人员应注意以下事项。

(一) 具有合理比较基础的类似无形资产

类似无形资产是指与被评估资产形式相似、功能相似、载体相似以及交易条件相似的参照物。①形式相似。参照物与被评估资产按照无形资产分类原则可以归并为同类。②功能相似。参照物与被评估资产的功能和效用相似。③载体相似。无形资产所依附的产品或服务同质,所依附的企业同规模。④交易条件相似。参照物的成交条件与被评估资产模拟的成交条件在宏观、中观、微观层面接近。

（二）收集类似无形资产交易的市场信息进行横比,收集被评估无形资产以往的交易信息进行纵比

关于横向比较,资产评估专业人员在参照物与被评估无形资产在形式、功能和载体方面满足可比性的基础上,应尽量收集致使交易达成的市场信息,即要涉及供求关系、产业政策、市场结构、企业行为和市场绩效的内容。其中对市场结构的分析尤为重要,即需要分析卖方之间、买方之间、买卖双方之间、市场内已有的买方和卖方与正在进入或可能进入市场的买方和卖方之间的关系。资产评估专业人员应熟悉经济学市场结构做出的完全竞争、完全垄断、垄断竞争和寡头垄断的分类。对于纵向比较,资产评估专业人员既要看到无形资产具有依法实施多元和多次授权经营的特征,使得过去交易的案例成为未来交易的参照依据,也应看到时间、地点、交易主体和条件变化会影响被评估无形资产的未来交易价格。

（三）收集到的价格信息应相关、合理、可靠、有效

(1) 相关指收集到的价格信息与需要做出判断的被评估无形资产的价值关联性较强。

(2) 合理指收集到的价格信息能反映被评估无形资产载体结构和市场结构特征,不能简单套用。

(3) 可靠指收集到的价格信息具有较高可信度。

(4) 有效指收集到的价格信息能有效地反映评估基准日的被评估资产在模拟条件下可能的价格。

（四）资产评估专业人员要注意对无形资产和参照物的差异进行合理调整

无论是横向比较,还是纵向比较,参照物与被评估无形资产之间会因时间推移及空间、条件和环境的变化而产生差异,资产评估专业人员应对此作出合理的调整。

第四节　知识型无形资产评估

知识型无形资产是指主要依靠投入的知识、智力、技术创造的知识密集型无形资产。知识型无形资产的范围较宽,本节主要涉及专利权、非专利技术和著作权。专利权、非专利技术和著作权虽然各有特点,但同是知识型无形资产的重要组成部分,在评估目的、评

估方法方面具有相同性。

一、专利资产评估

一般情况下,专利权可以简称为专利。因此,专利权资产可以简称为专利资产,专利权资产评估可以简称为专利资产评估。同时,这种称呼也与《专利资产评估指导意见》吻合。

（一）专利的概念和分类

1. 专利的概念

专利是国家专利机关依法批准的发明人或其权利受让人对其发明成果,在一定期间内享有的独占权或专有权,任何人如果要利用该项专利进行生产经营活动或出售使用该项专利制造的产品,需事先征得专利权所有者的许可,并付给报酬。

2. 专利的分类

根据自 2021 年 6 月 1 日起施行的《中华人民共和国专利法》(以下简称《专利法》),专利一般可分为发明专利、实用新型专利和外观设计专利。在其他国家,专利还包括产品专利、方法专利、改进专利等。

（二）专利资产的概念和特点

1. 专利资产的概念

根据 2017 年 10 月 1 日起实施的《专利资产评估指导意见》,专利资产是指专利权人拥有或者控制的,能持续发挥作用并且能带来经济利益的专利权益。作为专利资产必须符合三个条件:①能够持续发挥作用;②能够带来经济利益;③能够获得法律保护。可见,并不是所有的专利都可以形成专利资产。已失效的专利或者没有经济价值的专利,都不能成为专利资产。

2. 专利资产的特点

(1) 独占性。独占性又称排他性,专利所有者在专利有效期内拥有排他性运用专利的特权。其他任何单位和个人未经专利所有者允许即未与专利所有者签订书面合同、支付专利使用费,都不得使用其专利。

(2) 地域性。任何一项技术只在其获得专利的国家或地区依当地专利法的规定获得保护。

(3) 时效性。专利在法定期限内有效,受法律保护。期满后,专利权人的权利自行终止,专利将不再具有无形资产价值。根据我国《专利法》的规定,发明专利保护期限为 20 年,实用新型专利的保护期限为 10 年,外观设计专利保护期限为 15 年,均自申请日起计算。

(4) 约束性。根据我国《专利法》的规定,专利权垄断的法定边界是专利权利要求书记载的范围。也就是说,专利资产的范围是依法获得的保护范围,是由权利要求书确定的。因此,需要对权利要求书进行分析以确定具体资产范围。

(5)公开性。专利受到专门法律《专利法》的保护,专利的技术是公开的。《专利法》通过给予专利权人一段时间的技术垄断换取技术公开,以促进技术进步和创新。

（三）专利资产价值影响因素

根据《专利资产评估指导意见》,执行专利资产评估业务,应当对影响专利资产价值的法律因素、技术因素和经济因素进行分析。

法律因素通常包括专利资产的权利属性及权利限制、专利类别、专利的法律状态、专利剩余法定保护期限、专利的保护范围等。资产评估专业人员应当关注专利所有权与使用权的差异、专利使用权的具体形式、以往许可和转让的情况对专利资产价值的影响。资产评估专业人员应当关注发明、实用新型、外观设计的审批条件、审批程序、保护范围、保护期限、审批阶段的差异对专利资产价值的影响。资产评估专业人员应当关注专利所处审批阶段,专利是否涉及法律诉讼或者处于复审、宣告无效状态,以及专利有效性维持情况对专利资产价值的影响。

技术因素通常包括替代性、先进性、创新性、成熟度、实用性、防御性、垄断性等。

经济因素通常包括专利资产的取得成本、获利状况、许可费、类似资产的交易价格、市场应用情况、市场规模情况、市场占有率、竞争情况等。

（四）专利资产评估对象

专利资产评估对象是指专利资产权益,包括专利所有权和专利使用权。在进行专利资产评估时,需要明确专利资产基本状况,并核实专利资产有效性。

1. 明确专利资产基本状况

根据《专利资产评估指导意见》,专利资产基本状况通常包括:①专利名称;②专利类别;③专利申请的国别或者地区;④专利申请号或者专利号;⑤专利的法律状态;⑥专利申请日;⑦专利授权日;⑧专利权利要求书所记载的主权利要求;⑨专利使用权利。

资产评估专业人员执行专利资产评估业务,应当关注专利的法律状态,通常包括专利申请人或者专利权人及其变更情况,专利所处的专利审批阶段、年费缴纳情况、专利权的终止、专利权的恢复、专利权的质押,以及是否涉及法律诉讼或者处于复审、宣告无效状态。

2. 核实专利资产有效性

专利资产凭借法定的垄断权,为特定权利主体带来经济利益。对专利资产有效性的分析,是对专利权的核实,也就是判断该技术是否享有法定的垄断权。对专利资产有效性的判断包括两个层次:

(1)核实该专利是否为有效专利,著录项目是否属实。对专利的核实,不能仅凭专利证书确知该专利的有效性。专利证书虽是依法授予专利权的凭证,但在授权以后,专利随时可能因各种原因而失效,如未交年费或是经过无效程序都可能导致丧失专利权。根据我国专利管理制度,失效后的专利证书,国家并未收回,而是在《专利公报》上予以公告作废,但是作废的专利证书仍保留在原专利权人手中。因此,不能仅以专利证书证明专利的有效性,还必须要求委托方提供专利局或省、直辖市、自治区、国务院有关部委专利管理机关出具的确权证明,或通过检索,确认该专利的法律状态是否为有效。

(2)核实该专利是否具有专利性。由于我国对实用新型专利实行"初步审查"制度,很多已授权的实用新型专利是不符合专利法的实质性要求的。因此,即使是有效的实用新型专利,仍有可能因不具备"三性"(新颖性、创造性、实用性),经过无效程序,丧失专利权。在无效程序中,关键是对技术专利性的判断。实用新型专利的稳定性是不足的。资产评估专业人员在评估之前,必须对委估对象的权利稳定性进行分析。由于专利技术的专业性较强,在必要的情况下,应咨询有关该技术领域的专家,对专利技术进行分析。只有在确定专利权有效的前提下,才能够开展对该技术的评估。丧失专利权的技术,实质上也就丧失了作为资产的条件,不再具有评估意义上的价值。对于资产评估专业人员而言,在对专利资产进行评估的过程中,应首先判断委估对象权利的有效性。

(五)专利资产评估程序

1. 收集信息、资料

资产评估专业人员执行专利资产评估业务,应当对专利及其实施情况进行调查,包括必要的现场调查、市场调查,并收集相关信息、资料。调查过程收集的相关信息、资料包括:

(1)专利资产的权利人及实施企业基本情况。

(2)专利证书、最近一期的专利缴费凭证。

(3)专利权利要求书、专利说明书及其附图。

(4)专利技术的研发过程、技术实验报告,专利资产所属技术领域的发展状况、技术水平、技术成熟度、同类技术竞争状况、技术更新速度等有关信息、资料。如果技术效果需检测,还应当收集相关产品检测报告。

(5)分析专利产品的适用范围、市场需求、市场前景及市场寿命、相关行业政策发展状况、宏观经济、同类产品的竞争状况、专利产品的获利能力等相关的信息、资料。

(6)以往的评估和交易情况,包括专利权转让合同、实施许可合同及其他交易情况。

资产评估专业人员执行专利资产评估业务,应当尽可能获取与专利资产相关的财务数据及专利实施企业经审计的财务报表,对专利资产的相关财务数据进行必要的分析。

2. 确定评估方法

资产评估专业人员执行专利资产评估业务,应当根据评估目的、评估对象、价值类型、资料收集情况等相关条件,分析收益法、市场法和成本法三种资产评估基本方法的适用性,恰当选择资产评估方法。

资产评估专业人员运用收益法进行专利资产评估时,应当收集专利产品的相关收入、成本、费用数据;应当对委托方或者相关当事方提供的专利未来实施情况和收益状况的预测进行必要的分析、判断和调整,确信相关预测的合理性;应当根据专利资产的具体情况选择恰当的收益口径;专利资产的预期收益应当是专利的使用而额外带来的收益,可以通过增量收益、节省许可费、收益分成或者超额收益等方式估算。确定预期收益时,应当区分并剔除与委托评估的专利资产无关的业务产生的收益,并关注专利产品或者服务所属行业的市场规模、市场地位及相关企业的经营情况;应当根据专利资产的技术寿命、技术成熟度、专利法定寿命、专利技术产品寿命及与专利资产相关的合同约定期限,合理确定专利资产收益期限;应当综合考虑评估基准日的利率、投资回报率、资本成本,以及专利实施过程中的技术、经营、市场、资金等因素,合理确定折现率,且折现率应当与预期收益的口径保持一致。

资产评估专业人员运用市场法进行专利资产评估时,应当收集足够的可比交易案例,并对专利资产与可比交易案例之间的各种差异因素进行分析、比较和调整。

资产评估专业人员运用成本法进行专利资产评估时,应当合理确定专利资产的重置成本,重置成本包括合理的成本、利润和相关税费等;确定专利资产重置成本时,应当确定形成专利资产所需的直接成本、间接费用、合理的利润及相关的税费等;采用成本法进行专利资产评估时,应当合理确定贬值。

3. 撰写评估报告

评估报告是专利资产评估结果的最终反映,但这种结果是建立在各种分析、假设基础之上的。为了说明评估结果的有效性和适用性,资产评估专业人员应当在专利资产评估报告中反映专利资产的特点,通常包括以下内容:

(1)说明评估对象的详细情况,通常包括专利资产的权利属性、使用权具体形式、法律状态、专利申请号及专利权利要求等。

(2)描述专利资产的技术状况和实施状况。

(3)说明对影响专利资产价值的法律因素、技术因素、经济因素的分析过程。

(4)说明专利的实施经营条件。

(5)说明使用的评估假设及限定条件。

(6)说明专利权许可、转让、诉讼、无效请求及质押情况。

(7)说明有关评估方法的主要内容,包括评估方法的选取及其理由,评估方法中的运算和逻辑推理方式,各重要参数的来源、分析、比较与测算过程,对初步价值结论进行分析并形成最终评估结论的过程。

(8)其他必要信息。

（六）专利资产评估方法应用

专利资产评估主要采用收益法，一些特殊情况下也可以采用成本法。

1. 收益法

采用收益法评估专利资产，关键需要确定专利资产的收益额、折现率和收益期限。专利资产的收益额、折现率和收益期限的确定，在本章中已有说明，不再详述。以下通过案例说明专利资产评估方法的应用。

【例 8-9】 北京某科技发展公司 5 年前自行开发了一项大功率电热转换体及其处理技术，并获得发明专利证书，专利保护期 20 年。现在，该公司准备将该专利技术出售给郊区某乡镇企业，现需要对该项专利技术进行评估。

解析：

（1）评估对象和评估目的。由于北京某科技发展公司系出售专利，因此，转让的是专利资产的所有权。

（2）专利技术有效性。该项技术已申请专利，该技术所具备的基本功能可以从专利说明书以及有关专家鉴定书中得到。此外，该项技术已在北京某科技发展公司使用了 5 年，产品已进入市场，并深受消费者欢迎，市场潜力较大。因此，该项专利技术的有效功能较好。

（3）评估方法选择。该项专利技术具有较强的获利能力，而且，同类型技术在市场上被授权使用情况较多，分成率容易获得，从而为测算收益额提供了保证。因此，决定采用收益法进行评估。

（4）判断确定评估参数。根据对该类专利技术的更新周期以及市场上产品更新周期的分析，确定该专利技术的剩余使用期限为 4 年。根据对该类技术的交易实例的分析，以及该技术对产品生产的贡献性分析，采用对销售收入的分成率为 3%。

根据过去经营绩效及对未来市场需求的分析，资产评估专业人员对未来 4 年的销售收入进行预测，结果见表 8-2。

表 8-2　预期销售收入测算结果 单位：万元

年　份	销售收入
2021	600
2022	750
2023	900
2024	900

根据当期的市场投资收益率，确定该专利技术评估中采用的折现率为 15%。

（5）计算评估值，得出结论，如表 8-3 所示。

表 8-3　评估值计算表　　　　　　　　　　　　单位:万元

年　份	销售收入 ①	分成额 ②=①×3%	税后净额 ③=②×(1-25%)	收益总额 (r=15%)
2021	600	18	13.50	11.74
2022	750	22.5	16.88	12.76
2023	900	27	20.25	13.32
2024	900	27	20.25	11.58
合　计				49.40

因此,该专利技术的评估值为 49.4 万元。

2. 成本法

采用成本法评估专利资产关键需要确定专利资产的重置成本和折现率。专利资产分为自创和外购两种。外购资产的重置成本易确定。自创专利资产的成本一般由下列因素组成:

(1) 研制成本。研制成本包括直接成本和间接成本两大类。直接成本是指研制过程中直接投入发生的费用,间接成本是指与研制开发有关的费用。

① 直接成本。直接成本一般包括:材料费用,即为完成技术研制所耗费的各种材料费用;工资费用,即参与研制技术的科研人员和相关人员的费用;专用设备费,即为研制开发技术所购置或专用设备的摊销;资料费,即研制开发技术所需的图书、资料、文献、印刷等费用;咨询鉴定费,即为完成该项目发生的技术咨询、技术鉴定费用;协作费,即项目研制开发过程中某些零部件的外加工费以及使用外单位资源的费用;培训费,即为完成本项目,委派有关人员接受技术培训的各种费用;差旅费,即为完成本项目发生的差旅费用;其他费用。

② 间接成本。间接成本主要包括:管理费,即为管理、组织本项目开发所负担的管理费用;非专用设备折旧费,即采用通用设备、其他设备所负担的折旧费;应分摊的公共费用及能源费用。

(2) 交易成本。发生在交易过程中的费用支出,主要包括:技术服务费,即卖方为买方提供专家指导、技术培训、设备仪器安装调试及市场开拓费;交易过程中的差旅费及管理费,即谈判人员和管理人员参加技术洽谈会及在交易过程中发生的食宿及交通费等;手续费,即指有关的公证费、审查注册费、法律咨询费等;税金,即无形资产交易、转让过程中应缴纳的税金。

当然,由于评估目的不同,其资产成本构成的内涵也不一样,在评估时应视不同情形考虑以上成本的全部或一部分。

【例 8-10】　利发实业股份有限公司由于经营管理不善,企业经济效益不佳,亏损严重,将要被同行业的利达股份有限公司兼并,需要对本公司全部资产进行评估。该公司有一项实用新型专利技术,是两年前自行研制开发的,并获得专利证书。

要求：对该专利技术进行评估。

解析：

（1）确定评估对象。该项专利技术是利发实业股份有限公司自行研制开发并申请的专利权，该公司对其拥有所有权。被兼并企业资产中包括该项专利技术，因此，确定的评估对象是专利技术的完全产权。

（2）技术功能鉴定。该专利技术的专利权证书、技术检验报告书均齐全。根据专家鉴定和现场勘察，表明该项专利技术应用对于提高产品质量、降低产品成本均有很大作用，效果良好，与同行业同类技术相比较，处于领先水平。经分析，企业经济效益不佳、产品滞销为企业管理人员素质较低、管理混乱所致。

（3）评估方法选择。由于该公司经济效益欠佳，很难确切地预计该项专利技术的超额收益；同类技术在市场上尚未发现有交易案例，因此，决定选用成本法。

（4）各项评估参数的估算。首先，分析测算其重置完全成本。该项专利技术是自创形成的，其开发形成过程中的成本资料可从企业中获得。具体如下：

材料费用	45 000 元
工资费用	10 000 元
专用设备费	6 000 元
资料费	1 000 元
咨询鉴定费	5 000 元
专利申请费	3 600 元
培训费	2 500 元
差旅费	3 100 元
管理费分摊	2 000 元
非专用设备折旧费分摊	9 600 元
合计	87 800 元

因为专利技术难以复制，各类消耗仍按过去实际发生定额计算，对其价格可按现行价格计算。根据考察、分析和测算，近两年生产资料价格上涨指数分别为 5% 和 8%。因生活资料物价指数资料难以获得，该专利技术开发中工资费用所占份额很少，因此，可以将全部成本按生产资料价格指数调整，即可估算出重置完全成本。

$$重置完全成本 = 87\ 800 \times (1 + 5\%) \times (1 + 8\%) = 99\ 565.2(元)$$

其次，确定该项专利技术的成新率。该项实用新型的专利技术，法律保护期限为 10 年，尽管还有 8 年保护期限，但根据专家鉴定分析和预测，该项专利技术的剩余使用期限仅为 6 年，由此可以计算成新率为：

$$成新率 = 6 \div (2 + 6) \times 100\% = 75\%$$

（5）计算评估值，做出结论。

$$评估值 = 99\ 565.2 \times 75\% = 74\ 673.9(元)$$

所以,该项专利技术的评估值为 74 673.9 元。

二、非专利技术评估

(一)非专利技术的概念和特点

非专利技术又称专有技术,是指未公开或未申请专利但能为拥有者带来超额经济利益或竞争优势的知识和技术,包括设计资料、工艺流程、材料配方、经营诀窍、特殊的产品保存方法、质量控制管理经验、工程图纸和数据等技术资料。非专利技术与专利权不同,从法律角度讲,它不是一种法定的权利,而仅仅是一种自然的权利,是一项收益性无形资产。从这一角度来说,进行非专利技术的评估,首先应该鉴定非专利技术,分析、判断其存在的客观性。显然,这一判断要比专利资产的判断略显复杂些。非专利技术有如下特点:

(1)实用性。非专利技术的价值取决于其是否能够在生产实践过程中操作,不能应用的技术不能称为非专利技术。

(2)新颖性。非专利技术所要求的新颖性与专利技术的新颖性不同,非专利技术并非要具备独一无二的特性,但它也决不能是任何人都可以随意得到的东西。

(3)获利性。非专利技术必须有价值,表现在它能为企业带来超额利润。价值是非专利技术能够转让的基础。

(4)保密性。非专利技术最主要的特性就是保密性。非专利技术不是一种法定的权利,其自我保护是通过保密性进行的。

(二)非专利技术和专利的区别

(1)非专利技术具有保密性,而专利则是在专利法规定范围内公开的。一项技术一经公开,获取它所耗费的时间与投资远远小于研制它所耗费的时间和投资,必须有法律手段保护发明者的所有权。非专利技术的所有者因为不受专门法律保护,因此只有通过保密手段进行自我保护。

(2)非专利技术的内容范围很广,包括设计资料、技术规范、工艺流程、材料配方、经营诀窍和图纸等,而专利通常包括三种,即发明专利、外观设计和实用新型。

(3)非专利技术没有法律保护期限,而专利有明确的法律保护期限。

(4)对专利的保护通常按《专利法》条文进行,对非专利技术保护的法律主要有《合同法》《反不正当竞争法》等相关法律。

(三)非专利技术价值影响因素

在非专利技术评估中,应注意研究影响非专利技术评估值的各项因素。这些因素主要包括:

1. 非专利技术的使用期限

非专利技术依靠保密手段进行自我保护,没有法定保护期限。但是,非专利技术作为一种知识和技巧,会因技术进步、市场变化等原因被先进技术替代。作为非专利技术本身,一旦成为一项公认的使用技术,它就不存在价值了。因此,非专利技术的使用期限应由资产评估专业人员根据该领域的技术发展情况、市场需求情况及技术保密情况进行估算,也可以根据双方合同的规定期限、协议情况估算。

2.非专利技术的预期获利能力

非专利技术具有使用价值和价值。使用价值是非专利技术本身应具有的,而非专利技术的价值则在于非专利技术所能产生的超额获利能力。因此,评估时应充分研究分析非专利技术的直接和间接获利能力,这是确定非专利技术评估值的关键,也是评估过程中的困难所在。

3.非专利技术的市场情况

技术商品的价格也取决于市场供求情况。市场需求越大,其价格越高,反之则低。从非专利技术本身来说,一项非专利技术的价值高低取决于其技术水平在同类技术中的领先程度。在科学技术高速发展的情况下,技术的更新换代的速度加快,无形损耗加大,一项非专利技术很难持久处于领先水平。另外,非专利技术的成熟程度和可靠程度对其价值量也有很大影响。技术越成熟、可靠,其获利能力越强,风险越小,价值越高。

4.非专利技术的开发成本

非专利技术取得的成本,也是影响非专利技术价值的因素。评估中应根据不同技术特点,研究开发成本和其获利能力的关系。

(四)非专利技术评估方法

非专利技术评估方法与专利资产评估方法基本相同,这里不再赘述。下面分别介绍非专利技术评估中成本法和收益法的应用。

1.成本法

【例8-11】 某企业现有不同类型的设计工艺图纸8万张,需进行评估,以确定该设计工艺图纸的价值。

解析:

第一步,分析鉴定图纸的使用状况。资产评估专业人员根据这些图纸的尺寸和所给产品的种类、产品的周期进行分析整理。根据分析,将这些图纸分成以下四种类型(这也是一般用于确定图纸类型的标准):

(1)活跃/当前型:6.2万张。是指现正在生产,可随时订货的产品零件、部件、组合件的工程图纸及其他工艺文件。

(2)半活跃/当前型:0.9万张。是指目前已不再成批生产但仍可订货的产品零部件、组合件的工程图纸及其他工艺文件。

(3)活跃/陈旧型:0.7万张。是指计划停止生产但目前仍可供销售的产品的零部件、组合件的工程图纸及其他工艺文件。

（4）停止生产而且不再销售的产品的零部件、组合件的工程图纸及其他工艺文件，计0.2万张。

根据分析确定，继续有效使用的图纸计7.1万张。

第二步，估算图纸的重置完全成本。根据图纸设计、制作耗费及其现行价格分析确定，这批图纸每张的重置成本为120元。由此可以计算出这批图纸的重置完全成本。

$$图纸的重置完全成本＝71\,000×120＝8\,520\,000（元）$$

第三步，估算图纸的贬值。对重置完全成本总额还需按其产品的剩余使用年限与总使用年限的比较百分比（也称条件百分比）进行调整。即：

条件百分比＝剩余使用年限÷总使用年限×100%

假如由活跃/当前型图纸控制产品的剩余使用年限为5年，总使用年限为10年，则其条件百分比为：

$$条件百分比＝5÷10×100%＝50%$$

依这种做法，可以分别计算每种类型图纸的条件百分比。为了简化估算，假定估算出综合条件百分比为40%。

第四步，估算这些图纸的价值。即：

$$图纸价值＝8\,520\,000×40%＝3\,408\,000（元）$$

2. 收益法

【例8-12】 某评估公司对中佳股份有限公司准备投入中外合资企业的一项非专利技术进行评估。根据双方协议，确定该非专利技术收益期限5年。

要求：根据有关资料确定该非专利技术评估值。

解析：

（1）预测未来5年的收益。预测结果如表8-4所示。

表8-4 未来5年的收益预测结果

项 目	第1年	第2年	第3年	第4年	第5年
销售量/件	35	45	45	45	45
销售单价/万元	2.2	2.2	2.2	2.2	2.2
销售收入/万元	77	99	99	99	99
减：成本、费用/万元	21.84	27.94	27.94	27.94	27.94
利润总额/万元	55.16	71.06	71.06	71.06	71.06
减：所得税/万元	13.79	17.77	17.77	17.77	17.77
税后利润/万元	41.37	53.29	53.29	53.29	53.29
非专利技术分成率	40%	40%	40%	40%	40%
非专利技术收益/万元	16.55	21.32	21.32	21.32	21.32

（2）确定折现率。根据银行利率确定安全利率为 6%,根据技术所属行业及市场状况确定风险率为 14%,由此确定折现率为 20%。

（3）计算确定评估值。

$$非专利技术评估值=\sum_{t=1}^{5} 各年非专利技术收益/(1+r)^t$$
$$=16.55\times0.833\ 3+21.3\times0.694\ 4+21.3\times0.578\ 7+21.3\times0.482\ 0$$
$$+21.3\times0.401\ 9$$
$$=65.47(万元)$$

三、著作权资产评估

（一）著作权的概念

著作权,也称版权,是指作者及其他著作权所有人对文学、艺术和科学作品所享有的各项专有权利。著作权是知识产权的重要组成部分。我国《著作权法》具体规定了受版权保护的作品,主要包括:①文字作品;②口述作品;③音乐作品;④戏剧作品;⑤曲艺作品;⑥舞蹈作品;⑦杂技艺术作品;⑧美术作品;⑨建筑作品;⑩摄影作品;⑪电影作品及类似作品;⑫图形作品;⑬模型作品。同时,著作权还包括一系列人身权和财产权。

（二）著作权资产的概念和特点

1. 著作权资产的含义

著作权资产,是指著作权人拥有或者控制的,能够持续发挥作用并且能带来经济利益的著作权的财产权益和与著作权有关权利的财产权益。

著作权财产权利包括:复制权、发行权、出租权、展览权、表演权、放映权、广播权、信息网络传播权、摄制权、改编权、翻译权、汇编权以及著作权人享有的其他财产权利。

与著作权有关的权利也称作品传播者权、邻接权,是与著作权相邻近的权利,是作品传播者等因其在作品传播过程中所做出的创造性劳动、投资或其他贡献而被法律赋予的权利。通常包括:出版者对其出版的图书、期刊的版式设计权利,表演者对其表演享有的权利,录音、录像制作者对其制作的录音、录像制品享有的权利,广播电台、电视台对其制作的广播、电视所享有的权利以及由法律、行政法规规定的其他与著作权有关的权利。

同样,并不是所有的著作权都是著作权资产。著作权中能够持续发挥作用并预计能够为权利人带来经济利益的著作权,才能够成为著作权资产。

2. 著作权资产的特点

（1）地域性。地域性是指著作权只在授权国境内享受该国著作权法的保护。除非存在有关协议和国际公约,著作权不能在未授权国获得保护。《著作权法》虽然属于国内法,但我国参加了《伯尔尼公约》和《世界版权公约》,并成为世贸组织的成员,这样版权受到保护的区域就超过了国家的范围,国内法就变成了区域性法律。

（2）时效性。时效性是指著作权的保护具有一定的期限。著作权中的作者署名权、修改权、保护作品完整权的保护期不受限制，永远归作者所有。

公民作品的发表权、使用权和获得报酬权的保护期为，作者终生至死亡后 50 年；若为合作作品，至最后死亡的作者死亡后 50 年。单位作品的发表权、使用权和获得报酬权的保护期为首次发表后 50 年。电影、电视、录像和摄影作品的发表权、使用权和获得报酬权的保护期为首次发表后的 50 年。

（三）著作权资产评估的对象和方法

1. 著作权资产评估对象

著作权资产评估对象是指著作权中的财产权益以及与著作权有关权利的财产权益。著作权资产的财产权利形式包括著作权人享有的权利和转让或者许可他人使用的权利。许可使用形式包括法定许可和授权许可；授权许可形式包括专有许可、非专有许可和其他形式许可等。

2. 著作权资产评估方法

根据《著作权资产评估指导意见》，资产评估专业人员执行著作权资产评估业务，应当根据评估对象、评估目的、价值类型、资料收集情况等相关条件，分析收益法、市场法和成本法三种资产评估基本方法的适用性，并恰当选择评估方法。

资产评估专业人员运用收益法进行著作权资产评估时应当：首先，根据著作权资产对应作品的运营模式估计评估对象的预期收益，并关注相关经营情况。著作权资产的预期收益通常通过分析计算增量收益、节省许可费和超额收益等途径实现。执行著作权资产评估业务，应当关注该作品演绎出新作品并产生衍生收益的可能性。当具有充分证据证明该作品在可预见的未来可能演绎出新作品并产生衍生收益时，应当谨慎、恰当地考虑这种衍生收益对著作权资产价值的影响。其次，确定剩余经济寿命。剩余经济寿命可以通过综合考虑法律保护期限、相关合同约定期限、作品类别、创作完成时间、首次发表时间以及作品的权利状况等因素确定。最后，合理确定折现率。折现率可以通过分析评估基准日的利率、投资回报率，以及著作权实施过程中的技术、经营、市场、生命周期等因素确定。著作权资产折现率可以采用无风险报酬率加风险报酬率的方式确定。著作权资产折现率口径应当与预期收益的口径保持一致。

资产评估专业人员运用市场法进行著作权资产评估时应当：①考虑该著作权资产或者类似著作权资产是否存在活跃的市场，恰当考虑市场法的适用性；②收集类似著作权资产交易案例的市场交易价格、交易时间及交易条件等交易信息；③选择具有比较基础的可比著作权资产交易案例；④收集评估对象近期的交易信息；⑤对可比交易案例和评估对象近期交易信息进行必要调整。

资产评估专业人员运用成本法进行著作权资产评估时，应当合理确定作品的重置成本，并且应当采用适当方法合理确定评估对象的贬值。作品重置成本包括直接成本、间接费用、合理利润及相关税费等。

【例 8-13】 某著名文学家准备出售其刚刚完成的一部长篇小说的版权。据专家预测,该部长篇小说在未来 5 年内的收益为每年 100 万元,无风险报酬率为 3%,行业风险报酬率为 7%,收益分成率为 100%。

要求:评估该部小说版权的转让价值。

解析:

$$评估值 = 收益现值 \times 收益分成率$$
$$= 年收益额 \times 折现系数 \times 收益分成率$$
$$= 100 \times (P/A, 10\%, 5) \times 100\%$$
$$= 379.08(万元)$$

第五节　权利型无形资产评估

权利型无形资产是通过法律行为创设的非知识型无形资产。本节主要涉及商标权和特许权两种无形资产。

一、商标资产评估

（一）商标的概念和分类

1. 商标的概念

商标是商品的标记,是商品生产者或经营者为了把自己的商品区别于他人的同类商品,在商品上使用的一种特殊标记。根据《商标法》,商标可以由文字、数字、图案、颜色等,或这几种要素组合而成。

2. 商标的分类

商标的种类很多,依照不同的标准可以有不同的分类。

（1）按是否有法律保护分,可以分为注册商标和非注册商标。《商标法》第 3 条第 1 款规定:"经商标局核准注册的商标为注册商标,包括商品商标、服务商标和集体商标、证明商标;商标注册人享有商标专有权,受法律保护。"我们所说的商标资产评估,是指注册商标专用权的评估。

（2）按商标的构成分,可以分为文字商标、图案商标、符号商标、色彩商标和文字图案组合商标等。

（3）按商标的享誉程度分,可以分为普通商标和驰名商标。普通商标是相对于驰名商标的一种对商标的称谓,通常是指没有特别市场影响力及公众知晓程度不是很高的商标。驰名商标一般是指具有较大市场影响力、广为公众知晓并享有较高声誉的商标。

（4）按商标的作用分，可以分为商品商标、服务商标、集体商标、证明商标等。在这里，集体商标是指以团体、协会或者其他组织名义注册，供该组织成员在商事活动中使用，以表明使用者在该组织中的成员资格的标志。证明商标，是指由对某种商品或者服务具有监督能力的组织所控制，而由该组织以外的单位或个人使用于其商品或者服务，用以证明该商品或服务的原产地、原料、制造方法、质量或者其他特定品质的标志。

（二）商标权的概念和分类

商标权是商标注册后，商标所有者依法享有的权益，它受到法律保护，未注册商标不受法律保护。绝大部分商标权是通过商标注册获得的。而驰名商标，无论是注册还是非注册的，都受到法律保护。商标权一般包括排他专用权（又称独占权）、转让权、许可使用权和继承权等。

排他专用权是指注册商标的所有者享有禁止他人未经其许可而在同一种商品劳务或类似商品劳务上使用其商标的权利。转让权是商标所有者作为商标权人，享有将其拥有的商标转让给他人的权利。我国《商标法》第 42 条规定："转让注册商标的，转让人和受让人应当签订转让协议，并共同向商标局提出申请。受让人应当保证使用该注册商标的商品质量……转让注册商标经核准后，予以公告。受让人自公告之日起享有商标专用权。"许可使用权是指商标权人依法通过商标使用许可合同允许他人使用其注册商标。商标权人通过使用许可合同，转让的是注册商标的使用权。继承权是指商标权人将自己的注册商标交给指定的继承人继承的权利，但这种继承必须依法办理有关手续。

（三）商标资产的概念和特点

1. 商标资产的概念

根据《商标资产评估指导意见》，商标资产是指商标权利人所拥有或者控制的，能够持续发挥作用并且能带来经济利益的注册商标权益。商标满足以下两个条件才能成为商标资产：商标的功能及作用能够通过营销在消费者意识中形成独特的联想并产生经济利益；以法律保护的形式将商标标识作用所带来的经济利益赋予了商标权利人。

2. 商标资产的特点

（1）时效性。我国《商标法》规定，注册商标的有效期 10 年。注册商标到期时需要继续使用的，可以在到期前 12 个月办理续展手续，每次续展的有效期 10 年，自商标上一届有效期满的次日开始计算。注册商标 10 年期届满没有申请续展的，商标的注册将被撤销，商标权失效。

商标注册人按期提出续展申请，经商标局核准，商标权可以无限续展。在合法续展的情况下，商标权可成为永久性收益的无形资产。驰名老牌商标权的价值一般与其寿命成正比，寿命越长，价值越高。

（2）地域性。商标资产具有严格的地域性，商标权只有在法律认可的一定地域范围内受到保护。由于不同国家存在着不同的商标保护原则,商标权并不是在任何地方都受到保护。商标所有者所享有的商标权,只能在授予该项权利的国家领域内受到保护,在其他国家则不发生法律效力。如果需要得到其他国家的法律保护,必须按照该国的法律规定,在该国申请注册,或向世界知识产权组织国际局申请商标国际注册。

(3)约束性。注册商标的专用权以核准注册的商标和核定使用的商品为限。因此,评估商标资产价值时,要注意商标注册的商品种类及范围,要考虑商品使用范围是否与注册范围相符合,商标权只有在核定的商品上使用时才受法律保护,对超出注册范围部分所带来的收益不应计入商标资产的预期收益中。

(四)商标资产价值影响因素

商标权作为一种无形资产,其经济价值并非简单由设计、制作、申请、保护等方面所耗费用而形成的,广告宣传有利于扩大商标的知名度,并需要花费高额费用,但这些费用对商标资产价值起影响作用,而不是决定作用。商标资产的经济价值体现为它能获得超额收益,如果不能带来超额收益,商标权也就不具有经济价值。商标带来超额收益的原因,是它所代表的企业的商品质量、性能、服务等效应因素的综合性、重复性的显示,甚至是一定的效用价格比的标志。它实际上是对企业生产经营的素质,尤其是技术状况、管理状况、营销技能的综合反映。另外,商标资产的评估价值还与评估基准日的社会、经济状况以及评估目的等密切相关。因此,商标资产价值的评估应重点考虑如下几个方面。

1. 商标的法律状态

(1)商标注册情况。我国实行的是"不注册使用与注册使用并存,仅注册才能产生专用权"的商标专用权制度。按照这种制度,只有获得了注册的商标的使用人才享有专用权,才有权排斥他人在同类商品上使用相同或相似的商标,也才有权对侵权活动起诉。因而只有注册了的商标才具有经济价值。未注册的商标即便能带来经济效益,其经济价值也得不到确认。

(2)商标权的失效。在我国,注册商标的有效期是 10 年,10 年届满如果没有申请续展,则商标的注册将被注销,商标权失效。另外,还有几种情况可能导致商标权失效。比如,自行改变注册商标的;自行改变注册商标的注册人名称、地址或者其他注册事项的;自行转让注册商标的;连续 3 年停止使用的。商标权一旦失效,原商标所有人不再享有商标专用权,也就失去了评估对象,也就不再具有经济价值。

2. 商标的知名度

商标的知名度,即商标的驰名度。商标的知名度越大,其价值就越高。很多国家对驰名商标的保护力度远大于非驰名商标,对驰名商标的认定一般也有着苛刻的条件和复杂的手续。因而一般情况下,同一行业,驰名商标价值高于非驰名商标价值,取得驰名商标认定的商标,其价值高于普通商标的价值。

不同的商标可为商标权人带来不同的收益,同样的商品给企业带来的收益会相差甚远。驰名商标依照《保护工业产权巴黎公约》、世界贸易组织的《知识产权协定》及多数国家的商标法,都享有受特殊保护的权利。驰名商标的法律地位也会增加它的价值。

3. 商标所依托的商品

商标权是商标所有者享有禁止他人未经许可在同一种商品劳务或类似商品劳务上使用其商标的权利。商标权本身不能直接产生收益,其价值大都是依托有形资产来实现的。商标资产的经济价值是由商标所带来的效益决定的,带来的效益越大,商标资产价值越高。商标所带来的效益是依托相应的商品来体现的。主要与以下因素有关:

(1)商品所处的行业及前景。一种商品离不开其所在的行业,行业的状况直接影响商品的生产规模、价格、利润率等经济指标,进而影响商标的价值。商标所依托的商品所在的行业发展情况,对商标资产的价值能产生重大影响。商标资产的价值在于其获得超额利润的能力,在销量相同的情况下,新兴行业往往是产品附加值最高的行业,其商标资产价值也高。

(2)商品的生命周期。商标资产的价值与所依托的商品所处的生命周期有关。商品的生命周期一般有四个阶段,即研制阶段、发展阶段、成熟阶段、衰落阶段。若商品处于发展或成熟阶段,获得超额利润能力强,其相应的商标资产价值高;若处于衰退阶段,获得超额利润的能力弱,其商标资产价值相对较低。若处于研制阶段,要考虑商品是否有市场、单位产品可获得的利润等因素综合确定商标资产的价值。

(3)商品的市场占有率、竞争状况。商品的市场占有率,标志着商标资产的价值范围。商标资产的价值体现在获得超额利润的能力。同样单价,其市场占有率越大,商品销量越大,利润及超额利润也越大,商标资产价值也越大。竞争状况同样影响商标资产价值,竞争越激烈、其他知名商标越多,商标资产价值越小。

(4)商品的获利能力。商标资产的价值最终体现在商标商品的获利能力上。商标商品的获利能力越强,越有可能获得更高的超额利润,商标资产价值才越大。因此,商品的利润率大小是影响商标资产价值的重要因素。

(5)商品经营企业的素质。一个商标在有些企业中,可能是价值连城的无形资产,而在另一些企业手中,也可能变得一文不值。良好的企业经营素质可为企业带来优秀的管理、良好的商品质量和优良的企业信誉等。企业的经营素质同样影响商标资产的价值。

4. 宏观经济状况

商标资产的价值与宏观经济形势密切相关,在评估基准日宏观经济高涨时,评估值相对较高,低迷时评估值相对较低。另外,宏观经济政策对商标资产价值评估也有一定的影响。财政政策、货币政策是紧是松,尤其是所评估商标的行业相关的政策走向,也是商标资产评估必须考虑的因素。

5. 评估目的

商标资产评估目的会直接影响评估方法的选择。同样的资产,因为评估目的不同,其评估方法的选择可能不同,同一评估方法中各项评估参数的选取也会不同,因而评估值也往往不同。一般来说,商标所有权转让的评估值高于商标权许可使用的评估值。

6. 类似商标的交易情况

市场上类似商标的交易情况也影响商标资产的价值。当使用市场法进行商标价值评估时,可比实例及其交易情况对商标价值评估起决定性作用。这些因素包括可比实例的交易价格、交易情况、本身情况、交易日期等。

7. 商标设计、广告宣传

商标的优劣关系到企业的胜败兴衰。一个好商标的设计要求美观、内涵丰富并能展示企业风格,而商标设计的基础在于商标名称的创意和设计。

商标的广告宣传是扩大商标知名度和影响力的重要因素。广告使大众熟悉该种产品或服务,刺激和维持消费需求,从而扩大产品销量,为企业带来更多利润。另外,商标的广告宣传费用,也是商标成本的重要组成部分。因而商标的广告宣传对其价值产生重大影响。

8. 其他因素

除上述影响商标价值评估的因素外,还有其他一些情况对商标资产价值造成影响,例如,商标的注册、使用、购买成本,商标注册时间、有无许可使用等都是影响商标资产价值的重要因素。

(五) 商标资产评估对象

商标资产评估对象是指受法律保护的注册商标权益。执行商标资产评估业务,应当关注商标资产的法律状态、权利形式和盈利模式。

1. 法律状态

商标资产的法律状态通常包括商标注册人及变更情况、商标续展情况、商标专用权质押情况、商标专用权权属纠纷及涉及诉讼情况等。

2. 权利形式

商标所有权转让是指转让方放弃商标权,转归受让方所有,实际上是商标所有权出售。商标许可使用则是拥有商标权的商标权人在不放弃商标所有权的前提下,特许他人按照许可合同规定的条款使用商标。商标权转让方式不同,评估价值也不一样。一般来说,商标所有权转让的评估值高于商标许可使用的评估值。如果评估商标许可使用价值,还需要进一步明确商标许可使用的程度,是普通许可还是独家许可。

3. 盈利模式

盈利模式不同,商标资产在增加商品或服务超额收益中的作用不同。也就是说,商标资产有时可以单独发挥作用,而在有些情况下,商标资产需要借助其他资产的辅助才能发挥作用。这就要求在评估时具体界定评估对象。商标资产评估对象可能是商标资产本身,还可能是以商标资产为核心的资产组。

（六）商标资产评估程序

（1）收集相关资料。

执行商标资产评估业务,应当对商标资产相关情况进行调查,包括必要的现场调查、市场调查,并收集相关资料等。调查过程中收集的相关资料通常包括：

① 商标注册人和商标使用人的基本情况。

② 商标的权属及登记情况,包括注册、变更、许可、续展、质押、纠纷及诉讼等。

③ 对商标的知晓程度。

④ 相关商品或者服务的销售渠道和销售网络等。

⑤ 商标使用的持续时间。

⑥ 商标宣传工作的持续时间、程度、费用和地理范围。

⑦ 与使用该商标的商品或者服务相关的著作权、专利、专有技术等其他无形资产权利的情况。

⑧ 宏观经济发展和相关行业政策与商标商品或者服务市场发展状况。

⑨ 商标商品或者服务的使用范围、市场需求、同类商品或者服务的竞争状况。

⑩ 商标使用、收益的可能性和方式,包括实施企业财务状况、行业竞争地位、未来发展规划等。

⑪ 近似商标近期的市场交易情况。

⑫ 商标以往的评估及交易情况。

⑬ 商标权利维护方面的情况,包括权利维护方式、效果、成本费用等。

（2）确定评估方法。确定商标资产价值的评估方法包括市场法、收益法和成本法三种基本方法及其衍生方法。执行商标资产评估业务,应当根据评估目的、评估对象、价值类型、资料收集等情况,分析上述三种基本方法及其衍生方法的适用性,选择评估方法。

资产评估专业人员运用收益法评估商标资产时应当：首先,合理确定预期收益。商标资产的预期收益应当是因商标的使用而额外带来的收益,可以通过增量收益、节省许可费、收益分成或者超额收益等方式估算。确定预期收益时,应当区分并剔除与商标无关的业务产生的收益,并关注商标商品或者服务所属行业的市场规模、市场地位及相关企业的经营情况。其次,合理确定商标资产收益期限。收益期限可以通过分析商标商品或者服务所属行业的发展趋势,综合考虑法律保护期限、相关合同约定期限、商标商品的产品寿命、商标商品或者服务的市场份额及发展潜力、商标未来维护费用、所属行业及企业的发展状况、商标注册人的经营年限等因素确定。最后,合理确定折现率。折现率可以通过分析评估基准日的利率、投资回报率,以及商标商品生产、销售实施过程中的技术、经营、市场等因素确定。商标资产折现率可以采用无风险报酬率加风险报酬率的方式确定。商标资产折现率口径应当与预期收益的口径保持一致。

资产评估专业人员运用市场法进行商标资产评估时应当:对收集的可比交易案例与评估对象进行比较,分析在交易时间、权利种类或形式、交易方的关系、获利能力、竞争能力、预计收益期限、商标维护费用、风险程度等方面的差异。

资产评估专业人员运用成本法进行商标资产评估时应当:考虑商标资产价值与成本的相关程度,恰当考虑成本法的适用性;商标重置成本包括合理成本、利润和相关税费等,并且应当关注评估对象的贬值。

(3) 计算分析,得出评估结论,撰写评估报告。

(七) 商标资产评估方法应用举例

1. 商标资产转让价值评估

【例 8-14】 某企业将一种已经使用 50 年的注册商标转让。根据历史资料,该企业近 5 年使用这一商标的产品比同类产品的价格每件高 0.7 元,该企业每年生产 100 万件。该商标目前在市场上有良好销售趋势,产品基本上供不应求。根据预测估计,如果在生产能力足够的情况下,这种商标产品每年生产 150 万件,每件可获超额利润 0.5 元,预计该商标能够继续获取超额利润的时间是 10 年。前 5 年保持目前超额利润水平,后 5 年每年可获取的超额利润为 32 万元。

要求:评估这项商标权的价值(折现率 10%)。

解析:

(1) 计算其预测期内前 5 年中每年的超额利润:

$$每年超额利润 = 150 \times 0.5 = 75 (万元)$$

(2) 确定该项商标权价值:

$$75 \times (P/A, 10\%, 5) + 32 \times (P/A, 10\%, 5) \times 1/(1+10\%)^5$$
$$= 75 \times 3.790\,8 + 32 \times 3.790\,8 \times 0.620\,9$$
$$= 284.31 + 75.32 = 359.63 (万元)$$

由此,确定商标资产转让评估值为 359.63 万元。

2. 商标资产许可价值评估

【例 8-15】 甲自行车厂将红鸟牌自行车的注册商标使用权通过许可使用合同允许给乙厂使用,使用时间为 5 年。双方约定由乙厂每年按使用该商标新增利润的 27% 支付给甲厂,作为商标使用费。

要求:评估该商标使用权价值。

解析:

首先,预测使用期限内新增利润总额取决于每辆车的新增利润和预计产量。对产量的预测,应根据许可合同的有关规定及市场情况进行。如果许可合同中规定有地域界限,在预测时必须予以考虑。否则就可能导致预测量过多,引致评估值失实。根据资产评估专业人员预测,每辆车可新增净利润5元,第1年至第5年生产的自行车分别是40万辆、45万辆、55万辆、60万辆、65万辆。

由此,确定每年新增净利润为:

第1年新增净利润=40×5=200(万元)

第2年新增净利润=45×5=225(万元)

第3年新增净利润=55×5=275(万元)

第4年新增净利润=60×5=300(万元)

第5年新增净利润=65×5=325(万元)

其次,确定分成率。以许可合同中确定的27%作为分成率。

再次,确定折现率。假设折现率为14%。

由此,可以计算出每年新增净利润的折现值,如表8-5所示。

表8-5　每年新增净利润的折现值

年份	新增净利润额/万元	折现系数	折现值/万元
1	200	0.877 2	175.44
2	225	0.769 5	173.14
3	275	0.675 0	185.63
4	300	0.592 1	177.63
5	325	0.519 4	168.81
合　计			880.65

最后,按27%的分成率计算确定商标使用权的评估值:

商标使用权的评估值=880.65×27%×(1-25%)=178.33(万元)

二、特许权评估

(一)特许权的概念和种类

特许权又称特许经营权或专营权,是指获准在一定区域、一定时间内经营或销售某种特定商品的专有权利。特许权一般分为两种:一种是政府特许的专营权。根据特许经营的内容,一般可分为特种行业经营权、垄断经营权、实施许可证制度行业的经营权、资源性资产开采特许权等。另一种是某企业特许另一企业使用其商标或在特定地区经营销售某产品,如肯德基等现代商业连锁店等。

由于特许权的获得往往以一定的对权利提供方的收益补偿为代价,同时,获得者或使用者也能从这些权利的直接应用中得到收益,因此,判定其价值时,应根据其获得者或使用者付出的代价或从应用特许权时获得的收益予以确认。

(二)特许权评估的依据和方法

特许权的评估依据是被许可方在使用特许权后在生产经营中取得的超额收益。特许权的评估方法可以以卖方市场为中心,以买方可能出的最高价,即拍卖价格作为其评估值,也可以用一般的资产评估方法来确定。对于以转让、招商、入股或联营为目的的特许权,一般采用收益现值法;对于将特许权作价及入股或作为开办费入账的,通常采用重置成本法。另外,如果能在近期的特许权交易中找到合适的参照物,特许权的评估也可以采用市场比较法,对参照物特许权的交易价格进行合适的调整后得到被评估特许权的价格。

【例 8-16】 某烟草公司开业 5 年来,产量与利润持续递增。为争取更好的效益,2019 年年底拟组建合资公司,要求对其烟草专卖许可证的价值进行评估。根据该公司提供的资料,资产评估专业人员预计该公司 2020 至 2024 年的利润分别为 2 175 万元、2 738 万元、3 006 万元、3 456 万元和 3 880 万元。烟草行业的基准收益率为 12%,设折现率 14%,特许权提成率为 48%,并将 2024 年的收益设为永续年金收益,本金化利率为 17.5%。

要求:评估该烟草专卖权的价值。

解析:

评估价值＝近期收益现值＋永续年收益÷本金化利率

$$\begin{aligned}&=(2\,175\times0.877\,2+2\,738\times0.769\,5+3\,006\times0.675\,0+3\,456\times0.592\,1\\&\quad+3\,880\times0.519\,4)\times48\%+3\,880\times48\%\times0.519\,4/17.5\%\\&=10\,378.21(\text{万元})\end{aligned}$$

【例 8-17】 甲厂为了生产、销售方便,允许另一地区的乙厂利用其专营商标,生产其专营的特种公安器材,时间 5 年。双方约定由乙厂每年按其销售利润的 20% 向甲厂缴纳特许使用费。经预测,在使用专营权期间,乙厂在第 1 年可获取销售利润 200 万元,第 2 年至第 5 年平均每年获取销售利润 300 万元,设折现率为 12%。

要求:评估该专营权的价值。

解析:

$$\begin{aligned}\text{该专营权的价值}&=(200\times0.892\,9+300\times3.307\,3\times0.892\,9)\times20\%\\&=212.90(\text{万元})\end{aligned}$$

第六节　商誉评估

一、商誉的概念和特点

(一) 商誉的概念

商誉是企业在一定条件下,能获取高于正常投资报酬率的收益所形成的价值。企业由于所处地理位置的优势,或由于经营效率高、管理基础好、生产历史悠久、人员素质高等多种原因,与同行业企业相比较,可获得超额利润。

(二) 商誉的特点

(1) 商誉不能离开企业而单独存在,属于不可辨认无形资产。

（2）商誉是多项因素共同作用形成的结果,但形成商誉的个别因素不能单独计价。

（3）商誉本身不是一项单独的、能产生收益的无形资产,其价值是企业整体价值减去各单项资产价值之和。

（4）商誉是企业长期积累形成的价值。

（三）商誉与商标资产的区别

商誉与商标资产是有区别的,反映两个不同的价值内涵。企业中拥有某项评估值很高的知名商标,并不意味着该企业一定就有商誉。为了科学地确定商誉的评估值,注意商誉与商标的区别是必要的。

（1）商标是产品的标志,而商誉则是企业整体声誉的体现。商标与其产品相结合,它所代表的产品质量越好,市场需求越大,商标资产的信誉越高,据此带来的超额收益越大,其评估值也就越大。而商誉则是与企业密切相关的,企业经营机制完善并且运转效率高,企业的经济效益就高,信誉就好,其商誉评估值也就大。可见,商标资产价值来自产品所具有的超额获利能力,商誉价值则来自企业所具有的超额获利能力。

（2）商标资产作为企业可辨认的无形资产,有自己特定的内容和名称,它可以单独取得和单独存在,可以在原组织继续存在的同时,转让给另一个组织;商誉没有专门的内容,也无法单独存在,也无自己的名称,是不可辨认的无形资产,它与企业及其超额获利能力结合在一起,不能够脱离企业而单独存在。

（3）商标资产可转让所有权,也可转让使用权;商誉没有这种区分,商誉只能随企业行为的发生实现其转移或转让。

尽管商誉与商标资产有许多区别,但商誉与商标资产在许多方面是密切关联的,二者之间有时存在相互包含的因素。两者同时为企业的超额收益的形成发挥作用,商誉是商标资产等因素作用的结果,良好的商誉也有助于商标资产价值的提升。

二、商誉评估的目的

由于商誉依附于企业整体资产,不能单独转让,只能和企业同时转让,因此,人们一直认为商誉评估所服务的特定目的是企业产权转让,以及与企业产权转让有关的其他经济活动。但是,随着无形资产,尤其是不可辨认的无形资产,如企业文化、管理模式、客户关系、销售渠道等正日益成为企业价值构成的主体,以管理咨询为目的商誉评估需求逐渐增多。在企业价值管理中,企业的股东、债权人也希望了解这一资产信息,以便作为投资决策和评价管理者业绩的基础。企业内部经营管理者也只有清楚了解企业的商誉价值,才能对其进行有效的资本化运作,实现规模扩张。此外,当企业利益受到损害时,商誉也是要求赔偿的内容之一。同时,商誉价值的评估是分析企业偿债能力的重要因素。

三、商誉评估的方法

商誉评估值高低与其投入的费用不直接相关,并不会因为企业为形成商誉投资越多,其评估值就越高。因而,商誉评估不能用费用累加的方法。另外,商誉是由众多因素共同作用的结果,但形成商誉的个别因素具有不能够单独计量的特征,致使各项因素的定量差异调整难以运作。所以,商誉评估也不能采用市场类比的方法进行。在资产评估实务中,商誉评估最常用的途径是收益途径,通常有两种具体方法。

(一)割差法

割差法就是将企业整体资产的评估值与构成企业各单项资产的评估值之和进行比较,其差额就是商誉的价值。计算公式为:

商誉的评估值＝企业整体资产评估值－企业各单项资产评估值之和

企业整体资产评估值可以通过预测企业未来的预期收益并进行折现或资本化获取;对于上市公司,也可以按股票市价总额确定。采取上述评估方法的理论依据是:企业价值与企业可确指的各单项资产价值之和是两个不同的概念。如果有两个企业,企业可确指的各单项资产价值之和大体相当,但由于经营业绩悬殊,预期收益悬殊,其企业价值自然相去甚远。企业中的各单项资产,包括有形资产和可确指的无形资产,由于其可以独立存在和转让,评估价值在不同企业中趋同。但它们由于不同的组合,不同的使用情况和管理,运行效果不同,导致其组合的企业价值不同。各类资产组合后产生的超过各单项资产价值之和的价值,即为商誉。

【例 8-18】 某企业进行股份制改组,根据企业过去经营情况和未来市场形势,预测其未来 5 年的净利润分别是 13 万元、14 万元、11 万元、12 万元和 15 万元,并假定从第 6 年开始,以后各年净利润均为 15 万元。根据银行利率及企业经营风险情况确定的折现率和本金化率均为 10%。并且,采用单项资产评估方法,评估确定该企业各单项资产评估之和(包括有形资产和可确指的无形资产)为 90 万元。

要求:确定该企业商誉的评估值。

解析:

首先,采用收益法确定该企业的整体评估值。

$$企业的整体评估值 = 13 \times 0.909\ 1 + 14 \times 0.826\ 4 + 11 \times 0.751\ 3 + 12 \times 0.683\ 0$$
$$+ 15 \times 0.620\ 9 + 15 \div 10\% \times 0.620\ 9$$
$$= 142.295\ 4(万元)$$

因为该企业各单项资产评估值之和为 90 万元,由此可以确定商誉评估值,即:

$$商誉的价值 = 142.295\ 4 - 90 = 52.295\ 4(万元)$$

(二)超额收益法

商誉评估值指的是企业超额收益的本金化价格。把企业超额收益作为评估对象进行商誉评估的方法称为超额收益法。超额收益法视被评估企业不同,又可分为超额收益本金化价格法和超额收益折现法两种具体方法。

1. 超额收益本金化价格法

超额收益本金化价格法是把被评估企业的超额收益进行本金化还原来确定该企业商

誉价值的一种方法。超额收益本金化价格法主要适用于经营状况一直较好、超额收益比较稳定的企业。计算公式为：

$$\begin{aligned}
\text{商誉的价值} &= \left(\text{企业预期年收益额} - \text{行业平均收益率} \times \text{该企业的单项资产评估值之和}\right) \div \text{适用本金化率} \\
&= \text{被评估企业单项资产评估值之和} \times \left(\text{被评估企业预期收益率} - \text{行业平均收益率}\right) \div \text{适用本金化率}
\end{aligned}$$

式中：

被评估企业预期收益率＝企业预期年收益额÷企业单项资产评估价值之和×100%

【例 8-19】 某企业的预期年收益额为 20 万元，该企业的各单项资产的评估价值之和为 80 万元，企业所在行业的平均收益率为 20%，并以此作为适用资产收益率。

要求：评估该企业商誉的价值。

解析：

$$\begin{aligned}
\text{商誉的价值} &= (200\,000 - 800\,000 \times 20\%) \div 20\% \\
&= 40\,000 \div 20\% \\
&= 200\,000(\text{元})
\end{aligned}$$

或：

$$\begin{aligned}
\text{商誉的价值} &= 800\,000 \times (200\,000 \div 800\,000 - 20\%) \div 20\% \\
&= 800\,000 \times (25\% - 20\%) \div 20\% \\
&= 200\,000(\text{元})
\end{aligned}$$

2. 超额收益折现法

超额收益折现法是把企业可预测的若干年预期超额收益进行折现，把其折现值确定为企业商誉价值的一种方法。超额收益折现法适用于评估超额收益只能维持有限期的企业。计算公式为：

$$\text{商誉的价值} = \sum_{t=1}^{n} R_t (1+r)^{-t}$$

式中：R_t——第 t 年企业预期超额收益；r——折现率；n——收益年限。

【例 8-20】 某企业预计将在今后 5 年内保持其具有超额收益的经营态势。估计预期年超额收益额保持在 22 500 元的水平上，该企业所在行业的平均收益率为 12%。

要求：评估该企业商誉的价值。

解析：

$$\begin{aligned}
\text{商誉的价值} &= 22\,500 \times 0.892\,9 + 22\,500 \times 0.797\,2 + 22\,500 \times 0.711\,8 \\
&\quad + 22\,500 \times 0.635\,5 + 22\,500 \times 0.567\,4 \\
&= 81\,108(\text{元})
\end{aligned}$$

或：

商誉的价值＝22 500×3.604 8＝81 108(元)

商誉的评估值可能是正值,也可能是负值。当商誉为负值时,有两种可能:一种是亏损企业;另一种是收益水平低于行业或社会平均收益水平的企业。商誉是负值时,商誉的评估无意义。所以,通常评估的商誉是正商誉。

四、商誉评估应注意的问题

目前,商誉评估的理论和操作方法争议很大,还没有定论。但以下问题是已经明确的,需要在评估时引起注意。

(1) 对商誉进行评估主要发生在产权或经营主体发生变动时,企业持续经营时一般不需要评估。

(2) 不是所有企业都有商誉,商誉(正商誉)只存在于长期具有超额收益的少数企业。一个企业在同类型企业中超额收益越高,商誉评估值越大。因此,商誉评估过程中,如果不能对被评估企业所属行业收益水平有全面的了解和掌握,也就无法评估出该企业商誉的价值。

(3) 商誉评估须坚持预期原则,即企业是否拥有超额收益是判断企业有无商誉和商誉大小的标志。这里所说的超额收益指的是企业未来的预期超额收益,并不是企业过去或现在的超额收益。

(4) 商誉与企业负债与否、负债规模大小没有直接关系。如果说企业负债累累就一定没有商誉,这显然是不妥的。市场经济条件下,负债经营是企业融资策略之一。从财务管理原理分析,企业负债不影响资产收益率,而影响投资者收益率,即资本金收益率。资本金收益率与资产收益率的关系可以表述为:

$$资本金收益率 = \frac{资产收益率}{1-资产负债率}$$

在资产收益率一定且超过负债资金成本的条件下,增大负债比率,可以增加资本金收益率,并不直接影响资产收益率。资产收益率高低受制于投资方向、规模以及投资过程中的组织管理措施。商誉评估值取决于预期资产收益率,而非资本金收益率。当然,资产负债率应保持一定的限度,负债比例增大会增大企业风险,最终会对资产收益率产生影响。这在商誉评估时应有所考虑,但不能因此得出负债企业就没有商誉的结论。

 本 章 小 结

无形资产是指特定主体所拥有或者控制的,不具有实物形态,能持续发挥作用且能带来经济利益的资源。无形资产的种类很多,是资产评估中较复杂的部分。无形资产的评估方法主要包括收益法、成本法和市场法。

在运用收益法评估无形资产价值时,具体应用形式包括许可费节省法、增量收益法和超额收益法三种。无形资产收益额主要通过确定增量收益、超额收益或采用分成率法测算。无形资产的收益期限是指无形资产发挥作用,并具有超额获利能力的时间。同时,要注意收益额的计算口径应与被评估无形资产折现率口径保持一致。

运用成本法评估无形资产时,应注意无形资产的成本具有不完整性、弱对应性和虚拟性的特性。具体运用时,应合理估算现时市场条件下重新创造或购置一项全新无形资产所耗费的全部货币总额,并要注意扣除实际存在的功能性贬值和经济性贬值。

运用市场法评估无形资产时,由于无形资产具有非标准性和唯一性特征,需要注意:收集具有合理比较基础的类似无形资产;收集类似无形资产交易的市场信息进行横向比较,收集被评估无形资产以往的交易信息进行纵向比较;收集到的价格信息应相关、合理、可靠、有效;对无形资产和参照物的差异进行合理调整。

 思 考 题

1. 无形资产有哪些功能特性和成本特性?

2. 影响无形资产价值的因素有哪些?

3. 运用市场法评估无形资产价值中应注意哪些问题?

4. 简述专利资产和商标资产的特点。

5. 什么是商标资产? 什么是商誉? 商誉和商标资产有什么区别?

 练 习 题

一、单项选择题

1. 某企业的预期年收益额为 320 万元,该企业的各单项资产评估价值之和为 1 200 万元,其中专利资产价值为 4 00 万元,该企业所属行业的平均收益率为 10%,适用本金化率为 10%,其商誉的评估值为(　　)万元。

A. 800　　　　　　B. 400　　　　　　C. 2 000　　　　　　D. 2 400

2. 下列公式能够成立的是(　　)。

A. 销售收入分成率＝销售利润分成率÷销售利润率

B. 销售利润分成率＝销售收入分成率÷销售利润率

C. 销售利润分成率＝销售收入分成率×销售利润率

D. 销售收入分成率＝1－销售利润分成率

3. 某企业 5 年前获得一项专利,法定寿命为 10 年,现对其进行价值评估。经过专家估算,截至评估基准日,其重置成本为 120 万元,尚可使用 3 年,则该项专利资产的评估价值为( )万元。

A. 45   B. 50   C. 60   D. 72

4. 对同一专利资产而言,其价值最高许可使用形式为( )。

A. 普通使用许可   B. 排他使用许可

C. 交互使用许可   D. 独占使用许可

5. 一项无形资产可以在不同地点由不同的主体同时使用,它体现了无形资产固有特征中的( )。

A. 不完整性   B. 非实体性   C. 共益性   D. 效益性

6. 某专利技术保护期自 2008 年 10 月 1 日起 20 年,2010 年 12 月 15 日作为评估基准日,预计在 2020 年 1 月会有更新的技术替代该专利技术,并在生产上得到广泛运用。该专利技术的预期收益期限为( )年。

A. 20   B. 10   C. 9   D. 12

7. 法律或合同、企业申请书中分别规定法定有效期限和受益年限的,按( )确定无形资产的有效期限。

A. 法定有效期限   B. 受益年限

C. 预计受益年限   D. 法定有效年限与受益年限孰短

8. 非专利技术和专利技术相比,非专利技术具有( )特点。

A. 时间性   B. 区域性   C. 保密性   D. 实用性

9. 商标资产的价值取决于( )。

A. 商标的设计   B. 商标的广告宣传

C. 商标的注册   D. 商标资产带来的超额收益

10. A 公司将其拥有的某项产品的商标资产使用权通过许可使用合同许可给 B 公司使用。使用期限为 3 年。按许可协议,B 公司每年按使用该商标资产后利润的 25% 支付给 A 公司。B 公司拟年生产该商标产品 20 万台,每台市场售价为 100 元,公司预期各年销售利润率为 20%,折现率按 10% 计算,该商标资产的评估值接近( )万元。

A. 995   B. 249   C. 497   D. 1 243

二、多项选择题

1. 无形资产的成本特性主要包括( )。

A. 不完整性   B. 弱对应性   C. 虚拟性   D. 累积性

2. 《资产评估执业准则——无形资产》中指出的无形资产包括( )。

A. 商誉   B. 土地使用权   C. 专利技术   D. 著作权

3. 下列因素中属于影响无形资产价值的因素有( )。

A. 所有者状况   B. 机会成本

C. 使用期限   D. 技术因素

4. 通过确认无形资产主要解决的问题包括( )。

A. 确定无形资产存在   B. 确定无形资产种类

C. 确定无形资产价值   D. 确定无形资产有效期限

5. 无形资产收益额的估算方法主要有( )。

A. 增量收益法   B. 超额收益法   C. 最大收益法   D. 分成率法

6. 专利资产的特点包括( )。

A. 排他性   B. 地域性   C. 共益性   D. 时效性

7. 下列关于商标资产评估的说法中,正确的有( )。

A. 未注册的商标即使能够带来经济效益,其经济价值也得不到确认

B. 商标资产尽管在注册时有10年有效期的规定,但可以按照每一期10年无限续展

C. 商标资产的价值是由商标所带来的效益决定的,即由商标所能带来的超额收益
决定

D. 商标资产评估较多采用收益法,但也不排斥采用市场法和成本法

三、计算题

1. 某企业转让轴承生产新技术。经收集资料和初步测算已知如下资料:①该企业与受让方共同使用该技术,双方设计生产能力分别为40万只和60万只;②该技术3年前研发完成,研发成本为500万元,3年间物价上涨12%,经测算该技术已用3年,尚可使用4年;③转让后未来4年企业减少的收入分别为10万元、15万元、18万元和12万元。折现率为10%;④追加技术开发投入折现值为50万元。

要求:确定转让技术的最低收费额。

2. 某企业为了整体资产转让需要进行评估。经过预测,该企业未来5年净利润分别为100万元、110万元、120万元、150万元和160万元,预计从第6年起每年收益处于稳定状态,即每年平均为160万元。该企业一直没有负债,其有形资产只有货币资金和固定资产,且其评估值分别为100万元和500万元。该企业有一项尚可使用5年的非专利技术,该技术产品每件可获得超额利润10元,目前该企业每年生产产品8万件,经过综合生产能力和市场分析预测,在未来5年每年可生产10万件。折现率为6%。

要求:评估该企业的商誉价值。

3. 甲企业将一项专利使用权转让给乙公司使用5年,拟采用利润分成的方式收取转让费。该专利的开发研制成本为100万元,专利成本利润率为500%,乙公司的资产重置成本为3 000万元,成本利润率为15%。乙公司的实际年生产能力为20万件,每件生产成本为50元,预计未来5年的市场出售价格分别为90元、90元、85元、75元、75元。折现率为10%,所得税税率为25%。

要求:确定该专利使用权转让费。

4. 甲企业将一项专利使用权让给乙企业,拟采用对利润分成的方法。该专利是3年前从外部购入的,账面成本为80万元,3年间物价累计上升25%。该专利的法律保护期为10年,已过4年,尚可保护6年。经专业人员测算,该专利成本利润率为400%。乙企

业资产的重置成本为 4 000 万元,成本利润率为 12.5%。通过对该专利的技术论证和发展趋势分析,技术人员认为该专利的剩余使用寿命为 5 年。另外,通过对市场供求状况及有关会计资料的分析得知,乙企业的实际生产能力为年产某型号产品 20 万台,成本费用每台约为 400 元,未来 5 年间产量与成本费用变动不大。该产品由于采用了专利技术,性能有较大幅度的提高,未来第 1 年、第 2 年每台售价可达 500 元;在竞争的作用下,为了维护市场占有率,第 3 年、第 4 年售价将降为每台 450 元,第 5 年降为每台 430 元,折现率确定为 10%。

要求:根据上述资料,确定该专利资产的评估值(不考虑税的因素)。

5. 某企业拟购买 A 专利权以使本企业生产的甲种产品达到升级换代的目的,该企业实施 A 专利后不仅使升级后的产品市场销售量大幅度提高,而且价格会明显上升,但同时也会引起成本的增加。已知该企业原甲种产品年销售量在 6 万台左右,出厂价格为每台 2 000 元,每台成本及税费为 1 900 元。经分析,甲种产品在升级后第 1 年销售量约为 8万台,第 2 年约为 10 万台,第 3 年约为 11 万台,从第 4 年起至第 10 年的销售量将保持在12 万台左右,出厂价格约为每台 2 300 元,每台的全部成本及税费约为 2 150 元,现委托评估机构对 A 专利的所有权转让价值进行评估,评估基准日为 2019 年 12 月 31 日。

经资产评估专业人员调查可知,该专利为实用新型,2014 年 12 月 31 日申请,2015 年12 月 31 日获得专利授权,该专利尚未许可他人使用,专利权所有人也未曾使用,该专利目前有效,本次为专利所有权转让。适用所得税税率为 25%,适用折现率为 15%。

要求:根据上述材料,在不考虑技术改造费用及其他因素条件下,对该专利所有权的转让价值进行评估。

第九章 长期投资及其他长期性资产评估

 学习目标与要求

学习内容	学习目标	重要程度	学习难度
1. 长期投资的概念、分类,长期投资评估的特点、程序,长期投资的形式,长期投资的评估方法	了解	☆	☆
2. 长期股权投资的评估	理解	☆☆	☆☆
3. 长期债权投资的评估	理解	☆☆	☆☆
4. 其他长期性资产的评估	了解	☆	☆

第一节 长期投资评估概述

一、长期投资的概念和分类

投资是指企业为通过分配来增加财富,或为谋求其他利益,将资产让渡给其他单位所获得另一项资产的行为。投资按其目的和持有时间分为短期投资和长期投资。长期投资是指企业不准备随时变现,持有时间超过 1 年以上的投资。按投资的性质不同,可分为权益性投资、债权性投资和混合性投资三类。

权益性投资是指为了获取其他企业的权益或净资产而进行的投资,如对其他企业的股票投资等。债权性投资是指为了取得企业债权进行的投资,如购买国债、公司债券等。混合性投资通常兼有权益性投资和债权性投资的性质,表现为混合性证券投资,如企业购买的优先股股票、可转换公司债券等。

二、长期投资评估的特点

（一）长期投资评估是对资本的评估

长期股权投资是投资者在被投资企业所享有的权益,虽然投资者的出资形式有货币资金、实物资产和无形资产等,但是投放到被投资企业后,就会与被投资企业的其他资产融为一体,作为该企业资产的一部分;对于投资者而言,它们只能被作为投资资本看待,发挥着资本的功能。因此,对长期投资评估实质上是对资本的评估。

（二）长期股权投资评估是对被投资企业获利能力的评估

长期股权投资是投资者不准备随时变现,持有时间超过1年的对外投资。其根本目的是获取投资收益和实现投资增值。因此,被投资企业的获利能力就成为长期投资价值的决定性因素。

（三）长期债权投资评估是对被投资企业偿债能力的评估

一项长期投资价格的高低主要取决于该项投资所能带来的权益。显然,这不取决于投资方,而是取决于被投资方的经营状况、财务状况。长期债权投资评估,主要考虑被投资企业是否有足够的偿债能力,是否按期支付利息和到期归还本金。因此,被投资企业偿债能力就成为长期债权投资价值的决定性因素。

总之,长期投资评估已经超出了被评估企业,需要对被投资企业进行审计和评估。这样,长期投资评估就会受到某些限制,有一定的难度,需要充分利用资产评估的替代原则,寻求其他的途径或方法。

三、长期投资评估程序中的实务要点

（一）明确长期投资的有关详细内容

在进行长期投资评估时,应明确长期投资的种类、原始投资额、评估基准日余额、投资收益计算方法、历史收益额、长期股权投资占被投资企业实收资本的比例以及相关会计核算方法等。

（二）进行必要的职业判断

在进行长期投资评估时,应审核鉴定长期投资的合法性和合规性,以及判断长期投资预计可回收金额计算的正确性和合理性,判断长期投资余额在资产负债表上列示的准确性。这些都需要评估人员的职业判断。

（三）根据长期投资的特点和具体种类选择合适的评估方法

对可上市交易的股票和债券来说,一般采用市场法进行评估,即按照评估基准日的收盘价确定评估值;非上市交易及不能采用市场法评估的股票和债券,一般采用收益法进行评估,资产评估专业人员应根据综合因素选择适宜的折现率,确定评估值。

（四）评定估算,得出评估结论

根据影响长期投资的各种因素,选择相应的评估方法,测算长期投资的价值,并得出相应的评估结论。

第二节　长期债权投资评估

一、长期债权投资及其特点

长期债权投资包括债券投资和其他债权投资,其中,债券投资是最典型的一种。这里主要以债券为例进行讨论。

债券是指政府、企业、银行等债务人为了筹集资金,按照法定程序发行的并向债权人承诺于指定日期还本付息的有价证券。债券基本要素包括债券面值、票面利率和到期日。根据发行主体不同,债券可以分为政府债券、公司债券和金融债券;根据期限长短分为短期债券、中期债券和长期债券;根据是否上市流通分为上市债券和非上市债券。

从投资的角度来看,债券投资具有以下几个特点:

(一) 投资风险小

和股权投资相比,债券投资的风险比较小,安全性较高。因为无论是政府、企业还是银行等发行债券,国家都对其进行了严格的规定。如政府发行的债券由国家财政担保;银行发行债券要以其信誉及实力作保证;企业发行债券国家有严格的条件,一般企业实力及发展前景都较好。而且,即使债券发行者出现财务困难,或者出现企业破产,在破产清算时债券持有者也拥有优先受偿权,比股权投资的安全性高。

(二) 收益相对稳定

债券的收益主要是由债券的面值和债券的票面利率决定的,二者在发行时就进行了约定,以后不随市场变化而变化。一般情况下,为了吸引投资,债券的票面利率比同期的银行存款利率高。所以,只要债券发行主体不发生较大的变故,银行储蓄利率没有大幅度上升,债券的收益是比较稳定的。

(三) 流动性较强

如果购买的债券是可以上市交易的债券,其变现能力较强,投资企业可以随时在证券市场上交易变现。

二、上市交易债券的评估

上市交易债券是指经政府管理部门批准,可以在证券交易所内买卖的证券,它可以在市场上自由交易、买卖。对此类债券,一般采用市场法进行评估,根据评估基准日的收盘价确定它的评估值。如果在某些特殊情况下市场价格被严重扭曲,已不能反映债券的内在价值,就不能再用市场法进行评估,而应参照非上市交易债券的评估方法。同时,不论按什么方法评估,上市交易债券的评估值一般不应高于证券交易所公布的同种债券的卖出价。

采用市场法进行评估,应在评估报告书中说明所用评估方法和结论与评估基准日的关系,并说明该评估结果应随市场价格变化而予以调整。

债券评估值等于债券数量乘以评估基准日收盘价:

$$债券评估值＝债券数量×评估基准日债券的收盘价$$

【例9-1】 某评估公司受托对某企业的长期债券进行评估,账面价值150万元(债券共1 500张,面值1 000元),年利率12％,期限5年,已上市交易。据市场调查,评估基准日收盘价1 800元/张。

要求:确定该债券评估值。

解析:

$$评估值＝1 500×1 800＝2 700 000(元)$$

三、非上市交易债券的评估

非上市交易债券是指不能进入市场自由买卖的债券。因无法通过市场取得债券的现行市价,非上市交易债券不能采用市场法进行评估,宜采用收益法进行评估。对于不能按期收回本金和利息的债券,评估专业人员应在调查取证的基础上,通过分析预测,合理确定评估值。

根据还本付息方式不同,债券可分为到期一次还本付息和分次付息、到期一次还本两种。不同种类的债券应该采取不同的评估方法。

(一)到期一次还本付息债券的评估

计算公式如下:

$$P=F/(1+r)^n$$

式中:P——债券的评估值;F——债券到期时的本利和;r——折现率;n——评估基准日到债券到期日的间隔(以年或月为单位)。

其中,本利和 F 的计算还要区分单利和复利两种计算方式。

(1)采用单利计算。在采用单利计算时:

$$F=A(1+m×i)$$

(2)采用复利计算。在采用复利计算时:

$$F=A(1+i)^m$$

式中:A——债券面值;m——计息期次数;i——债券利息率。

(二)分次付息,到期一次还本债券的评估

计算公式如下:

$$P = \sum_{t=1}^{n} \frac{R_t}{(1+r)^t} + \frac{A}{(1+r)^n}$$

式中:R_t——债券在第 t 年的利息收益;r——折现率;t——评估基准日到收取利息日期限;n——评估基准日到到期还本日期限。

【例 9-2】 某评估公司受托对 B 企业的长期债权投资进行评估,被评估企业的"长期债权投资——债券投资"的账面价值为 100 000 元,是 A 企业发行的 3 年期一次还本付息债券,年利率为 5%。经评估人员分析调查,发行企业经营业绩尚好,财务状况稳健。两年后具有还本付息的能力,投资风险较低,取 2% 的风险报酬率,以国债利率作为无风险报酬率,折现率取 6%。

要求:根据前述的公式,计算该债券的评估值。

解析:

$$F = A(1 + m \times i) = 100\,000 \times (1 + 3 \times 5\%) = 115\,000(元)$$

$$P = F/(1+r)^n = 115\,000/(1+6\%)^2 = 115\,000 \times 0.89 = 102\,350(元)$$

【例 9-3】 承【例 9-2】的基本资料,假定该债券的面值为 50 000 元,每年付一次息,债券到期一次还本,其他资料不变。

要求:计算该债券的评估值。

解析:

$$P = \sum_{t=1}^{n} \frac{R_t}{(1+r)^t} + \frac{A}{(1+r)^n}$$

$$= 50\,000 \times 5\% \times (1+6\%)^{-1} + 50\,000 \times 5\% \times (1+6\%)^{-2} + 50\,000 \times (1+6\%)^{-2}$$

$$= 2\,500 \times 0.943\,4 + 2\,500 \times 0.890\,0 + 50\,000 \times 0.890\,0$$

$$= 49\,083.5(元)$$

第三节 长期股权投资评估

长期股权投资的投资方式分为两种:一种是直接投资,即投资主体以现金、实物资产以及无形资产等直接投资到被投资企业,并取得被投资企业的出资证明书,确认股权;另一种是间接投资,即投资主体在证券市场上购买股票发行企业的股票以实现股权投资的目的。

一、股票投资的评估

(一)股票投资概述

股票投资是指企业通过购买等方式取得被投资企业的股票而实现的投资行为。股票的价格有很多种表现形式,包括票面价格、发行价格和账面价格,还包括清算价格、内在价值和市场价格。股票的评估与票面价格、发行价格和账面价格没有很密切的关系,但与清算价格、内在价值和市场价格有很密切的关系。

1.清算价格

清算价格是指公司清算时,每股股票所代表的真实价格,它是公司净资产与公司股票总数之比值。如果因经营不善或其他原因被清算,该公司的股票价值就相当于公司股票的清算价格。

2.内在价值

内在价值是一种理论价值或模拟市场价值。它是根据资产评估专业人员对股票未来收益的预测经过折现后得到的股票价值。股票的内在价值主要取决于公司的财务状况、管理水平、技术开发能力、公司发展潜力以及公司面临的各种风险。

3.市场价格

市场价格是股票在证券市场上买卖股票的价格。在证券市场比较完善的情况下,股票的市场价格基本上能反映其内在价值,但在证券市场发育不健全的情况下,股票的市场价格与其内在价值就会脱节。

由于股票有上市和非上市之分,股票评估也分为上市交易股票的评估和非上市交易股票的评估。

(二)上市交易股票的评估

上市交易股票是指企业公开发行的,可以在证券市场上自由交易的股票。在证券市场发育完善的条件下,股票的市场价格基本上可以作为股票评估的依据,即可采用市场法进行评估;对于发育不完善的证券市场,股票的市场价格就不能作为股票评估的依据,而应采取与非上市交易股票相同的评估方法。

股票评估值等于持有股票数量乘以评估基准日收盘价,具体计算公式为:

上市交易股票评估值＝上市交易股票股数×评估基准日该股票市场收盘价

🐢【例9-4】 某人持有某企业上市股票12 000股,评估基准日该股票的收盘价为每股股票18元。

要求:确定该股票的评估值。

解析:

$$评估值＝12\,000×18＝216\,000(元)$$

采用市场法进行评估,应在评估报告书中说明所用评估方法和结论与评估基准日的关系,并说明该评估结果应随市场价格变化而予以调整。

（三）非上市交易股票的评估

非上市交易股票一般采用收益法评估，即通过综合分析股票发行企业的经营状况和风险、历史利润水平和分红情况、行业收益等因素，合理预测股票投资的未来收益，并选择合理的折现率确定评估值。

非上市交易股票可分为普通股和优先股，不同股票计算评估值的方法不同。

1. 普通股评估

对非上市普通股的价值评估，实际是对普通股预期收益的预测，并折算成评估基准日的价值。因此需要对股票发行企业进行全面、客观的了解与分析。首先应了解被评估企业历史上的利润水平；其次了解企业的发展前景，其所处的行业前景、盈利能力，企业管理人员素质和创新能力等因素；最后应分析被评估企业的股利分配政策，因为企业的股利分配政策直接影响着被评估股票价值的大小。股份公司的股利分配政策，通常可以划分为固定红利模型、红利增长模型和分段式模型三种类型。在不同类型的股利政策下，股票价值的评估方法也不完全相同。

（1）固定红利模型。固定红利模型是针对经营比较稳定、红利分配相当稳定，并且今后能保持固定水平的普通股的评估设计的。其计算公式为：

$$P = A/r$$

式中：P——股票评估值；A——固定红利；r——折现率。

🌀【例 9-5】 假设被评估企业拥有 C 公司的非上市普通股 10 万股，每股面值 1 元。在持有期间，每年的收益率一直保持在 20% 左右。经评估人员了解分析，股票发行企业经营比较稳定，管理人员素质高、管理能力强。在预测该公司以后的收益能力时，按稳健的估计，今后几年，其最低的收益率为 16% 左右。评估人员根据该企业的行业特点及当时宏观经济运行情况，确定无风险报酬率为 3%，风险报酬率为 5%，则折现率为 8%。

要求：根据上述资料，计算其评估值。

解析：

$$P = A/r = 100\,000 \times 16\% / 8\% = 200\,000（元）$$

（2）红利增长模型。红利增长模型适合于成长型企业股票评估。此类企业发展前景好、潜力大，追加投资能带来高收益。其计算公式为：

$$P = \frac{D_1}{r - g}$$

式中：P——股票评估值；D_1——未来第 1 年股票的股利额；r——折现率；g——股利增长率。一般来说，r 大于 g。

股利增长率是红利增长模型中的重要指标，对股票的评估值影响很大，估测要十分谨慎。关于股利增长率的估算，有两种方法：一是统计分析法，即根据企业历年红利分配的数据,利用算术平均或几何平均等方法,计算出历年红利的平均增长速度,作为股利增长率的数值;二是趋势分析法,即用企业剩余收益中用于再投资的比例乘以企业的净资产收益率,作为股利增长率的数值。

【例 9-6】 某评估公司受托对 D 企业进行资产评估。D 企业拥有某非上市公司的普通股股票 200 万股,每股面值 1 元,在持有股票期间,每年股票收益率在 12% 左右。股票发行企业每年以净利润的 60% 用于发放股利,其余 40% 用于追加投资。根据评估人员对企业经营状况的调查分析,认为该行业具有发展前途,该企业具有较强的发展潜力。经过分析后认为,股票发行至少可保持 3% 的发展速度,净资产收益率将保持在 16% 的水平,无风险报酬率为 3%,风险报酬率为 5%,则折现率为 8%。

要求:根据上述资料,确定该股票评估值。

解析:

$$P = \frac{D_1}{r-g} = 2\,000\,000 \times 12\% \div [(3\% + 5\%) - 40\% \times 16\%]$$
$$= 240\,000 \div (8\% - 6.4\%) = 15\,000\,000 (元)$$

(3) 分段式模型。固定红利模型中股利是固定的,红利增长模型中股利是以固定的增长率增长的。这两种模型都过于模式化、理想化,很难适用于所有的股票评估。为此,针对实际情况,采用比较灵活、客观的分段式模型。分段式模型分段的依据是:第一段为能够客观预测股票收益的期间或股票发行企业的某一经营周期;第二段是以不易预测收益的时间为起点,且企业持续经营到永续。将两段收益现值相加,即得出评估值。在实际计算时,第一段以预测收益直接折现;第二段可以采用固定红利模型或红利增长模型,收益额采用趋势分析法或客观假定。

【例 9-7】 某资产评估公司受托对 E 公司的资产进行评估,E 公司拥有某一公司非上市交易的普通股股票 20 万股,每股面值 1 元。在持有期间,每年股利收益率均在 15% 左右。评估人员对发行股票公司进行调查后认为,前 3 年可保持 15% 的收益率;从第 4 年起,一套大型先进生产线交付使用后,可使收益率提高 5 个百分点,并将持续下去。评估时国债利率为 4%,假定该股份公司是公用事业企业,其风险报酬率确定为 2%,折现率为 6%。

要求:确定该股票评估值。

解析:

股票的评估价值 = 前 3 年收益的折现值 + 第 4 年后收益的折现值
$$= 200\,000 \times 15\% \times (P/A, 6\%, 3) + (200\,000 \times 20\% / 6\%)$$
$$\times (1 + 6\%)^{-3}$$
$$= 30\,000 \times 2.673 + 40\,000 / 6\% \times 0.839\,6$$
$$= 639\,923.33 (元)$$

2. 优先股评估

在正常情况下,优先股在发行时就被规定了股息率。所以,评估优先股主要是判断股票发行主体是否有足够税后利润用于优先股的股息分配。这种判断建立在对股票发行企业的全面了解和分析的基础上,包括股票发行企业生产经营情况、利润实现情况、股本构成中优先股所占的比重、股息率的高低以及股票发行企业负债状况等。如果股票发行企业资本构成合理,企业盈利能力强,那么企业就具有很强的支付能力。资产评估专业人员可以根据事先确定的股息率,计算出优先股的年收益额,然后进行折现,计算得出评估值。

如果不打算转让优先股,计算公式为:

$$P = A/r$$

式中:P——优先股的评估值;r——折现率;A——优先股的年等额股息收益。

如果持有若干年后转让,计算公式为:

$$P = \sum_{t=1}^{n} \frac{R_t}{(1+r)^t} + \frac{P_n}{(1+r)^n}$$

式中:R_t——优先股在第 t 年的收益;n——优先股的持有年限;P_n——优先股的预期变现价格。

此外,还可能存在可转换优先股评估。可转换优先股即股票持有人可以在规定的条件下把持有的股票转换为普通股股票。计算公式为:

$$P = \sum_{t=1}^{n} \frac{R_t}{(1+r)^t} + \frac{P_n}{(1+r)^n}$$

式中:P_n——转换时的时价。其他符号含义同上。

【例 9-8】 新华纺织厂拥有长兴染料厂 1 000 股优先股,每股面值 100 元,股息率为年息 17%。评估时,长兴染料厂的资本构成不尽合理,负债率较高,可能对优先股股息的分配产生消极影响。因此,评估专业人员将新华纺织厂拥有的长兴染料厂的优先股股票的风险报酬率定为 6%,加上无风险报酬率 3%,该优先股的折现率为 9%。

要求:根据上述数据,该优先股评估值。

解析:

$$P = A/r = 1\,000 \times 100 \times 17\% \div (3\% + 6\%) = 17\,000 \div 9\% = 188\,889(元)$$

二、直接投资的评估

直接投资形式的股权投资,一般都是通过投资协议或合同规定投资双方的权利、责任和义务,投资期限,投资收益的分配形式以及投资期满对投入资本金的处理方式等。常见的投资形式有联营、合资、合作和独资等。

对直接投资的评估,必须首先根据投资双方的投资合同,具体了解投资期限、投资形式、收益获取方式、投资额占被投资企业资本的比重以及收回方式,然后再根据不同情况进行评估。比较常见的收益分配形式有:按投资比例参与被投资企业的净收益的分配;按被投资企业销售收入或利润的一定比例提成;按投资方出资额的一定比例支付资金使用报酬等。

（一）非控股型直接投资的评估

非控股型直接投资是指投资方的直接投资份额在被投资企业的资本总额中比例较小,不形成实质上的控制权,投资目的主要是获取投资收益。对非控股型股权投资的评估,通常采用收益法,即根据历史上收益情况和被投资企业的未来经营情况及风险,预测未来收益和投入资产的回收方式及风险,估算收益额,再选用适当的折现率将其折算为现值,从而得出评估值。

具体来说,合同、协议明确约定了投资报酬的,可将按规定获得的收益折为现值,作为评估值;到期回收资产的实物投资情况,可按约定或预测出的收益折为现值,再加上到期收回资产的价值,计算评估值;不是直接获取资金收入,而是取得某种权利或其他间接经济利益的,可尝试测算相应的经济收益,折现计算评估值;明显没有经济利益,也不能形成任何经济权利的,按零计算;未来收益难以确定的,可以采用重置价值法进行评估。

总之,不论采用什么方法评估非控股型直接投资,都应该考虑少数股权因素对评估值的影响,一般情况下,少数股权可能有价值贴水,而控股股权可能有价值溢价。

【例 9-9】 某资产评估公司受托对甲企业拥有的乙公司的股权投资进行评估。甲企业两年前与乙公司签订联营协议,协议双方联营 10 年,按各自投资比例分配乙公司的利润。甲企业投入资本 3 000 000 元,其中现金资产 1 000 000 元、厂房作价 2 000 000 元,占联营企业总资本的 30%。联营协议约定,联营期满,以厂房折余价值返还投资。该厂房年折旧率为 5%,净残值率为 5%。评估前两年的利润分配方案是:第一年实现净利润 1 500 000 元,甲企业分得 450 000 元;第二年实现净利润 2 000 000 元,甲企业分得 600 000 元。经对乙公司的经营情况、市场前景和获利能力的分析,目前,联营企业生产已经稳定,市场前景看好,今后每年 18% 的收益率是能保证的,期满后厂房折余价值为 1 050 000 元。经调查分析,折现率定为 15%。

要求:根据上述资料确定该股票的评估值。

解析:

$$P = 3\,000\,000 \times 18\% \times (P/A, 15\%, 8) + 1\,050\,000 \times (1+15\%)^{-8}$$
$$= 540\,000 \times 4.487\,3 + 1\,050\,000 \times 0.326\,9$$
$$= 2\,766\,387(元)$$

（二）控股型直接投资的评估

对于控股型直接投资的评估,应在对被投资企业进行整体评估的基础上测算直接股权投资的价值。对被投资企业整体评估一般采用收益法,并且被投资企业整体的评估基准日应与投资方的评估基准日相同。

评估控股型直接投资和非控股型直接投资,都要单独计算评估值,并记录于长期投资项目下,不能将被投资企业的资产和负债与投资方合并处理。

第四节　其他长期性资产及其评估

一、其他长期性资产的概念及其界定

(一)概念和构成

其他长期性资产是指除流动资产、长期投资、固定资产、无形资产以外的资产,包括长期待摊费用和其他长期资产。长期待摊费用是指企业已经支出,但摊销期限在 1 年以上(不含 1 年)的各项费用,包括开办费、固定资产大修理支出、租入固定资产的改良支出、股票发行费用等。其他长期资产包括特准储备物资、银行冻结存款、冻结物资等。

(二)作为评估对象的其他长期性资产的界定

其他长期性资产属预付费用性质,收益期满后,其本身没有交换价值,不可转让,一经发生就已消耗,但能为企业创造未来效益,并从未来收益的会计期间抵补各项支出。因此,只有当其赖以依存的企业发生产权变动时,才有可能涉及企业其他长期性资产的评估。

从资产评估的角度,特别是从潜在的投资者的角度,来看待这些在评估基准日以前业已发生的预付性质的费用,它的价值并不取决于它在评估基准日前业已支付了多少数额,而取决于它在评估基准日之后能够为企业新的产权主体带来多大的利益。所以,只有它能为新的产权主体形成某些新的资产和带来经济利益的权利的时候,才能成为资产评估的对象。

在评估其他长期性资产时,必须了解其合法性、合理性、真实性和准确性,了解费用支出和摊余情况,了解形成新资产和权利的尚存情况。其他长期性资产的评估要根据评估目的实现后资产的占有情况和尚存情况进行,而且要注意与其他评估对象有没有重复计算的现象存在。按此原则,其他长期性资产的不同构成内容应采取不同的评估和处理方法。

二、其他长期性资产的评估

(一)开办费

开办费是企业在筹建期间发生的、不能计入固定资产或无形资产价值的费用,主要包括筹建期间人员的工资、员工培训费、差旅费、办公费、注册登记费以及不能计入固定资产或无形资产购建成本的汇兑损益、利息支出等。由于企业筹建期间发生的费用,在开始生产经营起一次计入开始生产经营当期的损益,所以非企业筹建期间,不存在开办费评估的问题。如果在企业筹建期间,可以以开办费的账面价值作为评估值。

（二）固定资产大修理支出

固定资产大修理支出是指已经发生的固定资产大修理,其修理费用应由超过一个会计期间负担的费用。这种费用如果已经在固定资产评估中考虑了,就不能再计算评估值了。否则,会造成重复评估。

（三）其他长期待摊费用

其他长期待摊费用,比如股票发行费用、租入固定资产改良支出等,其影响可能延续到以后若干年,对这类项目的评估,应根据企业的收益状况、收益时间及货币的时间价值等因素确定评估值。但从实践上看,由于这些费用对未来产生收益的能力和状况并不能准确界定,如果物价总水平波动不大,可以将其账面价值作为其评估价值,或者按其发生额的平均数计算。

【例 9-10】 某被评估企业因产权变动,涉及其他长期性资产评估,截至评估基准日,企业其他长期性资产科目账面借方余额为 136 万元,其中营业室装饰性费用 82 万元;预付房租 36 万元,租赁期尚余 2 年,已摊销 20 万元,账面余额 16 万元;长期借款利息 38 万元。

要求:以评估基准日能否产生经济效益为标准,对其他长期性资产进行评估。

（1）营业室装饰性费用,已在固定资产价值评估中体现,故其评估值为零。

（2）预付房租,租期 3 年,使用权尚剩余 2 年,则:

评估值＝36÷3×2＝24（万元）

（3）借款利息属于期间费用,其效益在评估基准日以前业已体现,应按零值处理。

所以,企业其他长期性资产的评估值为 24 万元。

 本 章 小 结

长期投资评估是对被投资单位资本进行的评估。其中,长期股权投资评估是对被投资企业获利能力的评估;长期债权投资评估是对被投资企业偿债能力的评估。

长期债券投资是长期债权投资最典型的一种。对债券价值的评估,一般分为上市交易债券和非上市交易债券进行。上市公司债券投资采用市场法评估;非上市公司债券投资根据债券还本付息的具体方式采用收益法评估。

长期股权投资包括直接投资和间接投资两种,其中股票投资是典型的一种。对股票价值的评估,分为普通股和优先股。一般来说,普通股又分为上市交易股票和非上市交易股票。上市交易股票通常采用市场法;非上市交易股票一般采用收益法。优先股采取收益法进行评估。

思 考 题

1. 长期投资评估有哪些特点?

2. 运用市场法评估债券与股票价格需具备哪些前提条件?

3. 如何理解股票的内在价值与市场价格,评估时如何选择?

4. 长期投资评估的主要方法有哪些?

5. 对于控股型的长期股权投资如何评估?

练 习 题

一、单项选择题

1. 长期股权投资是对( )的评估。

A. 被投资单位资本 　　　　　　　　B. 被投资单位偿债能力

C. 被评估企业资本 　　　　　　　　D. 被评估企业获利能力

2. 可上市交易的股票和债券一般可采用( )评估。

A. 成本法 　　　　B. 收益法 　　　　C. 市场法 　　　　D. 三种均可

3. 下列价格中与股票价值评估有较密切联系的是( )。

A. 票面价格 　　　　　　　　　　　B. 账面价格

C. 发行价格 　　　　　　　　　　　D. 市场价格

4. 其他长期性资产能否作为评估对象取决于在评估基准日后( )。

A. 是否摊销 　　　　　　　　　　　B. 是否变现

C. 是否带来经济利益 　　　　　　　D. 是否在账面中体现

5. 被评估债券为 4 年一次性还本付息债券 100 000 元,年利率为 18%,不计复利,评估时债券的购入时间已经满 2 年,当年的国债利率为 4%,该企业的风险报酬率为 8%,被评估债券的价值为( )元。

A. 137 117 　　　　B. 172 000 　　　　C. 118 000 　　　　D. 153 380

6. 被评估企业拥有甲企业发行的 5 年期债券 100 张,每张面值 1 万元,债券利息率每年为 9%,复利计息,到期一次还本付息。评估基准日至债券到期还有两年,若适用折现率为 15%,则被评估企业拥有甲企业债券的评估值最接近于( )万元。

A. 109 　　　　B. 116 　　　　C. 122 　　　　D. 154

7. 股票的内在价值是由( )决定的。

A. 股票的净资产额 　　　　　　　　B. 股票的总资产额

C. 股票未来收益折现值 　　　　　　D. 股票的利润总额

8. 对长期待摊费用等其他长期性资产的评估通常发生在（　　　）。

A. 资产转让时　　　　　　　　　　B. 企业财务检查时

C. 企业整体产权变动时　　　　　　D. 企业纳税时

9. 被评估企业拥有某公司的非上市普通股100万股，每股面值1元，持有期间每年的收益率为20％左右。经评估专业人员了解分析，稳健估计，预测今后若干年内收益率可以保持在16％左右，折现率为8％。若不再考虑其他因素，则该股票评估值为（　　　）万元。

A. 100　　　　　　　B. 120　　　　　　　C. 200　　　　　　　D. 250

10. 在非上市债券价值评估中，可以根据（　　　）确定评估值。

A. 债券面值　　　　　　　　　　　B. 本金与持有期间利息之和

C. 本利和折现值　　　　　　　　　D. 本金与持有期间利息之差

二、多项选择题

1. 长期投资按投资性质可分为（　　　）。

A. 权益性投资　　　B. 债券性投资　　　C. 合作性投资　　　D. 混合性投资

2. 债权投资与股权投资相比，具有（　　　）特点。

A. 风险较小　　　　　　　　　　　B. 收益相对稳定

C. 较强流动性　　　　　　　　　　D. 参与被投资企业决策

3. 长期待摊费用主要包括（　　　）。

A. 固定资产大修理　　　　　　　　B. 租入固定资产改良支出

C. 开办费　　　　　　　　　　　　D. 预付利息

4. 股票评估与股票的（　　　）有关。

A. 内在价值　　　B. 账面价值　　　C. 市场价值　　　D. 清算价格

E. 票面价格

5. 非上市债券的评估类型可以分为（　　　）。

A. 固定红利模型　　　　　　　　　B. 红利增长模型

C. 分次付息，到期一次还本　　　　D. 分段模型

E. 到期一次还本付息

6. 下列上市交易债券评估方法的说法，正确的有（　　　）。

A. 如果该种债券可以在市场上流通买卖，并且市场上有该种债券的现行市价，则在正常情况下，上市债券的现行市场价格可以作为它的评估值

B. 当证券市场投机严重、债券价格严重扭曲、债券价格与其收益现值严重背离时，对上市债券的评估，可参照非上市债券的评估方法

C. 上市交易的债券的现行价格，一般以评估基准日的收盘价确定评估值

D. 评估专业人员应在评估报告中说明所用评估方法和结论与评估基准日的关系，并说明该评估结果不随市场价格变动而调整

E. 一般采用市场法进行评估

7. 股份公司的股利分配政策类型包括（　　　）。

A. 收益增长型　　　B. 固定红利型　　　C. 红利增长型　　　D. 分段型

E. 浮动红利型

三、计算题

1. 甲企业购买了 A 公司发行 3 年期一次还本付息债券，面值 10 000 元，票面利率为 7%，单利计息，评估日距到期日 1 年，当时国债利率为 3%。据评估人员分析，发行企业经营业绩较好，有还本付息的能力，风险不大，取 2% 的风险报酬率。甲企业同时还投资了 B 公司的非上市普通股 20 000 股，每股面值 1 元。在持股期间，B 公司经营比较稳定，预测今后收益率保持在 12% 是有把握的，折现率 10%。

要求：评估甲企业这两项长期投资的价值。

2. 某被评估企业持有另一家股份公司优先股 500 股，每股面值 10 元，年股息率为 10%。评估时，国债利率为 7%。评估人员经过调查分析，确定风险报酬率为 2%，该优先股的折现率（资本化率）为 9%。

要求：根据上述资料，评估优先股价值。

3. 某被评估企业拥有债券，面值 15 000 元，期限为 3 年，年息为 10%，按年付息，到期一次还本。评估时债券购入已满 1 年，第 1 年利息已作投资收益入账。评估时，国债年利率为 3%，考虑到债券为非上市债券，不能随时变现，经测定企业财务状况等因素，按 1.5% 确定为风险报酬率。求该企业债券的评估值。

第十章　企业价值评估

 学习目标与要求

学习内容	学习目标	重要程度	学习难度
1.企业价值评估的概念、特点,企业价值评估的范围	熟悉	☆☆☆	☆☆☆
2.企业价值评估的收益法	掌握	☆☆☆☆☆	☆☆☆☆☆
3.企业价值评估的市场法	掌握	☆☆☆☆	☆☆☆☆
4.企业价值评估的成本法	熟悉	☆☆☆	☆☆☆

第一节　企业价值评估概述

一、企业价值评估的概念及特点

（一）企业价值评估的概念

企业价值是企业在特定时期、地点和条件约束下所具有的获利能力的货币化体现。影响企业价值的因素包括宏观环境因素、中观行业因素和微观企业因素。

根据 2019 年 1 月 1 日实施的《资产评估执业准则——企业价值》,企业价值评估是指资产评估机构及其资产评估专业人员遵守法律、行政法规和资产评估准则,根据委托对评估基准日特定目的下的企业整体价值、股东全部权益价值或者股东部分权益价值等进行评定和估算,并出具资产评估报告的专业服务行为。

在国际评估准则和美国企业价值评估准则中,企业价值评估通常是指资产评估师对企业整体价值(总资产价值)、所有者权益价值(净资产价值)或部分股权价值进行分析、估算并发表专业意见的行为和过程。

（二）企业价值评估的特点

1.评估对象载体是由多个或多种单项资产组成的资产综合体

企业是多种要素资产围绕盈利目标,发挥各自特定功能,共同构成一个有机的生产经营能力和获利能力的载体及其相关权益的集合或总称。企业价值评估的范围涵盖了被评估企业所拥有的全部资产,包括流动资产、固定资产、无形资产以及其他所拥有的资产,但企业价值的评估对象是这些资产有机结合形成的综合体所反映的企业整体价值或权益价值,而不是各项资产的简单集合。因此,无论是企业整体价值的评估,还是股东全部权益价值或股东部分权益价值的评估,评估对象载体均是由多个或多种单项资产组成的资产综合体。

2. 决定企业价值高低的因素是企业的整体获利能力

影响企业价值高低的因素很多,既包括外在的宏观环境因素和行业发展状况,也包括企业自身经营能力和竞争能力等,但决定企业价值高低的核心因素是企业的整体获利能力。企业价值本质上是以企业未来的收益能力为标准的内在价值。因此,评估专业人员在评估企业价值的过程中要考虑企业未来的整体获利能力。从企业的角度看,企业从事经营活动,其直接目的是最大限度地获取收益并维持企业持续稳定发展,而企业未来所能获得的收益将直接影响企业的现时价值。

3. 企业价值评估是一种整体性评估

企业价值评估是将企业作为一个经营整体并依据其未来获利能力进行评估。因此,企业价值评估强调的是从整体上计量企业全部资产形成的整体价值,而不是简单估计单项资产的收益或估计单项资产的价值。也就是说,企业价值不是企业各项单项资产的简单相加,企业单项资产的价值之和也并不一定是企业价值。它们的区别主要表现为:

(1) 评估对象不同。企业价值评估的对象是按特定生产工艺或经营目标有机结合的资产综合体的获利能力,而各个单项资产的评估值的总和,是将各个可确指的单项资产作为独立的评估对象进行评估,然后再加总。

(2) 影响因素不同。企业价值评估是以企业的获利能力为核心,综合考虑影响企业获利能力的各种因素以及企业面临的各种风险进行评估。而将企业单项资产的评估值加总,是在评估时针对影响各个单项资产价值的各种因素展开的。根据经济学理论和企业管理理论分析,一个企业的获利能力通常取决于投入产出效率、资源配置效率与 X 效率三个方面的效率。投入产出效率对企业获利能力的影响是指企业资产的投入量对产出能力的影响,也可以说企业拥有的各要素资产价值的高低,如厂房、设备、技术等的先进程度,对企业的盈利能力有直接作用。资源配置效率是指企业将既定的资源用来生产什么、生产多少、如何生产等不同的选择将产生不同的效率,也就是说,企业如何配置所拥有的资源也会直接影响其获利能力。X 效率是指企业内部组织管理方式、激励机制、员工精神面貌(敬业精神)、企业文化氛围等,在现代企业中,这部分因素对企业获利能力的影响很大。总之,有着同样资产规模的企业,其获利能力可能存在很大差距。

(3) 评估结果不同。由于企业价值评估与构成企业的单项资产的评估值总和在评估对象、影响因素等方面存在差异,两种评估的结果亦会有所不同。单项资产评估值总和并不等于企业价值评估的结果,其原因是企业内部总存在着某些不可确指的无形资产,而不可确指的无形资产是单项资产评估所无法触及的,其中最主要的部分是商誉的价值。

二、企业价值评估的对象

企业价值评估的对象包括企业整体价值、股东全部权益价值或者股东部分权益价值等。

（一）企业整体价值

企业整体价值是公司所有出资人(包括股东、债权人)共同拥有的企业运营所产生的价值,即所有投入资本(股东权益和付息债务)通过运营形成的价值。企业整体价值并不必然等于资产负债表中的资产价值的合计数。主要原因,一是企业整体价值的评估范围包括了企业所拥有全部资产、负债,含表内和表外的资产、负债,但资产负债表中的资产总计不是构成企业整体价值的全部;二是企业整体价值反映了其作为一个有机整体的整体获利能力,但资产负债表上的各项资产的合计数仅仅是各单项资产价值的简单相加,无法反映企业作为资产综合体的整体获利能力。

从资本的运用角度看,企业整体价值等于企业的总资产价值减去企业负债中的非付息债务价值后的余额;从资本的来源角度看,企业整体价值等于股东全部权益价值加上企业的全部付息债务的价值。

（二）股东全部权益价值

股东权益代表了股东对企业净资产的所有权,反映了股东在企业资产中享有的经济利益。因此,股东全部权益价值就是企业的所有者权益或净资产价值。对企业价值进行评估,得出股东全部权益价值的方式有两种:一是直接评估得出股东全部权益价值;二是先评估得出企业整体价值,再减去全部付息债务价值,得出股东全部权益价值。

企业整体价值与股东全部权益价值之间的关系,如图 10-1 所示。

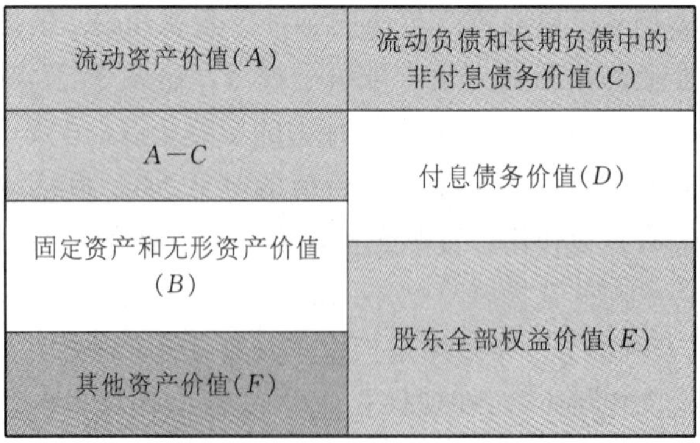

流动资产价值(A)	流动负债和长期负债中的非付息债务价值(C)
A−C	付息债务价值(D)
固定资产和无形资产价值(B)	
其他资产价值(F)	股东全部权益价值(E)

图 10-1 企业整体价值与股东全部权益价值之间的关系

图 10-1 是对某企业的全部资产和负债进行评估后的简化资产负债表,流动资产价值加上固定资产、无形资产价值和其他资产价值构成了企业全部资产的价值,即企业总资产的价值＝A＋B＋F。流动负债和长期负债中的非付息债务价值加上付息债务价值和股

东全部权益价值构成了全部负债和权益价值,即全部负债和权益价值＝C＋D＋E。因为企业的总资产价值等于全部负债和权益价值的合计数,则有 $A+B+F=C+D+E$ 。因此,企业整体价值等于企业总资产价值减去企业负债中的非付息债务价值后的余额,即企业整体价值＝(A+B+F)−C;或企业整体价值等于股东全部权益价值加上企业付息债务的价值,即企业整体价值＝D+E。

(三)股东部分权益价值

股东部分权益价值就是企业一部分股权的价值,或股东全部权益价值的一部分。股东部分权益价值的评估通常有两种途径:一是直接评估得出股东部分权益价值;二是先评估得出股东全部权益价值,再乘以持股比例或持股数量,并考虑必要的溢价或折价因素后得出股东部分权益价值。股东部分权益价值并不必然等于股东全部权益价值与股权比例的乘积。因为在某些情况下,同一企业内不同股东的单位股权价值可能因股东具有控制权或者缺乏控制权,而相应产生溢价或折价,出现同一企业内不同股东单位股权价值不相等的情形。

三、企业价值评估的范围

(一)企业价值评估范围的界定

企业价值评估范围是对评估对象价值进行评定估算的工作过程中所涉及的企业资产和负债的范围。企业价值评估范围应当服务评估对象的选择,不论是进行企业整体价值评估、股东全部权益价值评估,还是股东部分权益价值评估,一般要求对企业进行整体性评估。其中,企业整体价值评估范围包括企业产权涉及的全部资产及非付息负债,股东全部权益和股东部分权益价值评估范围包括企业产权涉及的全部资产及全部负债。

资产评估专业人员具体界定企业价值评估范围的依据,一是企业有关产权转让或产权变动的协议、合同、章程中规定的企业资产变动的范围;二是需要报批的,以上级主管部门批复文件所规定的评估范围确定;三是企业价值评估委托协议书中划定的范围。企业价值评估范围的界定,应与评估对象的口径相匹配。

(二)企业价值评估的具体范围

在对企业价值评估范围界定之后,并不能将所界定的企业的资产范围直接作为企业价值评估中进行评估的具体资产范围。具体资产范围是指资产评估专业人员具体实施评估的资产范围,是在评估范围界定基础上,经合理、必要的资产重组后的评估范围。

企业价值的形成基于企业整体盈利能力,资产评估专业人员判断估计企业价值,就是要正确分析和判断企业的盈利能力。但是,企业是由各类单项资产和单项负债组合而成的综合体,这些单项资产和单项负债对企业盈利能力的形成具有不同的作用,对企业价值的形成具有不同的贡献。因此,资产评估专业人员在界定企业价值的评估范围基础上,需要对企业价值评估范围的资产和负债的配置及使用情况进行必要的分析。

(1) 根据资产和负债的经营属性进行区分。根据资产的经营属性,可以将企业的资产区分为经营性资产和非经营性资产。经营性资产对企业盈利能力的形成过程产生直接或间接贡献。非经营性资产对企业盈利能力的形成过程不产生直接或间接贡献。根据负债的经营属性,可以将企业的负债区分为经营性负债和非经营性负债。在企业盈利能力的形成过程中,已考虑了某项负债的偿还义务对企业盈利能力的影响,则该项负债为经营性负债,否则为非经营性负债。

(2) 根据资产的配置属性进行区分。根据资产的配置属性,可以将企业的资产区分为必备资产和溢余资产。根据资产规模与企业经营规模的配置关系,可将经营性资产细分为必备的经营性资产和溢余的经营性资产。必备的经营性资产是形成企业盈利能力所必需的资产,溢余的经营性资产是超过了企业盈利能力形成的必备规模的资产。

将企业的资产、负债根据经营属性和配置属性进行区分,目的在于正确揭示企业价值。企业盈利能力是企业必备的经营性资产共同作用的结果。非经营性资产和溢余的经营性资产虽然也可能有交换价值,但其交换价值与必备的经营性资产的决定因素、形成路径是有差别的。要正确揭示和评估企业价值,资产评估专业人员就需要将企业价值评估范围内的资产、负债根据经营属性和配置属性进行区分,并选择恰当的评估方法和技术路径分别对必备的经营性资产、溢余的经营性资产、非经营性资产进行评估。必备的经营性资产和经营性负债的评估价值,与非经营性资产、非经营性负债和溢余的经营性资产的评估价值相加,才是企业整体价值。

四、企业价值评估基本程序中的实务要点

企业价值评估是一项复杂的工程,制定和执行科学的评估程序,有利于提高评估效率,也有利于提高评估结果的可靠性。企业价值评估大致要经过明确评估基本事项、选择评估方法、收集相关信息资料、对企业价值进行初步评估并对评估值进行审核和调整、编制企业价值评估报告几个步骤。

(一) 明确评估基本事项

根据《资产评估执业准则——企业价值》,资产评估机构受理企业价值评估业务前,应当明确下列基本事项:①委托人的基本情况;②被评估单位的基本情况;③评估目的;④评估对象和评估范围;⑤价值类型;⑥评估基准日;⑦资产评估报告使用范围;⑧评估假设;⑨需要明确的其他事项。

(二) 选择评估方法

根据《资产评估执业准则——企业价值》,资产评估专业人员执行企业价值评估业务,应当根据评估目的、评估对象、价值类型、资料收集情况等相关条件,分析收益法、市场法和成本法(资产基础法)三种资产评估基本方法的适用性,恰当选择一种或者多种资产评估基本方法。

(1) 企业价值评估中的收益法,是指将预期收益资本化或者折现,确定评估对象价值

的评估方法。资产评估专业人员应当结合被评估单位的企业性质、资产规模、历史经营情况、未来收益可预测情况、所获取评估资料的充分性,恰当考虑收益法的适用性。收益法常用的具体方法包括股利折现法和现金流量折现法。股利折现法是将预期股利进行折现以确定评估对象价值的具体方法,通常适用于缺乏控制权的股东部分权益价值评估。现金流量折现法通常包括企业自由现金流折现模型和股权自由现金流折现模型。资产评估专业人员应当根据被评估单位所处行业、经营模式、资本结构、发展趋势等,恰当选择现金流折现模型。资产评估专业人员应当对委托人和其他相关当事人提供的企业未来收益资料进行必要的分析、判断和调整,结合被评估单位的人力资源、技术水平、资本结构、经营状况、历史业绩、发展趋势,考虑宏观经济因素、所在行业现状与发展前景,合理确定评估假设,形成未来收益预测。资产评估专业人员应当按照法律、行政法规规定,以及被评估单位企业性质、企业类型、所在行业现状与发展前景、协议与章程约定、经营状况、资产特点和资源条件等,恰当确定收益期。资产评估专业人员应当综合考虑评估基准日的利率水平、市场投资收益率等资本市场相关信息和所在行业、被评估单位的特定风险等相关因素,合理确定折现率。

(2) 企业价值评估中的市场法,是指将评估对象与可比上市公司或者可比交易案例进行比较,确定评估对象价值的评估方法。资产评估专业人员应当根据所获取可比企业经营和财务数据的充分性和可靠性、可收集到的可比企业数量,考虑市场法的适用性。市场法常用的两种具体方法是上市公司比较法和交易案例比较法。上市公司比较法是指获取并分析可比上市公司的经营和财务数据,计算价值比率,在与被评估单位比较分析的基础上,确定评估对象价值的具体方法。交易案例比较法是指获取并分析可比企业的买卖、收购及合并案例资料,计算价值比率,在与被评估单位比较分析的基础上,确定评估对象价值的具体方法。资产评估专业人员应当关注业务结构、经营模式、企业规模、资产配置和使用情况、企业所处经营阶段、成长性、经营风险、财务风险等因素,恰当选择与被评估单位进行比较分析的可比企业。价值比率通常包括盈利比率、资产比率、收入比率和其他特定比率。

(3) 企业价值评估中的资产基础法,是指以被评估单位评估基准日的资产负债表为基础,合理评估企业表内及可识别的表外各项资产、负债价值,确定评估对象价值的评估方法。资产评估专业人员应当根据会计政策、企业经营等情况,要求被评估单位对资产负债表表内及表外的各项资产、负债进行识别。资产评估专业人员应当知晓并非每项资产和负债都可以被识别并单独评估。识别出的表外资产与负债应当纳入评估申报文件,并要求委托人或者其指定的相关当事方确认评估范围。当存在对评估对象价值有重大影响且难以识别和评估的资产或者负债时,应当考虑不同评估方法的适用性。采用资产基础法进行企业价值评估,各项资产的价值应当根据其具体情况选用适当的具体评估方法得出,所选评估方法可能有别于其作为单项资产评估对象时的具体评估方法,应当考虑其对企业价值的贡献。采用资产基础法进行企业价值评估,应当对长期股权投资项目进行分析,根据被评估单位对长期股权投资项目的实际控制情况以及对评估对象价值的影响程度等因素,确定是否单独评估这些长期股权投资项目。

对同一评估对象采用多种评估方法时,应当结合评估目的、不同评估方法使用数据的质量和数量,采用定性或者定量分析方式形成评估结论。

（三）收集相关信息资料

根据《资产评估执业准则——企业价值》,执行企业价值评估业务,应当根据评估业务的具体情况,确定所需资料的清单并收集相关资料,通常包括:

(1) 评估对象权益状况相关的协议、章程、股权证明等有关法律文件、评估对象涉及的主要资产权属证明资料。

(2) 被评估单位历史沿革、控股股东及股东持股比例、经营管理结构和产权架构资料。

(3) 被评估单位的业务、资产、财务、人员及经营状况资料。

(4) 被评估单位经营计划、发展规划和收益预测资料。

(5) 评估对象、被评估单位以往的评估及交易资料。

(6) 影响被评估单位经营的宏观、区域经济因素资料。

(7) 被评估单位所在行业现状与发展前景资料。

(8) 证券市场、产权交易市场等市场的有关资料。

(9) 可比企业的经营情况、财务信息、股票价格或者股权交易价格等资料。

（四）对企业价值进行初步评估并对评估值进行审核和调整

根据选择的评估方法进行评定估算,计算出初步的评估值。然后,根据评估目的和评估目的对被评估企业在评估时点经营状况和面临的市场条件的影响,以及对企业价值评估结果的价值类型的影响,结合获取的资料,讨论修改有关方法和参数,或者选用其他可能的资产评估方法,从不同角度对评估的结果进行审核和调整,以综合判定企业价值,确定该项资产评估的最终评估值。根据评估项目的具体情况,资产评估专业人员可以在适当的情况下考虑以下分析调整事项:

(1) 财务报表编制基础。

(2) 非经常性收入和支出。

(3) 非经营性资产、负债和溢余资产及其相关的收入和支出。

（五）编制企业价值评估报告

资产评估专业人员应当根据《资产评估执业准则——企业价值》的规定,在资产评估报告中披露必要信息,使资产评估报告使用人能够合理理解评估结论。

1. 采用收益法或者市场法进行企业价值评估,通常在资产评估报告中重点披露的内容

(1) 影响企业经营的宏观、区域经济因素。

（2）所在行业现状与发展前景。

（3）企业的业务分析情况。

（4）企业主要产品或者服务的经济寿命情况以及预期替代产品或者服务的情况。

（5）企业的资产、财务分析和调整情况。

（6）评估方法的运用过程。

2. 在资产评估报告中披露影响企业经营的宏观、区域经济因素时，通常包括的内容

（1）国家、地区有关企业经营的法律、行政法规和其他相关文件。

（2）国家、地区经济形势及未来发展趋势。

（3）有关财政、货币政策等。

3. 在资产评估报告中披露所在行业现状与发展前景时，通常包括的内容

（1）行业主要政策规定。

（2）行业竞争情况。

（3）行业发展的有利和不利因素。

（4）行业特有的经营模式，行业的周期性、区域性和季节性特征等。

（5）企业所在行业与上下游行业之间的关联性，上下游行业发展对本行业发展的有利和不利影响。

4. 在资产评估报告中披露企业的业务分析情况时，通常包括的内容

（1）主要产品或者服务的用途。

（2）经营模式。

（3）经营管理状况。

（4）企业在行业中的地位、竞争优势及劣势。

（5）企业的发展战略及经营策略等。

5. 在资产评估报告中披露企业的资产、财务分析和调整情况时，通常包括的内容

（1）资产配置和使用的情况。

（2）历史财务资料的分析总结，一般包括历史年度财务分析、与所在行业或者可比企业的财务比较分析等。

（3）对财务报表及评估中使用的资料的重大或者实质性调整。

6. 在资产评估报告中披露评估方法的运用过程时，通常包括的内容

（1）评估方法的选择及其理由。

（2）评估方法的运用和逻辑推理过程。

（3）主要参数的来源、分析、比较和测算过程。

（4）考虑的控制权和流动性影响。

（5）对测算结果进行分析，形成最终评估结论的过程。

第二节 收益法在企业价值评估中的应用

一、采用收益法评估企业价值的核心问题

(一) 要对企业的收益予以界定

企业的收益能以多种形式表现,包括净利润、净现金流、息前净利润和息前净现金流。选择以何种形式的收益作为收益法中的企业收益,直接影响对企业价值的最终判断。

(二) 要对企业的收益进行合理的预测

要求资产评估专业人员对企业的将来收益进行精确预测是不现实的。但是,由于企业收益的预测直接影响对企业盈利能力的判断,是决定企业最终评估值的关键因素,所以,在评估中应全面考虑影响企业盈利能力的因素,客观、公正地对企业的收益作出合理的预测。

(三) 在对企业的收益作出合理的预测后,要选择合适的折现率

合适的折现率的选择直接关系到对企业未来收益风险的判断。由于不确定性的客观存在,对企业未来收益的风险进行判断至关重要。能否对企业未来收益的风险作出恰当的判断,从而选择合适的折现率,对企业的最终评估值具有较大影响。

二、收益法的计算公式及其说明

(一) 企业持续经营假设前提下的收益法

1. 年金法

年金法下的计算公式为:

$$P = A/r$$

式中:P——企业评估价值;A——企业每年的年金收益;r——本金化率。

用于企业价值评估的年金法,是将已处于均衡状态,其未来收益具有充分的稳定性和可预测性的企业收益进行年金化处理,然后再把已年金化的企业预期收益进行收益还原,估测企业价值。因此,上式可以写成:

$$P = \sum_{t=1}^{n} [R_t \times (1+r)^{-t}] \div \sum_{t=1}^{n} [(1+r)^{-t}] \div r$$

式中:$\sum_{t=1}^{n} [R_t \times (1+r)^{-t}]$——企业前 n 年预期收益折现值之和;$\sum_{t=1}^{n} [(1+r)^{-t}]$——年金现值系数之和;$r$——本金化率。

【例 10-1】 待估企业预计未来 5 年的预期收益额为 100 万元、120 万元、110 万

元、130万元、120万元,假定本金化率为10%,

要求:用年金法估测待估企业价值。

解析:

$$P = \sum_{t=1}^{n} [R_t \times (1+r)^{-t}] \div \sum_{t=1}^{n} [(1+r)^{-t}] \div r$$

$$= (100 \times 0.909\,1 + 120 \times 0.826\,4 + 110 \times 0.751\,3 + 130 \times 0.683\,0 + 120 \times 0.620\,9)$$

$$\div (0.909\,1 + 0.826\,4 + 0.751\,3 + 0.683\,0 + 0.620\,9) \div 10\%$$

$$= (91 + 99 + 83 + 89 + 75) \div 3.790\,7 \div 10\% = 437 \div 3.790\,7 \div 10\% = 1\,153 (万元)$$

2. 分段法

分段法是将持续经营的企业的收益预测分为前后两段分别进行评估的方法。将企业的收益预测分为前后两段的理由在于:在企业发展的前一个期间,企业处于不稳定状态,因此企业的收益是不稳定的;在该期间之后,企业处于均衡状态,其收益是稳定的或按某种规律进行变化的。对于前段企业的预期收益采取逐年预测并折现累加的方法。而对于后段的企业收益,则针对企业具体情况,并按企业的收益变化规律进行折现和还原处理。将企业前后两段收益现值加在一起,便构成企业的收益现值。

假设以前段最后一年的收益作为后段各年的年金收益,分段法的公式可写成:

$$P = \sum_{t=1}^{n} [R_t \times (1+r)^{-t}] + R_n / r \times (1+r)^{-n}$$

假设从 $n+1$ 年起的后段,企业预期年收益按一固定比率(g)增长,则分段法的公式写成:

$$P = \sum_{t=1}^{n} [R_t \times (1+r)^{-t}] + [R_n(1+g)]/(r-g) \times (1+r)^{-n}$$

【例 10-2】 待估企业预计未来5年的预期收益额为100万元、120万元、150万元、160万元、200万元,并根据企业的实际情况推断,从第6年开始,企业的年收益额将维持在200万元水平上,假定本金化率为10%。

要求:使用分段法估测企业的价值。

解析:

$$P = \sum_{t=1}^{n} [R_t \times (1+r)^{-t}] + R_n / r \times (1+r)^{-n}$$

$$= (100 \times 0.909\,1 + 120 \times 0.826\,4 + 150 \times 0.751\,3 + 160 \times 0.683\,0 + 200 \times 0.620\,9)$$

$$+ 200 \div 10\% \times 0.620\,9$$

$$= 536 + 2\,000 \times 0.620\,9 = 1\,778 (万元)$$

【例 10-3】 承例 10-2 资料,假如资产评估专业人员根据企业的实际情况推断,企业从第6年起,收益额将在第5年的水平上以2%的增长率保持增长,其他条件不变。

要求：估测待估企业的价值。

解析：

$$P = \sum_{t=1}^{n}\left[R_t \times (1+r)^{-t}\right] + \left[R_n(1+g)\right] \div (r-g) \times (1+r)^{-n}$$

$$= (100 \times 0.909\,1 + 120 \times 0.826\,4 + 150 \times 0.751\,3 + 160 \times 0.683\,0 + 200 \times 0.620\,9)$$

$$+ 200 \times (1+2\%) \div (10\% - 2\%) \times 0.620\,9 = 536 + 204 \div 8\% \times 0.620\,9$$

$$= 536 + 2\,550 \times 0.620\,9 = 536 + 1\,583 = 2\,119(万元)$$

（二）企业有限持续经营假设前提下的收益法

1. 企业有限持续经营假设的适用

对企业而言，它的价值在于其所具有的持续的盈利能力。一般而言，对企业价值的评估应该在持续经营前提下进行。只有在特殊的情况下，才能在有限持续经营假设前提下对企业价值进行评估。如企业章程已对企业经营期限作出规定，而企业的所有者无意逾期继续经营的企业，则可在该假设前提下对企业进行价值评估。资产评估专业人员在运用该假设对企业价值进行评估时，应对企业能否适用该假设作出合理判断。

企业有限持续经营假设是从最有利于回收企业投资的角度，争取在不追加资本性投资的前提下，充分利用企业现有的资源，最大限度地获取投资收益，直至企业无法持续经营为止。

2. 有限持续经营假设前提下企业价值评估的收益法的评估思路

有限持续经营假设前提下企业价值评估的收益法的评估思路与分段法类似。首先，将企业在可预期的经营期限内的收益加以估测并折现；其次，将企业在经营期限后的残余资产的价值加以估测及折现；最后将两者相加。其数学表达式为：

$$P = \sum_{t=1}^{n}\left[R_t \times (1+r)^{-t}\right] + P_n \times (1+r)^{-n}$$

式中：P_n——第 n 年企业资产的变现值；其他符号含义同前。

当然，在企业有限持续经营期间的收益额也可能是另外的情况。比如，收益额全部相等的情况。再比如，前一段的收益额不相等，后一段的收益额相等的情况。在具体评估时，应该根据企业收益的具体情况而定。

三、企业的收益及其预测

企业的收益额是运用收益法对企业价值进行评估的关键参数。在企业价值评估中，企业的收益是指在正常条件下，企业所获得的归企业所有的所得额。

（一）企业收益的界定及选择

1. 企业收益的界定

在对企业收益进行具体界定时，应首先注意以下两个方面：第一，企业创造的不归企业权益主体所有的收入,不能作为企业价值评估中的企业收益。如税收,不论是流转税还是所得税都不能视为企业收益。第二,凡是归企业权益主体所有的企业收支净额,都可视为企业的收益。无论是营业收支、资产收支,还是投资收支,只要形成净现金流入量,就可视为企业收益。

2. 企业收益的形式

企业收益有两种表现形式:企业净利润和企业净现金流量。一般而言,应选择企业的净现金流作为用收益法进行企业价值评估的收益基础。一是就两者与企业价值的关系而言,实证研究表明,企业利润虽然与企业价值高度相关,但企业价值最终由其现金流决定而非由其利润决定。二是就可靠性而言,企业净现金流量是企业实际收支的差额,不容易被更改,而企业利润则要通过一系列复杂的会计程序进行确定,而且可能由于企业管理当局的利益而被更改。

3. 企业收益的口径

在对企业的收益形式界定之后,根据评估目的不同,对不同口径的收益作出选择。因为不同口径的收益额,其折现值的价值内涵和数量是完全不同的。如税后净利润或股权自由现金流量折现或资本化为企业股东全部权益价值(所有者权益价值);税后营业净利润或企业自由现金流量折现或资本化为企业整体价值(所有者权益价值和付息债务价值之和)。其中:

$$税后营业净利润(NOPAT)=息税前利润(EBIT)\times(1-所得税税率)$$
$$=税后净利润+税后利息费用$$
$$股权自由现金流=税后净利润+折旧摊销-营运资本增加-资本性支出$$
$$+(新债发行-旧债偿还)$$
$$企业自由现金流=税后营业净利润+折旧摊销-营运资本增加-资本性支出$$

企业价值评估中资产构成、评估值内涵和收益形式之间的对应关系如表 10-1 所示。

表 10-1　资产构成、评估值内涵和收益形式之间的对应关系

资产构成	评估值内涵	收益形式
总资产-总负债	股东全部权益价值(所有者权益价值)	净利润(股权自由现金流量)
总资产-非付息负债	企业整体价值(所有者权益价值+付息负债价值)	税后营业净利润(企业自由现金流量)

(二) 企业收益预测

企业收益预测大致分为三个阶段。

1. 对企业历史收益进行分析和调整

在持续经营过程中,企业在任一时点或任一周期的经营业绩都不是孤立的,都与其历

史业绩和未来收益相联系。对企业历史收益进行分析和调整的目的在于了解企业历史业绩的走势,认识企业所处的发展周期,反映企业历史业绩与其影响因素的关系,为企业未来收益预测提供参考依据。对企业历史收益进行分析和调整后的数据,不能用于其他目的。对企业历史收益进行分析和调整,主要包括三方面内容:①对财务报表编制基础进行分析和调整,使历史各年度的业绩具有相同的编制基础;②对非经常性收入和支出进行分析和调整,使历史各年度的业绩均反映经常性的收入和支出;③对非经营性资产、负债和溢余资产及其相关的收入和支出进行分析和调整,使历史各年度的业绩均反映经营性资产和经营性负债的贡献。

2. 对企业未来收益趋势进行总体分析和判断

影响企业发展的因素往往是不断变化的,企业历史业绩走势对企业未来收益趋势产生着一定的影响,但并不能仅仅根据企业历史业绩走势对企业未来收益趋势做出推算,资产评估专业人员应在分析企业历史业绩走势的基础上,深入企业现场进行实地考察和现场调研,与企业的核心管理层进行充分的交流,了解企业的生产工艺过程、设备状况、生产能力和经营管理水平,再辅之以其他数据资料对企业未来收益趋势做出合乎逻辑的总体判断。对企业未来收益趋势进行总体分析和判断,其主要内容包括企业当前所处发展周期及未来的走势、企业未来收益进入稳定状态所需的时间以及进入稳定状态后的趋势等。

3. 对企业未来收益的具体预测

在对企业未来收益趋势进行总体分析和判断后,便可开展企业未来收益的具体预测。应根据宏观经济环境、行业发展状况及发展前景、企业历史财务及经营数据、企业未来商业计划等预测基础资料,对企业未来收益进行具体预测。具体预测内容主要包括收入预测、成本及费用预测、折旧和摊销预测、营运资金预测、资本性支出预测、负债预测、溢余资产分析、非经营性资产和非经营性负债分析等。企业未来收益的具体预测,主要是对企业未来利润表的情况进行预测,也可能需要对企业未来资产负债表的内容进行预测。

【提示】

一般情况下,企业的收益预测也分两个时间段。对已步入稳定期的企业而言,收益预测的分段较为简单:一是对企业未来 3～5 年的收益预测;二是对企业未来 3～5 年后的各年收益预测。而对仍处于发展期、收益尚不稳定的企业而言,对其收益预测的分段应是首先判断出企业在何时步入稳定期,其收益呈现稳定性,而后将其步入稳定期的前一年作为收益预测分段的时点。对企业何时步入稳定期的判断,应在与企业管理人员的充分沟通和占有大量资料并加以理性分析的基础上进行,其确定较为复杂。以下主要介绍处于稳定期的企业预期收益的预测。

(1) 企业未来 3～5 年的收益预测。 企业未来 3～5 年的收益预测是在评估基准日调整的企业收益或企业历史收益的平均收益趋势的基础上,结合影响企业收益实现的主要因素在未来预期变化的情况,采用适当的方法进行的。

预测的方法很多,包括定性预测方法和定量预测方法。目前较常用的定性预测方法有德尔菲预测法,定量预测方法有时间序列预测法和回归分析预测法。其中,时间序列预测法主要有平均预测法、指数平滑预测法和趋势外推法。不论采用何种预测方法,首先都应进行预测前提条件的设定,因为企业未来可能面临的各种不确定性因素是无法一项不漏地纳入评估工作中的。科学合理地设定预测企业预期收益的前提条件是必需的。这些前提条件包括:国家的政治、经济等政策变化对企业预期收益的影响,除已经出台尚未实施的以外,只能假定其将不会对企业预期收益构成重大影响;不可抗拒的自然灾害或其他无法预期的突发事件不作为预期企业收益的相关因素考虑。企业经营管理者的某些个人行为也未在预测企业收益时考虑等。当然,根据评估对象、评估目的和评估条件,还可以对评估前提作出必要的限定。但是,资产评估专业人员对企业预期收益预测的前提条件设定必须合情合理。否则的话,这些前提条件不能构成合理预测企业预期收益的前提和基础。

【提示】

不论采用何种方法测算企业收益,都需注意以下几个基本问题:

(1) 一定收益水平是一定资产运作的结果。在企业收益预测时应保持企业预测收益与其资产及其盈利能力之间的对应关系。

(2) 企业的销售收入或营业收入与产品销售量(服务量)及销售价格的关系,会受到价格需求弹性的制约,不能不考虑价格需求弹性而想当然地价量并长。

(3) 在考虑企业销售收入的增长时,应对企业所处产业及细分市场的需求、竞争情况进行分析,不能在不考虑产业及市场的具体竞争情况下对企业的销售增长做出预测。

(4) 企业销售收入或服务收入的增长与其成本费用的变化存在规律性,资产评估专业人员应根据具体的企业情况,科学合理地预测企业的销售收入及各项成本费用的变化。

(5) 企业的预期收益与企业所采用的会计政策、税收政策关系极为密切,资产评估专业人员不可以违背会计政策及税收政策,以不合理的假设作为预测的基础,企业收益预测应与企业未来实行的会计政策和税收政策保持一致。

在明确了企业收益预测前提条件的基础上,就可以着手对企业未来 3~5 年的预期收益进行预测。预测的主要内容有:①对影响被评估企业及所属行业的特定经济及竞争因素的估计;②未来 3~5 年市场的产品或服务的需求量或被评估企业市场占有份额的估计;③未来 3~5 年销售收入的估计;④未来 3~5 年成本费用及税金的估计;⑤完成上述生产经营目标需追加投资及技术、设备更新改造因素的估计;⑥未来 3~5 年预期收益的估计等。关于企业的收益预测,资产评估专业人员不得不加分析地直接引用企业或其他机构提供的方法和数据,应把企业或其他机构提供的有关资料作为参考,根据可收集到的数据资料,在经过充分分析论证的基础上作出独立的预测判断。

 实务链接

在具体运用预测技术的方法测算企业收益时,企业未来收益预测的结果通常可以运用利润表或现金流量表的形式进行表现,不仅通俗易懂,也便于理解和掌握。需要说明的是,用企业利润表或现金流量来表现企业未来收益的结果,并不等于说企业未来收益预测就相当于企业利润表或现金流量表的编制。企业收益预测的过程是一个具体的、需要占有大量数据并运用科学方法的分析运作过程,不仅需要测算和分析利润表、现金流量表中相关栏目或项目的数据,而且可能需要测算和分析资产负债表、所有者权益变动表中相关栏目或项目的数据,用利润表或现金流量表表现的仅仅是该过程的结果。所以,企业的收益预测不能简单地等同于企业利润表或现金流量表的编制,而是利用利润表或现金流量表的已有栏目或项目,通过对影响企业收益的各种因素变动情况的分析,在评估基准日企业收益水平的基础上,对利润表或现金流量表表内各栏目或项目进行合理测算、汇总分析得到所预测年份的各年企业收益。

企业收益预测表是一张可供借鉴的收益预测表,如表10-2所示。如测算的收益层次和口径与本表有差异,可在本表的基础上进行适当的调整。如采用其他方式测算企业收益,资产评估专业人员可自行设计企业收益预测表。

表 10-2 企业收益预测表 单位:万元

	20××年	20××年	20××年	20××年
一、主营业务收入				
减:税金及附加				
主营业务成本				
二、主营业务利润				
加:其他业务利润				
减:管理费用				
财务费用				
销售费用				
三、营业利润				
加:投资收益				
营业外收入				
减:营业外支出				
四、利润总额				

	20××年	20××年	20××年	20××年
减：所得税				
五、净利润				
加：折旧和摊销				
减：追加资本性支出				
营运资本增加				
六、净现金流量				

（2）**企业未来 3～5 年后的各年收益预测**。企业未来 3～5 年的预期收益测算可以通过一些具体的方法进行。企业未来更久远的年份的预测收益，难以具体地进行测算。可行的方法是：在企业未来 3～5 年预期收益测算的基础上，从中找出企业收益变化的取向和趋势，并借助某些手段，诸如采用假设的方式来把握企业未来长期收益的变化区间和趋势。比较常用的假设是保持假设，即假定企业未来若干年以后各年的收益水平维持在一个相对稳定的水平上不变。当然也可以根据企业的具体情况，假定企业收益在未来若干年以后将在某个收益水平上，每年保持一个递增比率等。但是，不论采用何种假设，都必须建立在合乎逻辑、符合客观实际的基础上，以保证企业预期收益预测的相对合理性和准确性。

（3）**企业收益预测的检验**。由于对企业预期收益的预测存在较多难以准确把握的因素，容易受资产评估专业人员主观因素的影响，而该预测又直接影响企业价值评估的最终结果，因此，资产评估专业人员在对企业的预期收益预测基本完成之后，应该对所作预测进行严格检验，以判断所作预测的合理性。检验可以从以下几个方面进行：

第一，将预测与企业历史收益的平均趋势进行比较，如预测的结果与企业历史收益的平均趋势明显不符，或出现较大变化，又无充分理由加以支持，则该预测的合理性值得质疑。

第二，对影响企业价值评估的敏感性因素加以严格检验。在这里，敏感性因素具有两方面的特征：一是该类因素未来存在多种变化。二是其变化能对企业的评估值产生较大影响。如对销售收入的预测，资产评估专业人员对企业所处市场前景的不同假设会导致对企业的销售收入作出不同的预测，并分析不同预测结果可能对企业评估价值产生的影响。在此情况下，资产评估专业人员就应对销售收入的预测进行严格检验，对决定销售收入预测的各种假设反复推敲。

第三，对所预测的企业收入与成本费用的变化的一致性进行检验。企业收入的变化与其成本费用的变化存在较强的一致性，如预测企业收入变化而成本费用不进行相应变化，则该预测值得质疑。

第四，企业预期收益的预测应与评估结果的价值类型联系起来，保证收益预测相对合理。

四、折现率和资本化率及其估测

折现率是将未来有限期收益还原或转换为现值的比率。资本化率是将未来非有限期收益转换成现值的比率。资本化率在资产评估业务中有不同的称谓:本金化率、还原利率等。折现率和资本化率在本质上是相同的,都属于投资报酬率。作为投资报酬率通常由两部分组成:一是正常投资报酬率(无风险报酬率);二是风险投资报酬率。

(一)折现率确定的基本原则

在运用收益法评估企业价值时,折现率起着至关重要的作用,它的微小变化会对评估结果产生较大的影响。在确定折现率时,需要遵循以下几个基本原则:

1. 不低于无风险报酬率的原则

在存在正常资本市场和产权市场的条件下,政府债券利率和银行存款利率是投资者进行其他投资时,在考虑和权衡投资报酬率时必须考虑的基本因素。如果折现率小于无风险报酬率,就会导致投资者将资金转存银行或购买无风险的国债,而不愿去冒险进行得不偿失的投资。

2. 以行业平均报酬率为参考的原则

一般来说,投资者由于各自偏好不同,投资的领域也不同。因此,在评价各种投资方案优劣的时候,需要以社会平均报酬率作为统一的尺度来进行衡量。但是,社会平均报酬率一般很难求得,而行业平均报酬率则可以根据国家公布的有关统计数据计算得出,因此,行业平均报酬率可以取代社会平均报酬率作为确定折现率的参考。行业平均报酬率是该行业各企业净利润之和与各企业全部资产平均额之和的比。

3. 与收益额相匹配的原则

折现率或资本化率的确定和选取要与企业的预期收益相匹配。如果预期收益中考虑了通货膨胀因素和其他因素的影响,那么在折现率中也应有所体现。反之,如果预期收益中没有考虑通货膨胀因素和其他因素的影响,那么在折现率中也不应单向反映。如果收益额是税前收益,那么折现率是税前折现率,如果收益额是税后收益,那么折现率就是税后折现率。通常情况下,采用的是税后的未考虑通货膨胀的收益额。折现率与收益额的匹配关系如表 10-3 所示。

表 10-3　折现率与收益额的匹配关系

收益额口径	匹配的折现率	价值内涵
净利润(股权自由现金流量)	税后权益回报率	股东全部权益价值
税后营业净利润 (企业自由现金流量)	根据税后权益回报率和税后债务回报率计算的加权平均资本成本	企业整体价值

回报率和资本成本是同一事项的两个方面,通常用资本成本表示回报率。因此,权益回报率也就是股权资本成本,债务回报率也就是债务资本成本。

（二）折现率的确定方法

1. 风险累加法

风险累加法是确定股权资本成本的方法,适用于股东权益价值的评估。计算公式为:

折现率＝无风险报酬率＋风险报酬率

无风险报酬率的选择相对比较容易一些,通常以政府债券收益率或银行储蓄利率为参考依据。采用的政府债券收益期间,应该与评估对象的预期评估期间一致。而风险报酬率的测度相对比较困难,它因评估对象、评估时点不同而不同。在测算风险报酬率的时候,资产评估专业人员应注意以下因素:国民经济增长率及被评估企业所在行业在国民经济中的地位;被评估企业所在行业的发展状况及被评估企业在行业中的地位;被评估企业所在行业的投资风险;企业在未来的经营中可能承担的风险等。

风险报酬率的计算公式为:

$$\text{风险报酬率}=\text{行业风险报酬率}+\text{经营风险报酬率}+\text{财务风险报酬率}+\text{其他风险报酬率}$$

行业风险主要指企业所在行业的市场特点、投资开发特点,以及国家产业政策调整等因素造成的行业发展不确定性给企业预期收益带来的影响。

经营风险是指企业在经营过程中,由于市场需求变化、生产要素供给条件变化以及同类企业间的竞争给企业的未来预期收益带来的不确定性影响。

财务风险是指企业在经营过程中的资金融通、资金调度、资金周转可能出现的不确定性因素给企业预期收益带来的影响。

其他风险是指除了行业风险、经营风险、财务风险以外的其他个别风险。

量化上述各种风险所要求的回报率,主要是采取参照物类比加经验判断的方法测算。当然,在条件许可的情况下,资产评估专业人员应尽量采取统计和数理分析方法对风险回报率进行量化,使之更科学、更合理、更客观。

2. 资本资产定价模型

资本资产定价模型(Capital Asset Pricing Model, CAPM)是确定股权资本成本的方法,适用于股东权益价值的评估。计算公式为:

$$R_e＝R_f＋\beta(R_m－R_f)$$

式中:R_e——股权资本成本;R_m——市场平均报酬率;R_f——无风险报酬率;$(R_m－R_f)$——市场平均风险报酬率;β——风险系数。

式中,β系数是衡量系统风险的指标,是反映股票风险相当于股市平均风险的系数。我们将整个资本市场的β系数定义为1。如果某股票的β系数是1.2,说明其风险是整个股市平均风险的 1.2 倍;如果某股票的 β 系数是 0.8,说明其风险是整个股市平均风险的 0.8 倍。在评估实务中,上市公司的 β 系数可以采用回归的方法计算,也可以通过付费的方式由国内或国外专门机构提供;非上市公司的 β 系数可以通过在公开交易市场上选择相似的可比公司的 β 系数经过一定调整后间接得出。

3. 加权平均资本成本

加权平均资本成本(Weighted Average Cost of Capital,WACC)是以各种资本占全部资本的比重为权数,对各种资本成本进行加权平均计算得出的资本成本,适用于企业整体价值评估。企业总资本包括权益资本和债务资本。因此,企业加权平均资本成本等于企业权益资本成本和债务资本成本的加权平均值。计算公式为:

$$\text{WACC} = \frac{E}{D+E} \times R_e + \frac{D}{D+E} \times R_d \times (1-T)$$

式中:R_e——权益资本成本;R_d——税前债务资本成本;E——权益资本;D——债务资本。

【例 10-4】 某公司长期资金 1 000 万元,其中权益资本 600 万元,债务资本 400 万元。公司借入债务年利率 5%,β 值为 1.4,所得税税率 25%,无风险报酬率 3%,市场平均风险报酬率 10%。

要求:评估确定该公司的加权平均资本成本。

解析:

$$R_e = R_f + (R_m - R_f) \times \beta = 3\% + 1.4 \times (10\% - 3\%) = 12.8\%$$

$$\text{WACC} = \frac{E}{D+E} \times R_e + \frac{D}{D+E} \times R_d \times (1-T)$$

$$= 600 \div 1\,000 \times 12.8\% + 400 \div 1\,000 \times 5\% \times (1-25\%) = 9.18\%$$

在不考虑筹资费用时,税前债务资本成本是债务年利率。

五、收益期限的确定

收益期限是资产具有获利能力的期间,通常以年为时间单位。企业的收益期限包括有限年期和无限年期两种。在企业价值评估实务中,通常需要考虑法律法规、协议或章程约定、企业主要资产的使用期限、企业的经营状况等因素的影响。具体确定方法有三种。

(一)永续法

在没有特殊情况下,企业经营比较正常,且没有对足以影响企业持续经营的某项资产的使用年限进行限定,或者这种限定是可以解除的,并可以通过延续方式永续使用,则在预测企业收益时,收益期的确定可采用永续法,即收益期限为无限期。

（二）合同年限法

企业的经营期限可能受到法律法规、合同等规定的限制。这种限制可能是对企业整体而言的，也可能是对企业经营所必需的某种单项资产而言的。当企业整体资产发生产权变动后，合同约定企业经营期限时，应该以合同约定的经营期限作为企业的收益期限。例如，联营企业在确定其收益期时，应以投资各方共同签订的合同中规定的期限作为企业整体资产的收益期。

（三）经济寿命法

企业整体资产发生变动后没有规定经营期限的，可按其正常的经济寿命确定收益期限。所谓经济寿命，是指从获益的角度来讲，继续持有对收益主体不再有利的这样一种时限。对企业收益主体来说，拥有企业的目的是企业能够给其带来收益。而一旦企业不能够给其带来收益时，企业收益主体就会考虑是否要转让其获得收益的权利，或者将企业整体资产分割变卖，以获取更大的收益。

第三节 市场法和成本法在企业价值评估中的应用

一、市场法在企业价值评估中的应用

（一）市场法基本思路

企业价值评估市场法的理论依据是替代原理，其思路可用公式表示如下：

$$\frac{V_1}{X_1} = \frac{V_2}{X_2}$$

即：

$$V_1 = X_1 \times \frac{V_2}{X_2}$$

式中：V_1——被评估企业价值；V_2——可比企业价值；X_1——被评估企业与企业价值相关的可比指标；X_2——可比企业与企业价值相关的可比指标；$\frac{V}{X}$——价值比率。

（二）市场法常用具体方法

企业价值评估市场法常用的两种具体方法是上市公司比较法和交易案例比较法。

上市公司比较法是指获取并分析可比上市公司的经营和财务数据，计算价值比率，在与被评估单位比较分析的基础上，确定评估对象价值的具体方法。交易案例比较法是指获取并分析可比企业的买卖、收购及合并案例资料，计算价值比率，在与被评估单位比较分析的基础上，确定评估对象价值的具体方法。

两种常用具体方法都是通过对市场上可比交易数据的分析得出被评估企业的价值，只是可比对象的来源不同，上市公司比较法来源于公开交易的证券市场，V_2 是上市公司的股权价值或企业价值；交易案例比较法来源于个别的股权交易案例，V_2 是交易案例的交易价格。

（三）市场法应用步骤

市场法评估企业价值一般需要 9 个应用步骤：①选择可比企业，在市场上找出公开交易的上市公司或交易案例；②规范被评估企业与可比企业的财务报表，将被评估企业与可比企业的相关财务数据整合到相互可比的基础上；③计算各种价值比率，包括盈利价值比率、资产价值比率、收入价值比率和其他特定价值比率；④选择用于被评估企业的价值比率，即结合企业的业务特点和资产评估专业人员的经验选择合适的价值比率；⑤将被评估企业与可比企业比较，发现在成长性、风险等方面存在的差异；⑥对价值比率进行调整，根据发现的差异采用一定的方法调整价值比率；⑦将调整后的价值比率用于被评估企业，得出各种评估结果；⑧综合考虑市场法评估结果的差异，综合选择一个结果或对结果进行平均；⑨进行溢价或折价的调整，综合考虑各种溢价或折价因素，确定最终评估结果。

（四）可比企业的选择

可比企业是指具有与待评估企业相似的现金流量、增长潜力及风险特征的企业。在识别可比企业时，资产评估专业人员可以通过参考证券分析师对待评估企业的分析报告、投资咨询公司的有关研究报告，寻求行业专家的协助等多种方式进行选择。由于可比企业的选择带有一定的主观性，如果被错误地高估或低估，会导致错误的评估结果。因此，在选择时应该按照以下标准。

（1）**行业标准**。可比企业应该与被评估企业处于相同或相似的行业。处于同一行业的企业存在着某种可比性，但在同一行业内选择可比企业时应注意，目前的行业分类过于宽泛，处于同一行业的企业可能所生产的产品和所面临的市场完全不同，在选择时应加以细分。

（2）**业务结构**。可比企业应该与被评估企业在主要业务收入、利润结构等方面相同或相似。处于同一行业的企业如果产品结构不同，收入和利润也可能存在较大差异。

（3）**经营模式**。可比企业应该与被评估企业具有相同或相似的经营模式。处于同一行业的企业即使从事同一业务，也会由于经营模式不同，在经营风险或财务指标方面存在较大差异。

（4）**企业规模**。可比企业应该与被评估企业在资产总额、销售收入或从业人员数量等方面相同或相似。不同的企业规模有不同的业务结构、不同的抗风险能力。评估界有一个粗略的经验，即不选择比被评估企业规模大 10 倍的企业作为可比企业。

（5）**资产配置使用情况**。在选择可比企业时，应该关注企业资产配置使用是否合理，是否有效。合理有效的资产配置可以提高企业的经营效率，增强企业的竞争力。

（6）**企业所处经营阶段**。不同的经营阶段,企业的发展速度不同。在选择可比企业时,应该关注所处阶段是初创期、成长期,还是成熟期、衰退期。

（7）**成长性**。成长性是指企业可以持续成长的能力。可比企业应该与被评估企业具有相同或相似的成长性。成长性通常可以通过总资产增长率、主营业务收入增长率、主营业务利润增长率等指标反映。

（8）**面临风险**。这里的风险为经营风险和财务风险。可比企业应该与被评估企业面临相同或相似的经营风险和财务风险。此外,可比企业应该与被评估企业在资本结构方面具有可比性。

此外,如果使用上市公司比较法,选择可比企业还需要注意其股票交易历史数据的充分性、股票交易活跃程度、注册地点以及业务活动的地域范围;如果使用交易案例比较法,选择可比交易案例还需要注意其交易日期尽可能与评估基准日接近、交易资料的可获得性和充分性。

（五）价值比率的选择

在企业价值评估中,按照分母的性质,价值比率通常包括盈利价值比率、资产价值比率、收入价值比率和其他特定价值比率等 4 类。

各类价值比率都各有利弊,通常需要选择多类、多个价值比率分别进行计算,然后综合对比分析判断,选择出最适用的价值比率。资产评估专业人员在选择价值比率时,一般可以参考以下原则:对于亏损企业,尽量选择资产价值比率;高科技行业或有形资产较少但无形资产较多的企业,尽量选择盈利价值比率;各类成本和销售利润水平比较稳定的企业,尽量选择收入价值比率;特定企业,如医院、银行,可以选择特定价值比率。

（六）市场法的具体应用

市盈率乘数(P/E)法是企业价值评估经常使用的方法。市盈率乘数法的基本思路是:首先,从证券市场上搜寻与被评估企业相似的可比企业,按企业不同收益口径,如息前净现金流、净利润等,计算出与之相应的市盈率。其次,确定被评估企业不同口径的收益额。再次,以可比企业相应口径的市盈率乘以被评估企业相应口径的收益额,初步评定被评估企业的价值。最后,对于按不同样本计算的企业价值分别给出权重,加权平均计算企业价值。在运用该方法时,还需对评估结果进行适当调整,以充分考虑被评估企业与可比企业的差异。

另外,为了降低单一参数带来的误差和变异性,目前国际上通用的方法是采用多样本、多参数的方法。

【例 10-5】 评估 W 公司的价值,我们从市场上找到了 3 个(一般为 3 个以上的样本)相似的公司 A、B、C,然后分别计算各公司的市场价值与销售额的比率、与账面价值的比率以及与净现金流量的比率,得到结果。可比企业比率汇总表如表 10-4 所示。

表 10-4　可比企业比率汇总表

比　率	A 公司	B 公司	C 公司	平　均
市价/销售额	1.2	1.0	0.8	1.0
市价/账面价值	1.3	1.2	2.0	1.5
市价/净现金流	20	15	25	20

解析：

把 3 个可比企业的各项价值比率分别进行平均，就得到了应用于 W 公司评估的 3 个比率。假设 W 公司的年销售额为 1 亿元，账面价值为 6 000 万元，净现金流量为 500 万元，然后我们使用从上表得到的 3 个比率计算出 W 公司的评估价值，再将 3 个评估价值进行算术平均，具体计算如表 10-5 所示。

表 10-5　W 公司评估价值计算

项　目	W 公司实际数据/万元	可比公司平均比率	W 公司价值/万元
销售额	10 000	1.0	10 000
账面价值	6 000	1.5	9 000
净现金流量	500	20	10 000
W 公司的平均价值			9 700

从表 10-5 中得到的 3 个价值比率分别是 1.0、1.5 和 20，然后分别以 W 公司的 3 个指标 10 000 万元、6 000 万元、500 万元分别乘以 3 个价值比率，得到 W 公司的价值分别是 10 000 万元、9 000 万元、10 000 万元，将 3 个价值进行平均得到 W 公司的评估价值为 9 700 万元。

（七）市场法应用障碍

目前，运用市场法评估企业价值有两个障碍：一是企业的个体差异。几乎难以找寻到能与被评估企业直接进行比较的可比企业，而除了企业规模和所处行业等可辨认的因素以外，还有很多无形因素影响企业价值。因此在寻找和选择可比企业时，应尽可能保证它们与被评估企业在所处行业及企业规模方面的可比性，同时考虑它们在竞争地位等方面的可比性，这是至关重要的。二是企业交易案例的差异。即使存在能与被评估企业进行直接比较的可比企业，要找到能与被评估企业的产权交易相比较的交易案例也相当困难。

二、成本法在企业价值评估中的应用

（一）成本法基本思路

企业价值评估的成本法又称资产基础法，其实质是一种成本路径。任何一个精明的潜在投资者，在购买一家企业时所愿意支付的价格不会超过重新建设具有相同用途的一家企业所需的现行成本。

（二）成本法应用步骤

成本法评估企业价值一般需要 4 个应用步骤：①确定评估范围。资产评估专业人员根据被评估企业所涉及的资产和负债范围，在评估基准日被评估企业财务报表的基础上，分析判断是否存在表外资产和负债。如果存在对评估结论有重要影响的表外资产和负债，如账外无形资产、或有负债等，应当纳入具体评估范围。②现场调查、资料收集整理和核查验证。资产评估专业人员应该对被评估企业进行现场调查，获取评估所需资料，并实施核查验证程序，进行归纳和整理，形成评定估算的依据。③评估各项资产和负债。资产评估专业人员在对每项资产和负债进行清查核实的基础上，采用适宜的方法分别进行评估。④评估结论的确定和分析。在评估出被评估企业各项资产和负债的价值之后，对评估结果进行汇总，进而分析得到企业价值。

（三）各项资产具体评估方法

被评估企业的资产通常包括流动资产、固定资产和无形资产等。采用资产基础法进行企业价值评估，各项资产的价值应当根据具体情况选用适当的方法进行评估。各单项资产评估所需采用的方法可以参考前边所讲方法。需要注意的是，重要的单项资产如果适用于多种评估方法，应采用两种以上适用的方法进行评估，以增强评估结论的可靠性。

（四）成本法应用缺陷

企业价值评估的成本法以企业资产负债表为基础，对构成企业的各项确指资产、负债进行评估，然后将各项确指资产评估价值汇总以确定企业价值。企业价值评估的成本法无法把握一个持续经营企业价值的整体性，也很难把握各单项资产对企业价值的贡献。成本法评估企业价值只是简单地将单项资产、负债的价值加和作为评估结果，不能反映各项资产组合产生的整体效益，不能很好体现企业作为一个持续经营和持续获利的经济实体的价值。而且，企业价值评估成本法往往仅包含企业的有形资产和可确指无形资产的价值，作为不可确指的无形资产——商誉的价值，无法反映和体现出来。

因为成本法在评估企业价值时存在这些不足，国内外有关企业价值评估准则中都明确规定，在持续经营假设下，成本法一般不应当作为评估企业价值的唯一方法。

 本 章 小 结

企业价值评估是指资产评估机构及其资产评估专业人员遵守法律、行政法规和资产评估准则，根据委托对评估基准日特定目的下的企业整体价值、股东全部权益价值或者股东部分权益价值等进行评定和估算，并出具资产评估报告的专业服务行为。

从企业整体资产评估的概念看，收益法是企业价值评估的最佳方法。收益法以企业整体获利能力为基础，从资产的"产出"角度来测算资产在评估基准日的价值，符合市场经济条件下的价值观念。目前收益稳定的成熟企业最适宜采用收益法评估企业价值。

企业价值评估的市场法,是指将被评估企业与可比上市公司或者可比交易案例进行比较,确定被评估企业价值的评估方法。

　　企业价值评估的成本法又称资产基础法,是指以被评估企业评估基准日的资产负债表为基础,合理评估企业表内及可识别的表外各项资产、负债价值,确定被评估企业价值的评估方法。成本法作为一种辅助评估方法,常常用来验证市场法和收益法的评估结果。

思 考 题

1. 市场法评估企业价值的障碍是什么?

2. 在企业价值评估中,收益预测的关键问题是什么?

3. 如何界定企业价值评估的具体范围?

4. 为什么行业基准收益率不能作为企业价值评估中的折现率或资本化率?

5. 企业净利润和企业净现金流量哪个指标能更客观地反映企业的收益?

练 习 题

一、单项选择题

1. 运用市盈率法对企业价值进行评估,应当属于企业价值评估的(　　　)。

A. 市场法 　　　　　　　　　　　　　B. 成本法

C. 收益法 　　　　　　　　　　　　　D. 三者之外的新方法

2. 运用市盈率作为乘数评估的是企业的(　　　)。

A. 资产价值 　　　B. 投资价值 　　　C. 股权价值 　　　D. 债权价值

3. 当收益额选取企业的净利润,而资本化率选取净资产收益率时,其还原值为(　　　)。

A. 投资资本现值 　　　　　　　　　　B. 资产总额现值

C. 所有者权益现值 　　　　　　　　　D. 实收资本现值

4. 企业价值评估的一般前提是企业的(　　　)。

A. 独立性 　　　B. 持续经营性 　　　C. 整体性 　　　D. 盈利性

5. 企业价值大小的决定因素是(　　　)。

A. 独立性 　　　B. 持续经营性 　　　C. 社会性 　　　D. 盈利性

6. 被评估企业未来5年收益现值之和为2 500万元,折现率和资本化率均为10%,则采用年金资本化法计算企业的整体价值最有可能是(　　　)万元。

A. 8 000 　　　B. 6 595 　　　C. 3 550 　　　D. 3 862

7. 运用收益法进行企业价值评估,前提条件是(　　　)。

A. 企业具有生产能力 　　　　　　　　B. 企业各项资产完好

C. 企业能够持续经营 　　　　　　　　D. 企业具有商誉

8. 市场法评估企业价值的理论依据是(　　　)。

A. 替代原则
B. 贡献原则

C. 企业最大化原则
D. 配比原则

9. 下列不属于企业价值评估中折现率测算方法的是(　　　)。

A. 风险累加法
B. 资本资产定价模型

C. 加权平均资本成本
D. 直接估算法

10. 利用企业自由现金流量作为企业价值评估的收益额,其直接资本化结果应该是(　　　)。

A. 股东部分权益价值
B. 股东权益价值

C. 企业整体价值
D. 投资资本价值

二、多项选择题

1. 企业价值的表现形式有(　　　)。

A. 企业整体价值
B. 企业债权价值

C. 企业股东权益价值
D. 企业债务价值

2. 下列关于折现率和资本化率的说法中,正确的有(　　　)。

A. 折现率和资本化率本质上相同,都属于投资报酬率

B. 折现率和资本化率是恒等的

C. 行业基准收益率不宜直接作为折现率

D. 折现率的口径要与收益额的口径保持一致

E. 折现率的测算方法不单一,可以有多种方法

3. 关于成本法在企业价值评估中的运用,说法正确的有(　　　)。

A. 其思路是在合理评估企业各项资产价值和负债的基础上确定企业价值的评估方法

B. 在运用成本法之前,应该对企业的盈利能力以及相匹配的单项资产进行认定

C. 在持续经营的前提下,一般不宜采用成本法

D. 成本法一般不应当作为唯一使用的评估方法

4. 关于企业价值评估中市场法的说法正确的有(　　　)。

A. 运用市场法评估企业价值存在企业的个体差异和企业交易案例的差异两个障碍

B. 市场法中常用的两种具体方法是上市公司比较法和交易案例比较法

C. 市场法的两种方法的核心问题是确定适当的价值比率

D. 运用市场法评估企业价值,进行简单的直接比较就可以了

5. 企业作为一类特殊资产,具有(　　　)特点。

A. 盈利性
B. 持续经营性

C. 收益无限性
D. 整体性

6. 下列各项中,不宜直接作为企业产权变动时价值评估折现率的有(　　　)。

A. 投资报酬率
B. 行业基准收益率

C. 无风险报酬率
D. 贴现率

7. 风险累加法测算风险报酬率时的风险包括(　　　)。

A. 行业风险　　　　　B. 经营风险　　　　　C. 财务风险　　　　　D. 市场风险

8. 运用收益法评估企业价值的核心问题是(　　　)。

A. 收益期限的确定

B. 要对企业的收益予以界定

C. 要对企业的收益进行合理的预测

D. 在对企业的收益做出合理的预测后,要选择合适的折现率

三、计算题

1. 假定某企业长期负债占全部投入资本的 20%,自有资金的比重为 80%,长期负债的平均利息率为 10%,社会无风险报酬率为 3%,该企业风险报酬率为 5%。

要求:利用加权平均资本成本模型求资本化率。

2. 被评估企业基本情况如下:

(1) 评估基准日为 2019 年 12 月 31 日。

(2) 被评估企业未来 5 年预期利润总额分别为:110 万元、120 万元、110 万元、120 万元和 130 万元。

(3) 被评估企业长期负债占投资资本比重为 50%,平均长期负债成本为 6%,在未来 5 年中平均年长期负债利息额 30 万元。

(4) 据查,评估时社会平均收益率为 9%,无风险报酬率为 3%,企业所在行业的平均风险与社会平均风险的比率(β)为 0.8。

(5) 被评估企业生产经营比较平稳,是正常纳税企业。

要求:运用年金法计算企业整体价值。

3. 资产评估专业人员对某一企业进行整体评估,通过对该企业历史经营状况的分析及国内外市场的调查了解,收集到下列数据资料:

(1) 预计该企业第 1 年的收益额为 200 万元,以后每年的收益额比上年增长 10%,自第 6 年企业将进入稳定发展时期,收益额将保持在 300 万元的水平上。

(2) 社会平均收益率为 12%,国债利率为 3%,被评估企业所在行业风险系数为 1.5。

(3) 该企业各单项资产经评估后的价值之和为 1 600 万元。

要求:(1) 确定该企业整体资产评估值。

(2) 企业整体资产评估结果与各单项资产评估值之和的差额如何处理?

4. 某企业有关资料如下:

(1) 根据该企业以前 5 年的经营情况,预计其未来 5 年的收益额分别为 30 万元、28 万元、30 万元、32 万元和 32 万元,假定从第 6 年起,每年收益额保持在 32 万元水平。

(2) 根据资料确定无风险报酬率为 3%,企业所在行业的平均风险与社会平均风险的比率为 1.2,社会平均收益率为 8%,资本化率为 8%。

要求:运用分段法计算该企业整体评估价值。

第十一章　资产评估报告

 学习目标与要求

学习内容	学习目标	重要程度	学习难度
1.资产评估报告的概念、分类、作用	了解	☆	☆
2.资产评估报告的基本内容	熟悉	☆☆☆	☆☆☆
3.资产评估报告的制作技能	理解	☆☆	☆☆
4.资产评估报告的应用	熟悉	☆☆☆	☆☆☆

第一节　资产评估报告概述

一、资产评估报告的概念

根据自 2019 年 1 月 1 日起施行的《资产评估执业准则——资产评估报告》,资产评估报告是指资产评估机构及其资产评估专业人员遵守法律、行政法规和资产评估准则,根据委托履行必要的资产评估程序后,由资产评估机构对评估对象在评估基准日特定目的下的价值出具的专业报告。

【法规链接】

中评协关于印发修订《资产评估执业准则——资产评估报告》的通知

资产评估报告是按照一定格式和内容来反映评估目的、假设、程序、标准、依据、方法、结果及适用条件等基本情况的专业报告。狭义的资产评估报告指的就是资产评估结果的报告书。它既是资产评估机构与资产评估专业人员完成对资产作价,就被评估资产在特定条件下的价值所发表的专家意见,也是资产评估机构履行评估合同情况的总结,还是资产评估机构与资产评估专业人员为资产评估项目承担相应法律责任的证明文件。而广义的资产评估报告是一种工作制度。它规定资产评估机构在完成评估工作之后必须按照一定程序的要求,用书面形式向委托人及相关主管部门报告评估过程和结果。

二、资产评估报告的分类

资产评估报告按照不同标准划分,主要有以下几种分类。

（一）按法律定位可分为法定评估业务评估报告和非法定评估业务评估报告

资产评估机构开展涉及国有资产或者公共利益等事项，法律、行政法规规定需要评估的法定评估业务，所出具的评估报告为法定评估业务评估报告，比如国有资产评估报告。除此以外，开展的评估业务所出具的评估报告为非法定评估业务评估报告。

（二）按评估对象可分为整体资产评估报告和单项资产评估报告

整体资产评估报告是指对整体资产进行评估所出具的报告书；单项资产评估报告是仅对某一部分、某一项资产进行评估所出具的报告书。由于整体资产评估与单项资产评估在具体业务上存在一些差别，因而两种资产评估报告的基本格式虽然是一样的，但两者在内容上会存在一些差别。一般情况下，整体资产评估报告的报告内容不仅包括资产，还包括负债和所有者权益；单项资产评估报告，一般不考虑负债。

（三）按资产评估的性质可分为一般评估报告和复核评估报告

一般评估报告是指资产评估专业人员接受客户的委托，为客户提供的关于资产价值的估价意见的书面报告。而复核评估报告是指复核资产评估专业人员对一般评估报告的充分性和合理性发表意见的书面报告，是复核资产评估专业人员对一般评估报告进行评估和审核的报告。

（四）按报告的繁简程度可分为完整型评估报告、简明型评估报告和限制型评估报告

三种类型评估报告的根本区别在于所提供信息的详细程度不同。完整型评估报告应当包括解决评估问题所需要的所有重要信息的完整描述。简明型评估报告应该包含对解决评估问题具有重要意义的信息的简要说明。当评估报告的预定使用者不包括除评估委托人之外的人员时，可以提供限制型评估报告。在国外评估报告中，经常使用这种分类方式。

除了上述资产评估报告的分类外，还有很多分类方式，在此不再阐述。不同类型的评估报告适用于不同的预期使用目的，并要求评估报告的内容与预期用途相一致。资产评估报告的类型应该朝着多类型方向发展，这样才能使资产评估专业人员更恰当地表达评估的过程和评估的结果。

三、资产评估报告的作用

（一）为资产作价提供意见

资产评估报告是经具有资产评估资格的机构根据委托评估资产的特点和要求，资产评估专业人员遵循评估原则和标准，按照法定的程序，运用科学的方法对被评估资产价值进行评定和估算后，通过资产评估报告的形式提出作价的意见。该作价意见不代表任何当事人一方的利益，是一种独立的专家估价意见，具有较强的公正性与客观性，因而成为被委托评估资产作价的重要参考依据。

（二）明确资产评估责任

资产评估报告是反映和体现资产评估工作情况,明确委托人、受托方及有关方面责任的依据,同时,资产评估报告也反映和体现受托的资产评估机构与执业人员的权利与义务,并以此来明确委托人、受托方有关方面的法律责任。当然,资产评估报告也是资产评估机构履行评估协议和向委托人或有关方面收取评估费用的依据。

（三）加强资产评估监管

对资产评估报告进行审核,是管理部门完善资产评估管理的重要手段。资产评估报告是反映资产评估机构评估质量高低、内部管理机制完善程度和资产评估专业人员职业道德、执业能力水平的重要依据。有关管理部门通过审核资产评估报告,可以有效地对资产评估机构的业务开展情况进行监督。

（四）完善资产评估档案

资产评估报告是建立评估档案、归集评估档案资料的重要信息来源。资产评估机构和资产评估专业人员在完成资产评估任务之后,都必须按照档案管理的有关规定,将评估过程收集的资料、工作记录以及资产评估过程的有关工作底稿归档,以便评估档案的管理和使用。资产评估报告是对整个评估过程的工作总结,其内容包括了评估过程的各个具体环节和各有关资料的收集和记录。因此,不仅资产评估报告的底稿是评估档案归集的主要内容,而且撰写资产评估报告过程采用到的各种数据、各个依据、工作底稿和资产评估报告制度中形成有关的文字记录等都是资产评估档案的重要信息来源。

四、资产评估报告的基本要求

根据《资产评估执业准则——资产评估报告》的规定,资产评估报告的基本要求主要有以下几个方面:

（一）陈述的内容应当清晰、准确,不得有误导性的表述

资产评估专业人员应当以清楚和准确的方式进行表述,而不致引起报告使用人的误解,评估报告不得存在歧义或误导性陈述。由于资产评估报告将提供给委托人、评估委托合同中约定的其他评估报告使用人和法律、行政法规规定的使用人使用,除委托人以外的其他评估报告使用人可能没有机会与资产评估专业人员进行充分沟通,而仅能依赖评估报告中的文字性表述来理解和使用评估结论,所以资产评估专业人员必须特别注意评估报告的表述方式,不应引起使用者的误解。同时,资产评估报告作为一个具有法律意义的文件,用语必须清晰、准确,不应有意或无意地使用存在歧义或误导性的表述。

（二）应当提供必要信息,使资产评估报告使用人能够正确理解和使用评估结论

资产评估专业人员应当根据每一个评估项目的具体情况和委托人的合理要求,确定

评估报告中所提供信息的范围和程度,使评估报告使用人能够正确理解和使用报告的结论。判定一份资产评估报告是否提供了必要的信息,就要看评估报告使用人在阅读资产评估报告后能否对评估结论有正确的理解。

(三)详略程度可以根据评估对象的复杂程度、委托人的要求合理确定

资产评估报告的详略程度是以评估报告中提供的必要信息为前提的。委托人和其他评估报告使用人是评估报告的服务对象,因此评估报告内容的详略程度要考虑报告使用人的合理需求。作为理性的评估报告使用人,可能要求资产评估专业人员在评估报告中不仅提供评估结论,还要提供形成评估结论的详细过程,或者要求在资产评估报告中对某些方面提供更详细的说明。因此,资产评估报告的详略程度应当根据评估对象的复杂程度、委托人的合理需求来确定。

(四)评估程序受限对评估报告出具的影响

资产评估报告是在履行评估程序的基础上完成的。现实工作中,资产的特殊性、客观条件限制等原因,使得评估程序的履行可能存在障碍,需要资产评估专业人员采取相关的替代程序。采取措施弥补程序缺失,且未对评估结论产生重大影响的,可以出具资产评估报告,但应当在资产评估报告中说明资产评估程序受限情况、处理方式及其对评估结论的影响。如果程序受限对评估结论产生重大影响或者无法判断其影响程度的,不应出具资产评估报告。

(五)签字盖章要求

资产评估报告应当由至少两名承办该项业务的资产评估专业人员签名并加盖资产评估机构印章。法定评估业务的资产评估报告应当由至少两名承办该项业务的资产评估师签名并加盖资产评估机构印章。

(六)语言、计量和汇率要求

资产评估报告应当使用中文撰写。需要同时出具中外文资产评估报告的,以中文资产评估报告为准。资产评估报告一般以人民币为计量币种,使用其他币种计量的,应当注明该币种在评估基准日与人民币的汇率。

(七)评估结论的使用有效期

评估结论反映评估基准日的价值判断,仅在评估基准日成立,所以资产评估报告应当明确评估结论的使用有效期。在基准日后的某个时期经济行为发生时,市场环境或资产状况未发生较大变化,评估结论有效,一旦市场价格标准或资产状况出现较大变动,则评估结论失效。通常只有当评估基准日与经济行为实现日相距不超过 1 年时,才可以使用资产评估报告。

第二节　资产评估报告的基本内容

根据 2019 年 1 月 1 日实施的《资产评估执业准则——资产评估报告》，资产评估报告的基本内容包括：标题及文号、目录、声明、摘要、正文、附件。

一、标题和文号、目录

准则规定，只有在符合资产评估报告的定义时，才能以"评估报告"的标题出具。资产评估机构及其资产评估专业人员执行与估算相关的其他业务时，虽然可以参照评估报告准则出具相关报告，但此类报告并不是评估报告，不得以"评估报告"标题出具，以免给委托人和报告使用人造成误解。

资产评估报告标题格式要求为"企业名称＋经济行为关键词＋评估对象＋资产评估报告"。

资产评估报告文号格式要求包括资产评估机构特征字、种类特征字、年份、报告序号。

资产评估报告目录应当包括每一部分的标题和相应页码。

二、声明

资产评估报告的声明通常包括以下内容：

（1）本资产评估报告依据财政部发布的资产评估基本准则和中国资产评估协会发布的资产评估执业准则和职业道德准则编制。

（2）委托人或者其他资产评估报告使用人应当按照法律、行政法规规定和资产评估报告载明的使用范围使用资产评估报告；委托人或者其他资产评估报告使用人违反前述规定使用资产评估报告的，资产评估机构及其资产评估专业人员不承担责任。

（3）资产评估报告仅供委托人、资产评估委托合同中约定的其他资产评估报告使用人和法律、行政法规规定的资产评估报告使用人使用。除此之外，其他任何机构和个人不能成为资产评估报告的使用人。

（4）资产评估报告使用人应当正确理解和使用评估结论，评估结论不等同于评估对象可实现价格，评估结论不应当被认为是对评估对象可实现价格的保证。

（5）资产评估报告使用人应当关注评估结论成立的假设前提、资产评估报告特别事项说明和使用限制。

（6）资产评估机构及其资产评估专业人员遵守法律、行政法规和资产评估准则，坚持独立、客观、公正的原则，并对所出具的资产评估报告依法承担责任。

（7）其他需要声明的内容。

值得说明的是，准则对评估声明的要求仅是一般要求，资产评估专业人员在具体执行资产评估业务时,还应根据业务具体情况,调整或细化声明内容。

三、摘要

资产评估报告摘要通常提供资产评估业务的主要信息及评估结论。资产评估报告摘要位于正文之前,该摘要与资产评估报告正文具有同等法律效力。该摘要还必须与资产评估报告揭示的结果一致,不得有误导性内容,并应当采用提醒文字提醒使用者阅读全文。资产评估报告摘要披露的内容包括:

(1)评估目的。

(2)评估对象和评估范围。

(3)价值类型。

(4)评估基准日。

(5)评估方法。

(6)评估结论。

四、正文

资产评估报告正文应当包括以下几个方面:

(一)委托人和其他资产评估报告使用人

资产评估报告使用人包括委托人、资产评估委托合同中约定的其他资产评估报告使用人和国家法律、法规规定的评估报告使用人。资产评估报告中应该阐明委托人及其他资产评估报告使用人的身份。

(二)评估目的

资产评估报告应当载明评估目的,载明的评估目的应当唯一,表述应当明确、清晰。

(三)评估对象和评估范围

资产评估报告中应当载明评估对象和评估范围,并具体描述评估对象的基本情况,通常包括法律权属状况、经济状况和物理状况。

(四)价值类型

资产评估报告应当明确价值类型的定义,并说明选择价值类型的理由。

(五)评估基准日

资产评估报告应当载明评估基准日,并与资产评估委托合同约定的评估基准日保持一致。资产评估报告应当说明选取评估基准日时重点考虑的因素。评估基准日可以是现在时点,也可以是过去或者将来的时点。

(六)评估依据

资产评估报告应当说明资产评估遵循的法律法规依据、准则依据、权属依据及取价依据等。对评估中采用的评估依据应作相应的披露,评估依据的表述方式应该明确、具体、具有可验证性;评估依据具有代表性,且在评估基准日是有效的。

（七）评估方法

资产评估报告应当简要说明资产评估专业人员在评估过程中所选择并使用的评估方法,并说明选择评估方法的依据或原因。因适用性受限或操作条件受限等而采用一种评估方法的,应该在资产评估报告中披露并说明原因。

（八）评估程序实施过程和情况

资产评估报告应当说明资产评估程序实施过程中现场调查、收集整理评估资料、评定估算等主要内容。包括接受委托过程中确定评估目的、评估对象及范围、评估基准日和拟订评估计划的全过程,资产清查中的指导被评估单位清查、收集准备资料、核实与验证资产过程,评估估算中的现场检测与鉴定、评估方法选择、市场调查与分析过程,评估汇总中的结果汇总、评估结论分析、撰写评估报告、内部复核过程,以及提交评估报告等过程。

（九）评估假设

资产评估报告应当披露所使用的评估假设及其对评估结论的影响。资产评估专业人员应该在资产评估报告中说明如果评估报告披露的评估假设不成立,将对评估结论产生重大影响。

（十）评估结论

资产评估报告应当使用文字和数字形式清晰说明评估结论,对资产、负债、净资产的账面价值、调整后账面价值、评估价值及其增减幅度进行表述。通常资产评估结论应当是确定的数值。经与委托人沟通,评估结论可以使用区间值或其他形式表达。资产评估报告应当明确资产评估结论的使用有效期。

（十一）特别事项说明

资产评估报告应当对特别事项进行说明,应当说明特别事项可能对评估结论产生的影响,并重点提示评估报告使用人予以关注。特别事项说明是资产评估专业人员在评估过程中已发现可能影响评估结论,但非资产评估专业人员执业水平和能力所能评定估算的有关事项。资产评估报告的特别事项说明通常包括下列内容:①权属等主要资料不完整或者存在瑕疵的情形;②委托人未提供的其他关键资料情况;③未决事项、法律纠纷等不确定因素;④重要的利用专家工作及相关报告情况;⑤重大期后事项;⑥评估程序受限的有关情况、评估机构采取的弥补措施及对评估结论影响的情况;⑦其他需要说明的事项。

（十二）资产评估报告使用限制说明

资产评估报告使用限制说明通常包括下列内容:①使用范围;②委托人或者其他资产

评估报告使用人未按照法律、行政法规规定和资产评估报告载明的使用范围使用资产评估报告的,资产评估机构及其资产评估专业人员不承担责任;③除委托人、资产评估委托合同中约定的其他资产评估报告使用人和法律、行政法规规定的资产评估报告使用人之外,其他任何机构和个人不能成为资产评估报告的使用人;④资产评估报告使用人应当正确理解和使用评估结论。评估结论不等同于评估对象可实现价格,评估结论不应当被认为是对评估对象可实现价格的保证。

(十三)资产评估报告日

资产评估报告应当说明资产评估报告日。资产评估报告载明的资产评估报告日通常为评估结论形成的日期,可以不同于资产评估报告的签署日。资产评估报告原则上应在确定的评估基准日后的 3 个月内提出。

(十四)资产评估专业人员签名和资产评估机构印章

资产评估报告编制完成后,经过对资产评估专业人员编制的评估报告实施内部审核,至少由两名承办该业务的资产评估专业人员签名,最后加盖资产评估机构的印章。对于国有资产评估等法定业务资产评估报告,资产评估报告正文应当由至少两名承办该业务的资产评估师签名,并加盖资产评估机构印章。

五、附件

资产评估报告附件通常包括以下几个方面:

(1)评估对象所涉及的主要权属证明资料。评估对象所涉及的主要权属证明资料包括:房地产权证、无形资产权利(权属)证明、交通运输设备的行驶证及相关权属证明、重大机器设备的购置发票等。另外,资产评估专业人员应当收集委托人和被评估单位或产权持有人的营业执照并装订在资产评估报告附件中。

(2)委托人和其他相关当事人的承诺函。在资产评估中,委托人和其他相关当事人的承诺是评估报告附件中不可缺少的一部分。资产评估专业人员在撰写评估报告时应当收集到针对本次评估项目的委托人和其他相关当事人的承诺函。通常情况下,委托人和被评估单位应当承诺如下内容:①资产评估所对应的经济行为符合国家规定;②我方所提供的财务会计及其他资料真实、准确、完整、合规,有关重大事项如实地充分揭示;③我方所提供的企业生产经营管理资料客观、真实、完整、合理;④纳入资产评估范围的资产与经济行为涉及的资产范围一致,不重复、不遗漏;⑤纳入资产评估范围的资产权属明确,出具的资产权属证明文件合法、有效;⑥对纳入资产评估范围的资产在评估基准日期后发生影响评估行为及结果的事项,披露及时、完整;⑦不干预资产评估机构和资产评估专业人员独立、客观、公正地执业。

(3)资产评估机构及签名资产评估专业人员的备案文件或者资格证明文件。资产评估报告应当将资产评估机构的营业执照复印件、备案公告复印件、证券期货业务资格证书复印件(开展相关资产评估业务时适用),资产评估师的职业资格证书登记卡复印件作为评估报告附件进行装订。

（4）资产评估汇总表或明细表。为了让委托人和其他资产评估报告使用人能够更好了解委托评估资产的构成及具体情况,资产评估专业人员应当以报告附件的形式提供资产评估汇总表或明细表。但是,准则并未对相关附表的编制提出具体要求,资产评估机构通过内部业务标准自行规范。实务中,通常参考国有资产评估业务的要求提出具体的参考式样。

（5）资产账面价值与评估结论存在较大差异的说明。

第三节　资产评估报告的编制

一、资产评估报告的编制步骤

资产评估报告的制作是资产评估机构完成资产评估工作的最后一道工序,也是资产评估工作中的一个重要环节。制作资产评估报告主要有以下几个步骤。

（一）整理工作底稿和归集有关资料

资产评估现场工作结束后,有关资产评估专业人员必须着手对现场工作底稿进行整理,按资产的性质进行分类。同时对有关询证函、被评估资产背景资料、技术鉴定资料、价格取证等有关资料进行归集和登记。

（二）评估数据和评估明细表的数字汇总

在完成现场工作底稿和有关资料的归集任务后,资产评估专业人员应着手评估明细表的数字汇总。明细表的数字汇总应根据明细表的不同级次先明细汇总,然后分类汇总,再到资产负债表式的汇总。在数字汇总过程中应反复核对各有关表格的数字的关联性和各表格栏目之间数字钩稽关系,防止出错。

（三）评估初步数据的分析和讨论

在完成评估明细表的数字汇总,得出初步的评估数据后,应召集参与评估工作过程的有关人员,对评估报告的初步数据的结论进行分析和讨论,比较各有关评估数据,复核记录估算结果的工作底稿,对存在作价不合理的部分评估数据进行调整。

（四）编写资产评估报告

编写资产评估报告应该分步骤进行:首先,由各组负责人分别草拟出负责部分资产的评估说明,同时提交给全面负责、熟悉本项目的人员草拟资产评估报告。其次,将资产评估基本情况和资产评估报告初稿的初步结论与委托人交换意见,听取委托人的反馈意见后,在坚持独立、客观、公正的前提下,认真分析委托人提出的问题和建议,考虑是否应修改资产评估报告,对资产评估报告中存在的疏忽、遗漏和错误之处进行修正,待修改完毕即可撰写正式资产评估报告。

（五）资产评估报告的签发和送交

资产评估机构撰写出正式资产评估报告后,经审核无误,按以下程序进行签名盖章:先由负责该项目的两名或两名以上资产评估专业人员（或资产评估师）签章,再送复核人审核签章,最后送资产评估机构负责人审定签章并加盖机构公章。资产评估报告签发盖章后即可连同资产评估明细表送交委托人。

二、资产评估报告编制的基本要求

（一）客观性

资产评估的基本原则是"独立、客观、公正",这就要求每个资产评估专业人员在撰写资产评估报告时,必须站在独立、客观、公正的立场上,既不能站在资产所有者一方,也不能站在资产业务中其他任何一方,要按照公允的程序和计价标准,对具体的资产评估对象做出符合专业标准并反映客观实际情况的资产评估结论。资产评估结论应经得起推敲,所依据的各种资料数据应能证明其科学性,所选取的方法、参数应能反映其运用性和科学性,资产评估报告所使用的措辞和文字描述应反映第三者的公正立场。

（二）完整性

资产评估报告是对资产评估工作的全面概括和总结。因此,资产评估报告正文应能完整、准确地描述资产评估的全过程,反映资产评估的目的、所依据的前提条件、评估计价标准、评估的基本程序和选取的方法、参数等,并充分揭示被评估资产的真实情况,做到完整无缺,无一遗漏。另外,附件资料起着完善、补充、说明和支持正文的作用,所以在注意正文内容齐全的同时,还应注意与资产评估结论有关的各种附件。资产评估所涉及的内容一般比较繁杂,因此要求资产评估报告的文字表达做到逻辑严密、格式规范、概念清晰准确、内容全面真实、叙述简单扼要、高度概括、突出重点,切忌模棱两可、含糊不清。

（三）及时性

资产评估工作具有很强的时效性。在一定条件下得出的资产评估结论往往是对某一时期或某一时点资产实际价值的计量。因此,这一评估结论往往在一定时期内为社会各方所承认,并具有法律效力。一旦时过境迁,由于货币具有时间价值,而且被评估资产本身随时间、市场环境、政治、社会等因素的变化而发生很大变化,评估结论难以反映其实际价值而失去应有的法律效力。所以,在编制资产评估报告时,必须注明评估基准日,并且要求评估报告的编制应在委托评估合同约定时间内迅速、及时完成。

三、资产评估报告编制的技术要点

（一）文字表达方面

资产评估报告既是一份对被评估资产价值有咨询性和公证性作用的文书，又是一份用来明确资产评估机构和资产评估专业人员工作责任的文字依据。所以，资产评估报告的文字表达既要清楚、准确，又要提供充分的依据说明，还要全面地叙述整个评估的具体过程。资产评估报告的文字表达必须准确，不得使用模棱两可的措辞。资产评估报告的陈述既要简明扼要，又要把有关问题说清楚，不得带有任何诱导、恭维和推荐性的陈述，也不能带有大包大揽的语句，尤其是涉及承担责任的条款部分。

（二）格式和内容方面

对资产评估报告格式和内容方面的技能要求，必须严格遵照《资产评估执业准则——资产评估报告》的规定。涉及企业国有资产评估或金融企业国有资产评估的，按照《企业国有资产评估报告指南》《金融企业国有资产评估报告指南》进行。

（三）复核和反馈方面

资产评估报告的复核与反馈也是资产评估报告编制的具体技能要求。通过对工作底稿、评估说明、评估明细表和报告正文的文字、格式及内容的复核和反馈，可以将有关错误、遗漏等问题在出具正式资产评估报告之前得到修正。

对资产评估专业人员来说，资产评估工作是一项必须由多个资产评估专业人员同时作业的中介业务，每个资产评估专业人员都有可能因能力、水平、经验、阅历及理论方法的限制而产生工作盲点和工作疏忽，所以，对资产评估报告初稿进行复核就成为必要。但是，对资产评估报告进行复核，必须建立起多级复核和交叉复核的制度，明确复核人的职责，防止流于形式的复核。

另外，就对被评估资产情况的熟悉程度来说，大多数资产委托人和占有方对委托评估资产的分布、结构、成新率等具体情况总是会比资产评估机构和资产评估专业人员更熟悉。所以，在出具正式资产评估报告之前应该征求委托人的反馈意见，而且对委托人或资产占有方的反馈意见应谨慎对待，本着独立、客观、公正的态度去接受。

（四）具体的注意事项

资产评估报告的编制技能除了需要掌握上述三个方面的技术要点外，还应注意以下几个事项：

1. 实事求是，切忌出具虚假报告

资产评估报告必须建立在真实、客观的基础上，不能脱离实际情况，更不能无中生有。资产评估报告拟订人应是参与该项目并较全面了解该项目情况的主要资产评估专业人员。

2. 坚持一致性做法,切忌出现表里不一

资产评估报告的文字、内容前后要一致,摘要、正文、评估明细表内容、口径、格式甚至数据要一致,不能出现表里不一的情况。

3. 提交报告要及时、齐全和保密

在正式完成资产评估工作后,应按业务委托合同约定的时间及时将资产评估报告送交委托人,而且要送交齐全。此外,要做好客户资料保密工作,尤其是对资产评估涉及的商业秘密和技术秘密,更要加强保密工作。

第四节　资产评估报告的应用

资产评估报告由资产评估机构出具后,资产评估委托人、资产评估管理方和有关部门对资产评估报告及有关资料根据需要进行应用。

一、委托人对资产评估报告的应用

(一)根据评估目的,作为资产业务的作价基础

主要资产业务包括企业改制上市、对外投资、中外合资合作、转让出售、拍卖等产权变动的经济活动,以及保险、纳税、抵押、担保等非产权变动的经济活动和法律方面需要的其他目的的活动。

(二)作为企业进行会计记录或调整账项的依据

委托人在根据资产评估报告所揭示的资产评估目的使用资产评估报告的同时,还可依照有关规定,根据资产评估报告中的资料进行会计记录或调整有关财务账项。

(三)作为履行业务委托合同和支付评估费用的主要依据

当委托人收到资产评估机构正式资产评估报告的有关资料后,在没有异议的情况下,应根据业务委托合同,将资产评估结果作为支付评估费用的主要依据,履行支付评估费用的承诺及其他有关承诺。

(四)作为法庭辩论和裁决的举证材料

在涉及经济纠纷时,资产评估结果可以作为有关当事人法庭辩论的举证材料和法庭作出裁决的证明材料。

当然,委托人在使用资产评估报告及有关资料时也必须注意几方面问题:

(1)只能按资产评估报告所揭示的评估目的使用报告,一份资产评估报告只允许按一个用途使用。

（2）只能在资产评估报告的有效期内使用报告，超过报告的有效期，原资产评估结果无效。

（3）在资产评估报告有效期内，资产数量发生较大变化时，应由原资产评估机构或者说资产占有单位按原评估方法作相应调整后才能使用。

（4）涉及国有资产产权变动的资产评估报告及有关资料必须经国有资产管理部门或授权部门核准或备案后方可使用。

（5）作为企业会计记录和调整企业账项使用的资产评估报告及有关资料，必须由有关机关批准或认可后方能生效。

二、资产评估管理机构对资产评估报告的应用

资产评估管理机构主要是指对资产评估进行行政管理的主管机关和对资产评估业自律管理的行业协会。对资产评估报告的运用是资产评估管理机构实现对资产评估机构的行政管理和行业自律管理的重要过程。资产评估管理机构通过对资产评估机构出具的资产评估报告有关资料的运用，能大体了解资产评估机构从事资产评估工作的业务能力和组织管理水平。由于资产评估报告是反映资产评估工作过程的工作报告，通过对资产评估报告的检查与分析，资产评估管理机构能大致判断该机构的业务能力和组织管理水平；另一方面，是对资产评估质量进行评价的依据。资产评估管理机构通过对资产评估报告的检查与分析，能够对资产评估机构的评估结果质量的好坏做出客观的评价，从而能够有效实现对资产评估机构和资产评估专业人员的管理。另外，它能为国有资产管理提供重要的数据资料。通过对资产评估报告的统计与分析，可以及时了解国有资产占有和使用状况以及增减值变动情况，为进一步加强国有资产管理服务。

三、其他有关部门对资产评估报告的应用

其他有关部门包括证券监督管理部门、银行保险监督管理部门、市场监督管理部门、税务机关、金融机构和法院等有关部门。

证券监督管理部门对资产评估报告的运用，主要表现在对申请上市公司有关申报材料及招股说明书的审核过程，以及对上市公司的股东配售发行股票时申报材料及配股说明书的审核。根据有关规定，公开发行股票的公司信息披露至少要列示以下各项资产评估情况：

（1）按资产负债表大类划分的公司各类资产评估前账面价值及固定资产净值。

（2）公司各类资产评估净值。

（3）各类资产增减值幅度。

（4）各类资产增减值的主要原因。

公开发行股票的公司采用非现金方式配股，其配股说明书的备查文件必须附上资产评估报告。当然，证券监督管理部门还可运用资产评估报告和有关资料加强对取得证券业务评估资格的资产评估机构及有关人员的业务管理。

银行保险监督管理部门、市场监督管理部门、税务、金融和法院等部门也都能通过对

资产评估报告的运用来达到实现其管理职能的目的。但是,这些部门在使用资产评估报告时,都要清醒地认识到资产评估结果只是专家的估价意见,其应该结合本部门的资产业务进行自主的决策。

 本 章 小 结

资产评估报告是指资产评估机构及其资产评估专业人员遵守法律、行政法规和资产评估准则,根据委托履行必要的资产评估程序后,由资产评估机构对评估对象在评估基准日特定目的下的价值出具的专业报告。

根据 2019 年 1 月 1 日实施的《资产评估执业准则——资产评估报告》,资产评估报告的基本内容包括:标题及文号、目录、声明、摘要、正文、附件。

资产评估报告的编制是资产评估机构完成资产评估工作的最后一道工序,也是资产评估工作中的一个重要环节。资产评估报告撰写应该坚持客观性、完整性、及时性原则;编制主要包括整理工作底稿和归集有关资料、评估初步数据的分析和讨论、资产评估报告的出具、资产评估报告的签发与送交等步骤。资产评估报告的制作关注文字表达方面、格式内容方面、复核反馈方面以及一些需要注意的问题。

资产评估报告由资产评估机构出具后,资产评估委托人、资产评估管理方和有关部门对资产评估报告书及有关资料要根据需要进行应用。

 思 考 题

1. 资产评估报告编制的基本要求是什么?
2. 资产评估报告制作的技术要点有哪些?
3. 对资产评估报告进行分析的目的是什么?
4. 如何对资产评估报告进行有效利用?
5. 资产评估报告的基本内容是什么?

 练 习 题

一、单项选择题

1. 资产评估报告应由资产评估机构法人代表和至少( )名资产评估专业人员签名盖章。

A. 1   B. 2   C. 3   D. 4

2. 一份资产评估报告应按( )使用。

A. 一个用途　　　　B. 两个用途　　　　C. 多个用途　　　　D. 不限用途

3. 作为企业会计记录和调整企业账项使用的资产评估报告,必须由( )方能生效。

A. 资产评估机构同意后　　　　　　　　B. 委托人同意后

C. 资产评估机构和委托人共同同意后　　D. 有关机关批准后

4. 资产评估结果有效期通常为1年,这一年是从( )算起的。

A. 提供报告日　　　B. 评估基准日　　　C. 验证确认日　　　D. 经济行为发生日

5. 资产评估报告摘要与资产评估报告书具有的法律效力是( )。

A. 前者大于后者　　B. 后者大于前者　　C. 同等效力　　　　D. 不可比较

6. 委托人在使用资产评估报告及有关资料时,合理说法的是( )。

A. 一份资产转让评估报告也可以作为资产出售的作价基础

B. 超出报告的有效期后,只要由资产评估机构重新调整相关数据,就仍是有效的

C. 有效期内资产数量发生较大变化时,需要按比例调整后才能使用

D. 涉及国有资产产权变动的资产评估报告及有关资料要经国有资产行政主管部门
确认或授权确认后才可用

7. 资产评估报告应当( )。

A. 按照委托人的要求编写　　　　　　　B. 按照资产占有方的要求编写

C. 按照资产接受方的要求编写　　　　　D. 按照评估行业有关规定编写

8. 按资产评估对象划分的资产评估报告是( )。

A. 单项资产评估报告　　　　　　　　　B. 正常评估报告

C. 现值性评估报告　　　　　　　　　　D. 评估咨询报告

9. 资产评估管理机构对资产评估机构进行资格审查和日常监督管理的手段之一是
( )。

A. 资产评估委托书　　　　　　　　　　B. 资产评估报告

C. 资产评估工作底稿　　　　　　　　　D. 资产评估协议书

10. 现行《资产评估执业准则——资产评估报告》实施于( )年。

A. 2012　　　　　　B. 2010　　　　　　C. 2018　　　　　　D. 2019

二、多项选择题

1. 下列划分中属于按法律定位划分的有( )。

A. 整体评估报告　　　　　　　　　　　B. 单项评估报告

C. 法定评估业务评估报告　　　　　　　D. 非法定评估业务评估报告

2. 下列要素中在资产评估报告中必须说明的有( )。

A. 评估目的　　　　B. 评估原则　　　　C. 评估方法　　　　D. 评估要求

3. 下列文件中属于资产评估报告附件的有( )。

A. 产权证明及复印件　　　　　　　　　B. 资产评估明细表

C. 有关经济行为文件　　　　　　　　　D. 资产评估机构营业执照复印件

4. 属于资产评估报告正文内容的有(   )。

A. 评估基准日   B. 评估结论

C. 被评估单位提供的原始设备清单   D. 评估原则

E. 评估目的

5. 资产评估报告撰写的基本要求包括(   )。

A. 客观性   B. 及时性   C. 准确性   D. 原则性

6. 资产评估报告的基本内容包括(   )。

A. 声明   B. 摘要   C. 正文   D. 附件

附录　复利、年金现值系数表

复利现值系数表

期数	1%	2%	3%	4%	5%	6%	7%	8%	9%	10%	11%	12%	13%	14%	15%	16%	17%	18%	19%	20%	21%	22%	23%	24%	25%	26%	27%	28%	29%	30%
1	0.9901	0.9804	0.9709	0.9615	0.9524	0.9434	0.9346	0.9259	0.9174	0.9091	0.9009	0.8929	0.8850	0.8772	0.8696	0.8621	0.8547	0.8475	0.8403	0.8333	0.8264	0.8197	0.8130	0.8065	0.8000	0.7937	0.7874	0.7813	0.7752	0.7692
2	0.9803	0.9612	0.9426	0.9246	0.9070	0.8900	0.8734	0.8573	0.8417	0.8264	0.8116	0.7972	0.7831	0.7695	0.7561	0.7432	0.7305	0.7182	0.7062	0.6944	0.6830	0.6719	0.6610	0.6504	0.6400	0.6299	0.6200	0.6104	0.6009	0.5917
3	0.9706	0.9423	0.9151	0.8890	0.8638	0.8396	0.8163	0.7938	0.7722	0.7513	0.7312	0.7118	0.6931	0.6750	0.6575	0.6407	0.6244	0.6086	0.5934	0.5787	0.5645	0.5507	0.5374	0.5245	0.5120	0.4999	0.4882	0.4768	0.4658	0.4552
4	0.9610	0.9238	0.8885	0.8548	0.8227	0.7921	0.7629	0.7350	0.7084	0.6830	0.6587	0.6355	0.6133	0.5921	0.5718	0.5523	0.5337	0.5158	0.4987	0.4823	0.4665	0.4514	0.4369	0.4230	0.4096	0.3968	0.3844	0.3725	0.3611	0.3501
5	0.9515	0.9057	0.8626	0.8219	0.7835	0.7473	0.7130	0.6806	0.6499	0.6209	0.5935	0.5674	0.5428	0.5194	0.4972	0.4761	0.4561	0.4371	0.4190	0.4019	0.3855	0.3700	0.3552	0.3411	0.3277	0.3149	0.3027	0.2910	0.2799	0.2693
6	0.9420	0.8880	0.8375	0.7903	0.7462	0.7050	0.6663	0.6302	0.5963	0.5645	0.5346	0.5066	0.4803	0.4556	0.4323	0.4104	0.3898	0.3704	0.3521	0.3349	0.3186	0.3033	0.2888	0.2751	0.2621	0.2499	0.2383	0.2274	0.2170	0.2072
7	0.9327	0.8706	0.8131	0.7599	0.7107	0.6651	0.6227	0.5835	0.5470	0.5132	0.4817	0.4523	0.4251	0.3996	0.3759	0.3538	0.3332	0.3139	0.2959	0.2791	0.2633	0.2486	0.2348	0.2218	0.2097	0.1983	0.1877	0.1776	0.1682	0.1594
8	0.9235	0.8535	0.7894	0.7307	0.6768	0.6274	0.5820	0.5403	0.5019	0.4665	0.4339	0.4039	0.3762	0.3506	0.3269	0.3050	0.2848	0.2660	0.2487	0.2326	0.2176	0.2038	0.1909	0.1789	0.1678	0.1574	0.1478	0.1388	0.1304	0.1226
9	0.9143	0.8368	0.7664	0.7026	0.6446	0.5919	0.5439	0.5002	0.4604	0.4241	0.3909	0.3606	0.3329	0.3075	0.2843	0.2630	0.2434	0.2255	0.2090	0.1938	0.1799	0.1670	0.1552	0.1443	0.1342	0.1249	0.1164	0.1084	0.1011	0.0943
10	0.9053	0.8203	0.7441	0.6756	0.6139	0.5584	0.5083	0.4632	0.4224	0.3855	0.3522	0.3220	0.2946	0.2697	0.2472	0.2267	0.2080	0.1911	0.1756	0.1615	0.1486	0.1369	0.1262	0.1164	0.1074	0.0992	0.0916	0.0847	0.0784	0.0725
11	0.8963	0.8043	0.7224	0.6496	0.5847	0.5268	0.4751	0.4289	0.3875	0.3505	0.3173	0.2875	0.2607	0.2366	0.2149	0.1954	0.1778	0.1619	0.1476	0.1346	0.1228	0.1122	0.1026	0.0938	0.0859	0.0787	0.0721	0.0662	0.0607	0.0558
12	0.8874	0.7885	0.7014	0.6246	0.5568	0.4970	0.4440	0.3971	0.3555	0.3186	0.2858	0.2567	0.2307	0.2076	0.1869	0.1685	0.1520	0.1372	0.1240	0.1122	0.1015	0.0920	0.0834	0.0757	0.0687	0.0625	0.0568	0.0517	0.0471	0.0429

期数	1%	2%	3%	4%	5%	6%	7%	8%	9%	10%	11%	12%	13%	14%	15%	16%	17%	18%	19%	20%	21%	22%	23%	24%	25%	26%	27%	28%	29%	30%
13	0.887 7	0.773 0	0.681 0	0.600 6	0.530 3	0.468 8	0.415 0	0.367 7	0.326 2	0.289 7	0.257 5	0.229 2	0.204 2	0.182 1	0.162 5	0.145 2	0.129 9	0.116 3	0.104 2	0.093 5	0.083 9	0.075 4	0.067 8	0.061 0	0.055 0	0.049 6	0.044 7	0.040 4	0.036 5	0.033 0
14	0.870 0	0.757 9	0.661 1	0.577 5	0.505 1	0.442 3	0.387 8	0.340 5	0.299 2	0.263 3	0.232 0	0.204 6	0.180 7	0.159 7	0.141 3	0.125 2	0.111 0	0.098 5	0.087 6	0.077 9	0.069 3	0.061 8	0.055 1	0.049 2	0.044 0	0.039 3	0.035 2	0.031 6	0.028 3	0.025 4
15	0.861 3	0.743 0	0.641 9	0.555 3	0.481 0	0.417 3	0.362 4	0.315 2	0.274 5	0.239 4	0.209 0	0.182 7	0.159 9	0.140 1	0.122 9	0.107 9	0.094 9	0.083 5	0.073 6	0.064 9	0.057 3	0.050 7	0.044 8	0.039 7	0.035 2	0.031 2	0.027 7	0.024 7	0.021 9	0.019 5
16	0.852 8	0.728 4	0.623 2	0.533 9	0.458 1	0.393 6	0.338 7	0.291 9	0.251 9	0.217 6	0.188 3	0.163 1	0.141 5	0.122 9	0.106 9	0.093 0	0.081 1	0.070 8	0.061 8	0.054 1	0.047 4	0.041 5	0.036 4	0.032 0	0.028 1	0.024 8	0.021 8	0.019 3	0.017 0	0.015 0
17	0.844 4	0.714 2	0.605 0	0.513 4	0.436 3	0.371 4	0.316 6	0.270 3	0.231 1	0.197 8	0.169 6	0.145 6	0.125 2	0.107 8	0.092 9	0.080 2	0.069 3	0.060 0	0.052 0	0.045 1	0.039 1	0.034 0	0.029 6	0.025 8	0.022 5	0.019 7	0.017 2	0.015 0	0.013 2	0.011 6
18	0.836 0	0.700 2	0.587 4	0.493 6	0.415 5	0.350 3	0.295 9	0.250 2	0.212 0	0.179 9	0.152 8	0.130 0	0.110 8	0.094 6	0.080 8	0.069 1	0.059 2	0.050 8	0.043 7	0.037 6	0.032 3	0.027 9	0.024 1	0.020 8	0.018 0	0.015 6	0.013 5	0.011 8	0.010 2	0.008 9
19	0.827 7	0.686 4	0.570 3	0.474 6	0.395 7	0.330 5	0.276 5	0.231 7	0.194 5	0.163 5	0.137 7	0.116 1	0.098 1	0.082 9	0.070 3	0.059 6	0.050 6	0.043 1	0.036 7	0.031 3	0.026 7	0.022 9	0.019 6	0.016 8	0.014 4	0.012 4	0.010 7	0.009 2	0.007 9	0.006 8
20	0.819 5	0.673 0	0.553 7	0.456 4	0.376 9	0.311 8	0.258 4	0.214 5	0.178 4	0.148 6	0.124 0	0.103 7	0.086 8	0.072 8	0.061 1	0.051 4	0.043 3	0.036 5	0.030 8	0.026 1	0.022 1	0.018 7	0.015 9	0.013 5	0.011 5	0.009 8	0.008 4	0.007 2	0.006 1	0.005 3
21	0.811 4	0.659 8	0.537 5	0.438 8	0.358 9	0.294 2	0.241 5	0.198 7	0.163 7	0.135 1	0.111 7	0.092 6	0.076 8	0.063 8	0.053 1	0.044 3	0.037 0	0.030 9	0.025 9	0.021 7	0.018 3	0.015 4	0.012 9	0.010 9	0.009 2	0.007 8	0.006 6	0.005 6	0.004 8	0.004 0
22	0.803 4	0.646 8	0.521 9	0.420 0	0.341 8	0.277 5	0.225 7	0.183 9	0.150 2	0.122 8	0.100 7	0.082 6	0.068 0	0.056 0	0.046 2	0.038 2	0.031 6	0.026 2	0.021 8	0.018 1	0.015 1	0.012 6	0.010 5	0.008 8	0.007 4	0.006 2	0.005 2	0.004 4	0.003 7	0.003 1
23	0.795 4	0.634 2	0.506 7	0.405 7	0.325 6	0.261 8	0.210 9	0.170 3	0.137 8	0.111 7	0.090 7	0.073 8	0.060 1	0.049 1	0.040 2	0.032 9	0.027 0	0.022 2	0.018 3	0.015 1	0.012 5	0.010 3	0.008 6	0.007 1	0.005 9	0.004 9	0.004 1	0.003 4	0.002 9	0.002 4
24	0.787 6	0.621 7	0.491 9	0.390 1	0.310 1	0.247 0	0.197 1	0.157 7	0.126 4	0.101 5	0.081 7	0.065 9	0.053 2	0.043 1	0.034 9	0.028 4	0.023 1	0.018 8	0.015 4	0.012 6	0.010 3	0.008 5	0.007 0	0.005 7	0.004 7	0.003 9	0.003 2	0.002 7	0.002 2	0.001 8
25	0.779 8	0.609 5	0.477 6	0.375 1	0.295 3	0.233 0	0.184 2	0.146 0	0.116 0	0.092 3	0.073 6	0.058 8	0.047 1	0.037 8	0.030 4	0.024 5	0.019 7	0.016 0	0.012 9	0.010 5	0.008 5	0.006 9	0.005 7	0.004 6	0.003 8	0.003 1	0.002 5	0.002 1	0.001 7	0.001 4
26	0.772 0	0.597 6	0.463 7	0.360 7	0.281 2	0.219 8	0.172 2	0.135 2	0.106 4	0.083 9	0.066 3	0.052 5	0.041 7	0.033 1	0.026 4	0.021 1	0.016 9	0.013 5	0.010 9	0.008 7	0.007 0	0.005 7	0.004 6	0.003 7	0.003 0	0.002 5	0.002 0	0.001 6	0.001 3	0.001 1
27	0.764 4	0.585 9	0.450 2	0.346 8	0.267 8	0.207 4	0.160 9	0.125 2	0.097 6	0.076 3	0.059 7	0.046 9	0.036 9	0.029 1	0.023 0	0.018 2	0.014 4	0.011 5	0.009 1	0.007 3	0.005 8	0.004 7	0.003 7	0.003 0	0.002 4	0.001 9	0.001 6	0.001 3	0.001 0	0.000 8
28	0.756 8	0.574 4	0.437 1	0.333 5	0.255 1	0.195 6	0.150 4	0.115 9	0.089 5	0.069 3	0.053 8	0.041 9	0.032 6	0.025 5	0.020 0	0.015 7	0.012 3	0.009 7	0.007 7	0.006 1	0.004 8	0.003 8	0.003 0	0.002 4	0.001 9	0.001 5	0.001 2	0.001 0	0.000 8	0.000 6
29	0.749 3	0.563 1	0.424 3	0.320 7	0.242 9	0.184 6	0.140 6	0.107 3	0.082 2	0.063 0	0.048 5	0.037 4	0.028 9	0.022 4	0.017 4	0.013 5	0.010 5	0.008 2	0.006 4	0.005 1	0.004 0	0.003 1	0.002 5	0.002 0	0.001 5	0.001 2	0.001 0	0.000 8	0.000 6	0.000 5
30	0.741 9	0.552 1	0.412 0	0.308 3	0.231 4	0.174 1	0.131 4	0.099 4	0.075 4	0.057 3	0.043 7	0.033 4	0.025 6	0.019 6	0.015 1	0.011 6	0.009 0	0.007 0	0.005 4	0.004 2	0.003 3	0.002 6	0.002 0	0.001 6	0.001 2	0.001 0	0.000 8	0.000 6	0.000 5	0.000 4

年金现值系数表

期数	1%	2%	3%	4%	5%	6%	7%	8%	9%	10%	11%	12%	13%	14%	15%	16%	17%	18%	19%	20%	21%	22%	23%	24%	25%	26%	27%	28%	29%	30%
1	0.990 1	0.980 4	0.970 9	0.961 5	0.952 4	0.943 4	0.934 6	0.925 9	0.917 4	0.909 1	0.900 9	0.892 9	0.885 0	0.877 2	0.869 6	0.862 1	0.854 7	0.847 5	0.840 3	0.833 3	0.826 4	0.819 7	0.813 0	0.806 5	0.800 0	0.793 7	0.787 4	0.781 3	0.775 2	0.769 2
2	1.970 4	1.941 6	1.913 5	1.886 1	1.859 4	1.833 4	1.808 0	1.783 3	1.759 1	1.735 5	1.712 5	1.690 1	1.668 1	1.646 7	1.625 7	1.605 2	1.585 2	1.565 6	1.546 5	1.527 8	1.509 5	1.491 5	1.474 0	1.456 6	1.440 0	1.423 5	1.407 4	1.391 6	1.376 1	1.360 9
3	2.941 0	2.883 9	2.828 6	2.775 1	2.723 2	2.673 0	2.624 3	2.577 1	2.531 3	2.486 9	2.443 7	2.401 8	2.361 2	2.321 6	2.283 2	2.245 9	2.209 6	2.174 3	2.139 9	2.106 5	2.073 9	2.042 2	2.011 4	1.981 3	1.952 0	1.923 4	1.895 6	1.868 4	1.842 0	1.816 1
4	3.902 0	3.807 7	3.717 1	3.629 9	3.546 0	3.465 1	3.387 2	3.312 1	3.239 7	3.169 9	3.102 4	3.037 3	2.974 5	2.913 7	2.855 0	2.798 2	2.743 2	2.690 1	2.638 6	2.588 7	2.540 4	2.493 6	2.448 3	2.404 3	2.361 6	2.320 2	2.280 0	2.241 0	2.203 1	2.166 2
5	4.853 4	4.713 5	4.579 7	4.451 8	4.329 5	4.212 4	4.100 2	3.992 7	3.889 7	3.790 8	3.695 9	3.604 8	3.517 2	3.433 1	3.352 2	3.274 3	3.199 3	3.127 2	3.057 6	2.990 6	2.926 0	2.863 6	2.803 5	2.745 4	2.689 3	2.635 1	2.582 7	2.532 0	2.483 0	2.435 6
6	5.795 5	5.601 4	5.417 2	5.242 1	5.075 7	4.917 3	4.766 5	4.622 9	4.485 9	4.355 3	4.230 5	4.111 4	3.997 5	3.888 7	3.784 5	3.684 7	3.589 2	3.497 6	3.409 8	3.325 5	3.244 6	3.166 9	3.092 3	3.020 5	2.951 4	2.885 0	2.821 0	2.759 4	2.700 0	2.642 7
7	6.728 2	6.472 0	6.230 3	6.002 1	5.786 4	5.582 4	5.389 3	5.206 4	5.033 0	4.868 4	4.712 2	4.563 8	4.422 6	4.288 3	4.160 4	4.038 6	3.922 4	3.811 5	3.705 7	3.604 6	3.507 9	3.415 5	3.327 0	3.242 3	3.161 1	3.083 3	3.008 7	2.937 0	2.868 2	2.802 1
8	7.651 7	7.325 5	7.019 7	6.732 7	6.463 2	6.209 8	5.971 3	5.746 6	5.534 8	5.334 9	5.146 1	4.967 6	4.798 8	4.638 9	4.487 3	4.343 6	4.207 2	4.077 6	3.954 4	3.837 2	3.725 6	3.619 3	3.517 9	3.421 2	3.328 9	3.240 7	3.156 4	3.075 8	2.998 6	2.924 7
9	8.566 0	8.162 2	7.786 1	7.435 3	7.107 8	6.801 7	6.515 2	6.246 9	5.995 2	5.759 0	5.537 0	5.328 2	5.131 7	4.946 4	4.771 6	4.606 5	4.450 6	4.303 0	4.163 3	4.031 0	3.905 4	3.786 3	3.673 1	3.565 5	3.463 1	3.365 7	3.272 8	3.184 2	3.099 7	3.019 0
10	9.471 3	8.982 6	8.530 2	8.110 9	7.721 7	7.360 1	7.023 6	6.710 1	6.417 7	6.144 6	5.889 2	5.650 2	5.426 2	5.216 1	5.018 8	4.833 2	4.658 6	4.494 1	4.338 9	4.192 5	4.054 1	3.923 2	3.799 3	3.681 9	3.570 5	3.464 8	3.364 4	3.268 9	3.178 1	3.091 5
11	10.367 6	9.786 8	9.252 6	8.760 5	8.306 4	7.886 9	7.498 7	7.139 0	6.805 2	6.495 1	6.206 5	5.937 7	5.686 9	5.452 7	5.233 7	5.028 6	4.836 4	4.656 0	4.486 5	4.327 1	4.176 9	4.035 4	3.901 8	3.775 7	3.656 4	3.543 5	3.436 5	3.335 1	3.238 8	3.147 3
12	11.255 1	10.575 3	9.954 0	9.385 1	8.863 3	8.383 8	7.942 7	7.536 1	7.160 7	6.813 7	6.492 4	6.194 4	5.917 6	5.660 3	5.420 6	5.197 1	4.988 4	4.793 2	4.610 5	4.439 2	4.278 4	4.127 4	3.985 2	3.851 4	3.725 1	3.605 9	3.493 3	3.386 8	3.285 9	3.190 3
13	12.133 7	11.348 4	10.635 0	9.985 6	9.393 6	8.852 7	8.357 7	7.903 8	7.486 9	7.103 4	6.749 9	6.423 5	6.121 8	5.842 4	5.583 1	5.342 3	5.118 3	4.909 5	4.714 7	4.532 7	4.362 4	4.202 8	4.053 0	3.912 4	3.780 1	3.655 5	3.538 1	3.427 2	3.322 4	3.223 3
14	13.003 7	12.106 2	11.296 1	10.563 1	9.898 6	9.295 0	8.745 5	8.244 2	7.786 2	7.366 7	6.981 9	6.628 2	6.302 5	6.002 1	5.724 5	5.467 5	5.229 3	5.008 1	4.802 3	4.610 6	4.431 7	4.264 6	4.108 2	3.961 6	3.824 1	3.694 9	3.573 3	3.458 7	3.350 7	3.248 7
15	13.865 1	12.849 3	11.937 9	11.118 4	10.379 7	9.712 2	9.107 9	8.559 5	8.060 7	7.606 1	7.190 9	6.810 9	6.462 4	6.142 2	5.847 4	5.575 5	5.324 2	5.091 6	4.875 9	4.675 5	4.489 0	4.315 2	4.153 0	4.001 3	3.859 3	3.726 1	3.601 0	3.483 4	3.372 6	3.268 2

期数	1%	2%	3%	4%	5%	6%	7%	8%	9%	10%	11%	12%	13%	14%	15%	16%	17%	18%	19%	20%	21%	22%	23%	24%	25%	26%	27%	28%	29%	30%
16	14.717 9	13.577 7	12.561 1	11.652 3	10.837 7	10.105 9	9.446 6	8.851 4	8.312 6	7.823 7	7.379 2	6.974 0	6.603 9	6.265 1	5.954 2	5.668 5	5.405 3	5.162 4	4.937 7	4.729 6	4.536 4	4.356 7	4.189 4	4.033 3	3.887 4	3.750 5	3.622 8	3.502 6	3.389 6	3.283 2
17	15.562 3	14.291 9	13.166 1	12.165 7	11.274 1	10.477 3	9.763 2	9.121 6	8.543 6	8.021 6	7.548 8	7.119 6	6.729 1	6.372 9	6.047 2	5.748 7	5.474 6	5.222 3	4.989 7	4.774 6	4.575 5	4.390 8	4.219 0	4.059 1	3.909 9	3.770 5	3.640 7	3.517 7	3.402 8	3.294 8
18	16.398 3	14.992 0	13.753 5	12.659 3	11.689 6	10.827 6	10.059 1	9.371 9	8.755 6	8.201 4	7.701 6	7.249 7	6.839 9	6.467 4	6.128 0	5.817 8	5.533 9	5.273 2	5.033 3	4.812 2	4.607 9	4.418 7	4.243 1	4.079 3	3.927 9	3.786 1	3.653 6	3.529 4	3.413 0	3.303 7
19	17.226 0	15.678 5	14.323 8	13.133 9	12.085 3	11.158 1	10.335 6	9.603 6	8.950 1	8.364 9	7.839 3	7.365 8	6.938 0	6.550 4	6.198 2	5.877 5	5.584 5	5.316 2	5.070 0	4.843 5	4.634 6	4.441 5	4.262 7	4.096 7	3.942 4	3.798 5	3.664 2	3.538 6	3.421 0	3.310 5
20	18.045 6	16.351 4	14.877 5	13.590 3	12.462 2	11.469 9	10.594 0	9.818 1	9.128 5	8.513 6	7.963 3	7.469 4	7.024 8	6.623 1	6.259 3	5.928 8	5.627 8	5.352 7	5.100 9	4.869 6	4.656 7	4.460 3	4.278 6	4.110 3	3.953 9	3.808 3	3.672 5	3.545 8	3.427 1	3.315 8
21	18.857 0	17.011 2	15.415 0	14.029 2	12.821 2	11.764 1	10.835 5	10.016 8	9.292 2	8.648 7	8.075 1	7.562 0	7.101 6	6.687 0	6.312 5	5.973 1	5.664 8	5.383 7	5.126 8	4.891 3	4.675 0	4.475 6	4.291 6	4.121 2	3.963 1	3.816 1	3.679 2	3.551 4	3.431 9	3.319 8
22	19.660 4	17.658 0	15.936 9	14.451 1	13.163 0	12.041 6	11.061 2	10.200 7	9.442 4	8.771 5	8.175 7	7.644 6	7.169 5	6.742 9	6.358 7	6.011 3	5.696 4	5.409 9	5.148 6	4.909 4	4.690 0	4.488 2	4.302 1	4.130 0	3.970 5	3.822 3	3.684 4	3.555 8	3.435 6	3.323 0
23	20.455 8	18.292 2	16.443 6	14.856 8	13.488 6	12.303 4	11.272 2	10.371 1	9.580 2	8.883 2	8.266 4	7.718 4	7.229 7	6.792 1	6.398 8	6.044 2	5.723 4	5.432 1	5.166 8	4.924 5	4.702 5	4.498 5	4.310 6	4.137 1	3.976 4	3.827 3	3.688 5	3.559 2	3.438 4	3.325 4
24	21.243 4	18.913 9	16.935 5	15.247 0	13.798 6	12.550 4	11.469 3	10.528 8	9.706 6	8.984 7	8.348 1	7.784 3	7.282 9	6.835 1	6.433 8	6.072 6	5.746 5	5.450 9	5.182 2	4.937 1	4.712 8	4.507 0	4.317 6	4.142 8	3.981 1	3.831 2	3.691 8	3.561 9	3.440 6	3.327 2
25	22.023 2	19.523 5	17.413 1	15.622 1	14.093 9	12.783 4	11.653 6	10.674 8	9.822 6	9.077 0	8.421 7	7.843 1	7.330 0	6.872 9	6.464 1	6.097 1	5.766 2	5.466 9	5.195 1	4.947 6	4.721 3	4.513 9	4.323 2	4.147 4	3.984 9	3.834 2	3.694 3	3.564 0	3.442 3	3.328 6
26	22.795 2	20.121 0	17.876 8	15.982 8	14.375 2	13.003 2	11.825 8	10.810 0	9.929 0	9.160 9	8.488 1	7.895 7	7.371 7	6.906 1	6.490 6	6.118 2	5.783 1	5.480 4	5.206 0	4.956 3	4.728 4	4.519 6	4.327 8	4.151 1	3.987 9	3.836 7	3.696 3	3.565 6	3.443 7	3.329 7
27	23.559 6	20.706 9	18.327 0	16.329 6	14.643 0	13.210 5	11.986 7	10.935 2	10.026 6	9.237 2	8.547 8	7.942 6	7.408 6	6.935 2	6.513 5	6.136 4	5.797 5	5.491 9	5.215 1	4.963 6	4.734 2	4.524 3	4.331 6	4.154 2	3.990 3	3.838 7	3.697 9	3.566 9	3.444 7	3.330 5
28	24.316 4	21.281 3	18.764 1	16.663 1	14.898 1	13.406 2	12.137 1	11.051 1	10.116 1	9.306 6	8.601 6	7.984 4	7.441 2	6.960 7	6.533 5	6.152 0	5.809 9	5.501 6	5.222 8	4.969 7	4.739 0	4.528 1	4.334 6	4.156 6	3.992 3	3.840 2	3.699 1	3.567 9	3.445 5	3.331 2
29	25.065 8	21.844 4	19.188 5	16.983 7	15.141 1	13.590 7	12.277 7	11.158 4	10.198 3	9.369 6	8.650 1	8.021 8	7.470 1	6.983 0	6.550 9	6.165 6	5.820 4	5.509 8	5.229 2	4.974 7	4.743 0	4.531 2	4.337 1	4.158 5	3.993 8	3.841 4	3.700 1	3.568 7	3.446 1	3.331 7
30	25.807 7	22.396 5	19.600 4	17.292 0	15.372 5	13.764 8	12.409 0	11.257 8	10.273 7	9.426 9	8.693 8	8.055 2	7.495 7	7.002 7	6.566 0	6.177 2	5.829 4	5.516 8	5.234 7	4.978 9	4.746 3	4.533 8	4.339 1	4.160 1	3.995 0	3.842 4	3.700 9	3.569 3	3.446 6	3.332 1

参考文献

[1] 中国资产评估协会.资产评估基础[M].北京:中国财政经济出版社,2019.

[2] 中国资产评估协会.资产评估实务(一)[M].北京:中国财政经济出版社,2019.

[3] 中国资产评估协会.资产评估实务(二)[M].北京:中国财政经济出版社,2019.

[4] 中国资产评估协会.中国资产评估准则 2017[M].北京:经济科学出版社,2017.

[5] 姜楠,王景升.资产评估[M].5 版.大连:东北财经大学出版社,2019.

[6] 刘玉平.资产评估学[M].北京:中国人民大学出版社,2018.

[7] 唐振达.资产评估:理论与实务[M].3 版.大连:东北财经大学出版社,2018.

[8] 俞明轩,王逸玮.资产评估[M].北京:中国人民大学出版社,2017.

[9] 乔志敏.资产评估学教程[M].6 版.北京:中国人民大学出版社,2017.

[10] 汪海粟.资产评估[M].3 版.北京:高等教育出版社,2016.